广西“四位一体”科学发展研究

GUANGXI SIWEIYITI
KEXUE FAZHAN YANJIU

谭培文◎等著

GUANGXI NORMAL UNIVERSITY PRESS
广西师范大学出版社
·桂 林·

图书在版编目（CIP）数据

广西“四位一体”科学发展研究 / 谭培文等著. —桂林：广西师范大学出版社，2009.12
ISBN 978-7-5633-9367-1

Ⅰ. 广… Ⅱ. 谭… Ⅲ. ①地区经济—经济发展—研究—广西②社会发展—研究—广西 Ⅳ. F127.67

中国版本图书馆 CIP 数据核字（2009）第 241861 号

广西师范大学出版社出版发行
（广西桂林市中华路 22 号 邮政编码：541001
网址：http://www.bbtpress.com）
出版人：何林夏
全国新华书店经销
桂林中核印刷厂印刷
(广西桂林市八里街 310 小区 邮政编码：541213)
开本：880 mm × 1 240 mm 1/32
印张：10.25 字数：290 千字
2009 年 12 月第 1 版 2009 年 12 月第 1 次印刷
印数：0 001~1 000 册 定价：30.00 元

序

无论全球化(globalization)是一个世界经济一体化的过程,还是经济、政治、文化等方面相互依存、相互影响的过程,全球化的影响是任何国家、民族和个人都不可回避的。全球化是一种挑战,但更多的是一种机遇。说是挑战,是指不管你的主观愿望如何,你的心理调适能力是否可以应对,全球化的发展都不可避免地带来一个国家、一个民族地区发展方式的新变化,对每一个人的生存生活方式、思维方式产生新的影响;说是机遇,是指从客体与主体的关系来看,人是一个能动的实践的主体,可以通过主观能动性作用于客体。古人云:仁者乐山,智者乐水。山虽然是那样的高入云霄,仰不可及,但是,在仁者看来,那正是一个人领悟仁之高远的好地方;水虽然是那样柔软,但是,在智者看来,那正是一个人理喻智之力量的源泉。当然,人不只是认识世界,人更应该改造世界。环境改造人,但人可以通过实践活动改造和创造环境。全球化对作为西部少数民族地区的广西的挑战压力是不可忽视的,尤其在市场经济的"马太效应"的巨大反向作用下,一种可能的预期是弱者愈弱,贫者益贫。但是,"马太效应"只是一种资本主义条件下似自然的丛林规则效应。人的本质属性是社会性,在社会主义市场经济条件下,资本主义的丛林规则早已不再是通行规则,当弱者能动地意识到并能以合理、有效的方式来防御与避免自己受损时,"马太效应"的作用就受到了限制。问题是,究竟如何认识全球化对于作为西部少数民族地区的广西的发展带来的挑战与机遇?

全球化对于广西发展的机遇是可以肯定的。广西虽然是一个后发的地区,但是,后发才可能有科学的发展。因为先发的地区大多是盲目的,其发展大多是以牺牲资源和环境为代价的发展。由于自然资源和环境的不可再生性,因此,有一种观点认为,以牺牲资源和环境为代价的发展还不如不发展。相反,对于那些后发地区,由于保护好了资源和环境,不发展就是最好的发展。这一论点当然未必就是至理名言,但也不可否定其中有常人未曾悟出的道理。广西有好的区位优势。由于广西是一个西部少数民族地区,相对而言,广西受全球化负面痼疾的感染稍微少些,有原生态起步的后发优势。但是,广西与全球化的发展、与我国东部地区的发展存在的巨大差距也是一个不争的事实。客观地、实事求是面对和分析这一事实,这是防止夜郎自大,研究广西区情最基本的出发点。破解广西发展难题,解放思想是前提。解放思想首先就是要立足于全球化的现代视野,既要看到全球化带来的挑战,也要认识到全球化给广西发展带来的机遇,实事求是地分析广西的区情。当然,实事求是不是消极、直观地看待事实,而是要总结广西发展过程的基本经验和教训,揭示其发展的主要问题和症结,研究其发展规律,以破解广西发展的难题。那么,广西发展的难题究竟是什么?虽然这是一个全球化发展中的个案,但是,真正要科学准确地回答这一问题,还是一个极具挑战性的课题。本课题组从哲学、经济学、政治学、社会学等多学科、多视角对这一难题进行综合攻关,从不同的视域来聚焦这一难题,虽然使命艰难,但只怕愿为担待而不能。有鉴于此,如有瑕疵,敬请不吝赐教。

是为序。

谭培文

2009年5月15日

目录
CONTENT

第一章

全球化给我国经济社会发展带来的机遇与挑战

第一节 “全球化”与“发展”

一、什么是全球化

1. 全球化的含义与动力

全球化(globalization)是一个复杂的、可以从不同视角来加以诠释的概念。正如皮特斯(Jan-Nederveen Pieterse)说的一样:“在社会科学中,有多少门学科就会有多少种对全球化的看法。”①从经济学的视角来看,全球化是一个世界经济一体化的过程;从政治学的视角来看,全球化是一个世界各国相互依存的统一体;从文化学的角度来看,全球化是一个世界文化趋于同一的过程;从社会学的视角来看,全球化是一个世界各国的经济、政治、文化等方面相互依存、相互影响的过程。本文主要从社会学的视角来诠释全球化的含义。

社会学家主要从两个方面对“全球化”进行诠释:一方面,从理论上寻求对全球化的理论化、制度化解释;另一方面,从现实与未来发展的角度来寻找对全球化最为直接的经验性概括与描述。② 如吉登斯(Giddens)从理论的角度对全球化的概念进行了探讨。他认为全球化是指“一个把世界性的社会关系强化的过程,并透过此过程而把原本彼此远离的地方连接起来,让各地方所发生的事也互为影响”③。汤林逊(Tom-

① Pieterse,Jan-Nederveen(1995)Globalization as Hybridization,Global Modernities,eds. by M. Featherstone etal.,London:Sage.

② 文军:《90年代西方社会学视域中的全球化理论述评》,载《开放时代》,1999年第5期。

③ Giddens,A.(1990)The Consequences of Modernity, Cambridge: Polity Press,p. 30.

linson)从经验主义的角度对全球化的概念进行了解释:“全球化是指高密度的相互联系和相互依赖的网络状况,它组成了我们现代社会生活的主要特征。”①

所谓“全球化”,是指世界各民族国家的经济、政治、文化、科技、教育等社会生活子系统,跨越国界相互影响、相互融合的过程或状态。因为不管如何诠释“全球化”,我们都避免不了要回答两个基本问题:第一,全球化会使世界变成异质化还是同质化抑或两者混合?第二,地方与全球是怎样的关系?对这两个问题的回答,有两种不同的观点:一种认为全球化会使整个世界趋向异质化,即“全球本土化”;另一种则认为全球化会使整个世界趋向同质化,即“本土全球化”。当地方惯例在全世界范围内的不同地理位置中占主导地位时,世界就会趋向异质化、多元化;当全球惯例在全世界范围内的不同地理位置中占主导地位时,世界就会趋向同质化、单一化。

“全球本土化”和“本土全球化”是全球化的两个不同方面,它们同时存在,不可忽略,也可以说是全球化的两面性。“全球本土化”强调地方惯例与全球惯例之间是相互融合的;相反,“本土全球化”强调地方惯例与全球惯例是相互抵触的,地方惯例会被全球惯例取代。所以,各民族国家在面对全球化时都会遇到机遇和挑战的问题,体现了全球化的两面性。

在许多学者看来,全球化似乎就是指经济全球化。其实,这两者是不能等同的。经济全球化主要是指人类经济活动在全球范围内相互融合的过程,它仅仅属于全球化的一个方面。全球化除了包括经济全球化外,还应包括信息全球化、科技全球化和社会问题全球化等多方面的内容。

关于全球化的动力,在西方学者中,也有不同的解释。全球化推崇论者认为全球化的动力来源于资本主义与技术;全球化怀疑论者认为全球化的动力来自国家与市场;全球化变革论者认为全球化的动力是现代性各种力量共同作用的结果。马克思主义认为,全球化的动力来自科技

① Tomlinson. (1999) Globalization and Culture, Cambridge: Polity Press, p. 1.

的进步和经济的发展。正如美国经济学家莱斯特·瑟罗在《资本主义的未来》一书中所说:"……有了用蒸汽机车的铁路,创造国家市场才成为可能。有了使用蒸汽机的工厂,才可能创办大规模的公司服务于这类国家市场。有了蒸汽机以及由蒸汽机带动的大量基本设备,规模生产和规模经济才成为可能。产出的上升可以超比例地快于投入。更高的劳动生产率带来了更高的收入和利润,这又使人们能够更多地购买现有商品并有能力享受新的奢侈品,这些奢侈品很快又成了生活必需品。资本的积累以及资本的所有权正是利用机械能进行生产为中心。"①全球化的形成与发展更离不开科技进步和经济发展,否则将会枯竭,难以前进。

2.经济全球化

在全球化趋势中,经济全球化表现最为明显。经济全球化主要指生产要素在全球范围内广泛流动,实现资源优化配置的过程,其实质是发达市场经济的运行机制和体制的全球化。从根本上说,经济全球化是一场以发达国家为主导,跨国公司为主要动力的世界范围内的产业结构调整。

经济全球化可以划分为两个阶段:第一阶段,从 1945 年第二次世界大战结束到 20 世纪 90 年代初期。这个阶段由于冷战格局的限制,世界经济存在资本主义阵营、社会主义阵营两个不同的"平行市场",从而处于"两个半球化"状态。第二阶段,20 世纪 90 年代初期至今。这个阶段由于东欧剧变、苏联解体,原实行单一计划经济体制的国家纷纷转向市场经济体制,市场经济体制在世界经济体制中占据主导地位,两个平行市场逐步融合为一个世界市场,世界经济真正进入全球化阶段。

经济全球化主要表现为贸易自由化、金融全球化和生产一体化。贸易自由化表现为两个方面:一方面,参与全球经济贸易的国家和地区越来越多,世界各国和地区对外贸易的相互依赖程度不断提高;另一方面,国际贸易发展迅猛,国际贸易的增长速度超过世界 GDP 的增长速度。②金融全球化是经济全球化的核心环节,它的特征是全球金融市场的一体

① 莱斯特·瑟罗:《资本主义的未来》,中国社会科学出版社 1998 年版,第 10 页。

② IMF: International Financial Statistics.

化。生产一体化是国际对外直接投资和间接投资大幅度增长并扩散到世界各个国家和地区的结果。

据统计,2004 年我国首次实现吸收外资突破 600 亿美元、合同外资突破 1500 亿美元。2004 年我国新批设立外商投资企业 43664 家,比 2003 年增长 6.29%;外商新签合同投资额达 1534.79 亿美元,增长 33.38%;外商在华实际投资额达 606.3 亿美元,增长13.32%。我国仍为全球吸收外资发展中国家"第一大国"[①]。2003 年,世界各国和地区进出口总额达到 176068.645 亿美元,同比增长23.8%;其中出口总额为 96907.284亿美元,同比增长 27.2%;进口总额为 79161.361 亿美元,同比增长 20%。[②] 这些数据表明,世界各国和地区的经济和贸易相互渗透、相互影响,互为一体。

二、什么是发展

1.发展的含义

"发展"(development)一词源于欧洲,是从生物学借用过来的。被引入哲学领域后,"发展"是指新事物的产生和旧事物的灭亡。在 19 世纪,"发展"概念被引入社会学领域用于研究社会过程。自二战以来,"发展"的含义经历了经济发展观、社会发展观、以人为中心的发展观、可持续发展观这四种观点的演变。

经济发展观,也称经济增长观。这种发展观起源于二战后,即是二战后国际经济、政治局势的产物。这种发展观把发展、进步等同于经济增长,也就是把人均国民生产总值作为社会发展的目标。其主要观点有如下两个方面:第一,经济发展观认为发展就是经济的增长,把财富或财富的增长作为发展的衡量尺度,把社会发展看作经济现象,关注的只是 GNP(国民生产总值)或 GDP(国内生产总值)的增长,而一定程度上忽略

① 中华人民共和国国家统计局编:《2005 中国发展报告》,中国统计出版社 2005 年版,第 141 页。

② http://zhs.mofcom.gov.cn/

掉教育、环境和人的发展等。第二,经济发展观把经济增长与文化价值的联系割裂开来,也就是只把功利作为价值标准,而不关心价值方面是否合理。以上的经济发展观曾对经济发展起了很大的推动作用,但也存在很多弊端。如这种发展观导致了经济发展与社会发展之间的失衡,也造成了经济和文化之间的紧张和对立,更造成了拜金主义、享乐主义、个人主义的蔓延和生态资源遭受破坏。它很快就被新的发展观替代。

社会发展观。这种发展观是20世纪70年代兴起的。它认为发展应当是整体的、综合的、协调的。它注重人与人、人与环境、人与组织的关系,强调发展不仅是经济增长,而且应包括政治民主、社会转型、文化变迁、自然协调、生态平衡等多方面的内容。社会发展观的内容主要包括如下几点:首先,社会发展观强调经济发展与社会发展的均衡。其次,社会发展观认为发展是“内在的”、“整体的”和“综合的”。“内在的”指发展主要靠自身力量,要充分利用本国的资源;“整体的”指发展是一个整体,既要注重作为整体的社会和个人的各个方面,又要考虑到人们相互依存关系中的多样性;“综合性”是指社会的各个部门、各个地区必须协调一致。再次,社会发展观提出了人在发展中的地位问题。人是社会发展的主体,同时又是发展的参与者和实践者,所以人是一切发展的最终目标,一切的发展都是为人的发展创造条件和机会。与经济发展观相比,社会发展观的优点在于注重经济发展和社会发展的协调,注重经济结构和社会结构的同步优化,实现了经济效益和社会效益的整合。但社会发展观也有不足之处。一方面,它尽管提出了人在社会发展中的地位,但是没有给人的地位以充分的论述;另一方面,它虽然开始强调人与自然的关系,但是并没有给予充分的重视。

以人为中心的发展观。这种发展观是在20世纪90年代兴起的。它把人看作发展的最高目标,认为社会其他方面只是发展的手段或条件。其主要观点有以下两点:一方面,以人为中心的发展观认为社会发展的核心和本质在于人的全面发展。另一方面,以人为中心的发展观认为人的发展和社会的发展应该是协调的。社会发展除了人的发展外,还包括经济、政治、文化等方面系统发展,各子系统之间相互促进、相互协调，并以人为目的、为人服务。总之，以人为中心的发展观正确地看到了社会内部各要素的相互关系，也看到了人的发展在社会发展中的核心地位，有助于促进人的全面进步，也有助于满足人的各种需求。但是，以人为中心的发展观同样存在缺陷：容易助长人类中心主义的扩张，导致能源短缺、水土流失、大气污染等全球性生态危机。

可持续发展观。这种发展观正式形成于20世纪80年代，在90年代得到世界各国的认同，几乎与以人为中心的发展观同时出现。它是一个注重经济、政治、文化、人口、资源和环境等综合协调发展的发展观。其主要观点有以下几点：首先，可持续发展观强调“可持续性”。“可持续性”指发展状态的可持续性和发展能力的可持续性。发展状态的可持续性要求经济效益、社会效益和环境效益有机统一。发展能力的可持续性要求注重长远发展，反对只顾眼前利益，同时也要求给未来的发展留下空间。其次，可持续发展观强调“协调性”。它要求人、自然和社会之间要和谐统一、共同发展。再次，可持续发展观强调“以人为本”。它认为人是社会的人，社会是人的社会，社会的一切发展都要以人为中心。总之，可持续发展观从根本上实现了人类价值观念的变革，即从追求物质生活富足到追求物质和精神双充实，进而实现生存环境的改善和人类发展的可持续性。它使人们不仅重视人类本身，而且还要关注支撑人类生存与发展的自然和环境的状况。①

经济发展观、社会发展观、以人为中心的发展观、可持续发展观都是对发展的一种诠释，但是它们的注重点各有不同。四种发展观可以说是人类对“发展”认识不断深化的过程。它们之间的递进关系反映了人类对“发展”的认识由片面到全面、由只注重物的发展到注重人的发展、由只注重眼前的发展到注重长远的发展。

当前，我国正以科学发展观来指导各项工作。从一定意义上说，这正是吸取和借鉴国际上发展观演变的经验教训的结果。② 科学发展观即是坚持以人为本，全面、协调、可持续的发展观。科学发展观的根本要

① 童星：《发展社会学与中国现代化》，社会科学文献出版社2005年版，第202页。
② 童星：《发展社会学与中国现代化》，社会科学文献出版社2005年版，第202页。

求是要做到五个统筹:统筹城乡发展、统筹区域发展、统筹经济社会发展、统筹人与自然和谐发展、统筹国内发展和对外开放。

2.经济社会发展的指标体系

1966年,美国学者雷蒙德·鲍尔(Raymond Bauer)在其《社会指标》一书中指出:"社会指标是用来判断社会在准则、价值和目标等方面的表现的依据。"社会指标对社会现象具有描述、解释、评价、监测和预测的功能。因此,要了解经济社会发展状况,很有必要建立其自身指标体系。

社会指标体系是一系列有内在逻辑关系的指标组合。就经济社会发展的指标体系而言,它应该能够反映在一定的历史条件下经济社会发展的状况,并且能对当时的经济社会发展状况起到解释、评价、监测和预测的作用。

当前我国正努力建设全面小康社会,很多学者也建立了全面小康社会的指标体系。其中,有代表性的指标体系主要有三套,这三套指标体系能够全面地反映当前经济社会发展状况。①

一是由国务院发展研究中心发展战略和区域经济研究部"'十一五'规划基本思路研究"课题组提出的全面建设小康社会指标体系。他们认为全面建设小康社会的指标体系应包括经济、社会、环境和制度四个方面。如表1:

表1　全面建设小康社会指标体系

指标维度	指标体系
经济	人均GDP、非农产业就业比重、恩格尔系数、城乡居民收入
社会	基尼系数、社会基本保险覆盖率、平均受教育年限、出生时预期寿命、文教体卫增加值比重、犯罪率、日均消费性支出小于5元的人口比重
环境	能源利用效率、使用经改善水源人口比重、环境污染综合指数
制度	廉政建设、政府管理能力

二是由中国社会科学院"全面建设小康社会指标体系研究"课题组

① 熊新发:《构建全面小康社会指标体系的新思路》,载《重庆行政》,2006年第4期。

提出的全面建设小康社会指标体系。他们将指标体系分为社会结构、经济与科教发展、人口素质、生活质量和环保、法制及治安五个大类。如表2：

表2　全面建设小康社会指标体系

指标维度	指标体系
社会结构	第三产业从业人员占总计比重、城镇人口占总人口比重、非农增加值占GDP的比重
经济与科教发展	出口额占GDP的比重、教育经费占GDP的比重、人均GDP、人均社会固定资产投资额、工业企业总资产贡献率、城镇实际失业率(逆指标)、研究与发展经费占GDP比重、人均教育经费
人口素质	每万人口专利受理量、人口自然增长率、每万职工拥有专业技术人员、每万人口在校大学生人数、大专以上文化程度人口占6岁以上人口比重
生活质量和环保	每万人口医生数、平均预期寿命、恩格尔系数、人均生活用电量、每百户拥有电话、每百户拥有电脑(城镇)、工业"三废"处理率、农村饮用自来水人口占农村人口比重
法制及治安	每万人口刑事案件立案率、每万人口治安案件发生率、每万人口拥有律师数、每10万人交通事故死亡人数

三是由国家统计局提出的全面建设小康社会指标体系。他们将指标体系分为经济发展、社会和谐、生活质量、民主法制、科教文卫、资源环境等六大部分。如表3：

表3　全面建设小康社会指标体系

指标维度	指标体系
经济发展	人均GDP、第三产业比重、城镇人口比重、城镇调查失业率
社会和谐	基尼系数、城乡居民收入比、地区发展差异系数、基本社会保障覆盖率、高中阶段毕业生性别比
生活质量	人均可支配收入、恩格尔系数、人均住房使用面积、千人拥有民用载客汽车的数量、人均生活用电量
民主法制	公民自身民主权利的满意度等
科教文卫	平均受教育年限、平均预期寿命
资源环境	万元GDP的综合能耗、森林覆盖率、环境质量

以上三套指标体系分类是比较全面的，都包括经济、社会、政治、科教和环境等方面，不同的是选择指标时有所差别。

第二节　全球化给我国经济社会发展带来的机遇

一、全球化给我国经济发展带来的机遇

1. 全球化为我国经济发展创造了良好的国际环境

全球化是经济全球化的深入发展，使各国在经济上相互依赖、相互渗透。世界上大多数国家都卷入了更深层次的国际分工，而且，跨国公司把各国的生产、销售活动更加紧密地联系在一起。这些都有助于制约国际冲突的发生。世界总体也趋向于和平发展，协商和对话逐渐成为各国处理国际关系的主要手段。这为我国经济发展提供了良好的国际环境。

2. 全球化有利于我国市场经济体制的改革与完善

目前世界上几乎每一个民族国家都建立了市场经济体制，这主要是全球化的影响，也是“本土全球化”的表现，由此我们可以看到全球化对每一个民族国家的强大力量。同时这些国家必须自我完善以适应全球化的惯例，这同样是全球化的影响。

在全球化的背景下，我国的市场经济体制改革取得了举世瞩目的成绩。我国经济体制改革的起步是在 1978 年 12 月党的十一届三中全会，首先是在农村实行家庭联产承包责任制，取得了突破性的进展。1982 年 9 月党的十二大提出“计划经济为主，市场调节为辅”的原则，改革重点由农村逐步转向城市。接着，1984 年党的十二届三中全会通过了《关于经济体制改革的决定》，这对城市的经济体制改革起到了很大的推动作用。

到了1992年，党的十四大提出："我国经济体制改革的目标是建立社会主义市场经济体制。"1993年，党的十四届三中全会通过了《关于建立社会主义市场经济体制若干问题的决定》，这可以说是进行经济体制改革的行动指南。1997年，党的十五大提出要积极推进经济体制改革和经济增长方式的根本转变，这为我国经济的持续发展提供了重要保障。1999年，党的十五届四中全会通过了《中共中央关于国有企业改革和发展若干重大问题的决定》，极大地推动了国有企业改革。2002年，党的十六大提出，我国的社会主义市场经济已初步建立。党的十六届三中全会把完善社会主义市场经济体制作为主题。我国的整个经济体制改革——由计划经济向市场经济转变，从一定程度上说是为了适应全球化而作出的积极转变与调整。

3.全球化有利于我国对外经济的发展

全球化促进了我国对外贸易的发展。由于我国仍然是发展中国家，经济发展水平较低，国民收入较低，因此市场容量相对较小，在工业化进程中面临的问题就更加突出，如国内市场需求不足、生产过剩、产品销售不畅以及发展后劲不足等。而全球化使我国面对的是一个开放的国际大市场，并且贸易自由化程度不断提高和贸易壁垒不断减少，这有利于我国开拓市场，促进对外贸易发展。据统计，改革开放初的1980年，中国出口总额只有181.2亿美元，到1997年已经增加到1827亿美元，不到20年增长了9倍多，2001年中国商品出口已达2661亿美元，出口的快速增长极大地促进了中国的经济发展。[①] 关贸总协定1955年以后提出了一些指导性原则，如允许发展中国家为发展特定行业免予承担关税减让的义务；为实现国际收支平衡，可以实行进口限制；对制成品出口实施更灵活的关税保护和补贴等。关贸总协定采取的这些措施大大地促进了发展中国家的对外贸易。随着全球化进程步伐的加快，我国对外贸易发展得到进一步的提升。2004年，我国对外贸易规模达11547.92亿美元大关，比2003年增长35.7%；其中出口总额达5633.69亿美元，增长

① 安国政等：《世界知识大词典》，世界知识出版社1998年版，第1169－1170页。

35.4%;进口总额 5614.23 亿美元,增长 36%。这使我国成为世界第三大贸易国。[①] 2007 年全年我国进出口增长速度将达到23.1%,总额实现 21670 亿美元;其中出口增长 26%,达 12210 亿美元;进口增长 20%,达 9460 亿美元;全年实现贸易顺差 2700 亿美元。[②]

全球化也促进了我国对外投资的发展。首先,我国对外投资的金额进一步增长。据统计,2006 年,我国对外投资在全球排名从 2005 年的第 17 位上升到第 13 位。其中,我国对外直接投资(非金融类)161.3 亿美元,较去年同期增长 31.6%。截至 2006 年底,我国累计对外直接投资达到 733.3 亿美元。[③] 其次,我国对外投资领域进一步拓宽。目前我国企业对外投资已从一般出口贸易、餐饮和简单加工扩大到营销网络、航运物流、资源开发、生产制造和设计研发等众多领域;投资区域从欧美等发达国家和我国港澳台地区,拓展到亚太、非洲、拉美等 160 多个国家和地区。国内有竞争力的企业更多地采用收购兼并方式开展对外投资,2006 年全年,以并购方式实现对外直接投资 47.4 亿美元,占同期对外直接投资总量的 36.7%。如中国石化收购俄罗斯乌德穆尔特石油公司,中国蓝星集团总公司收购法国罗迪亚公司等。[④] 再次,中国企业跨国经营能力不断增强。在美国《财富》杂志公布的 2006 年按销售收入排名的世界 500 强企业名单中,中国有 20 家企业入选,企业排名也有较大幅度提升,其中中国石化由 2005 年的第 31 位升至 23 位,中国石油由 2005 年的第 46 位升至 39 位,国家电网公司由 2005 年的 40 位升至 32 位。[⑤] 最后,我国对外投资管理体系日趋完善。2006 年商务部积极贯彻落实"走出去"战略,继续完善对外投资相关政策法规,推进对外投资便利化,陆续编制了《对外投资国别产业导向目录》,进一步完善对国内企业对外投资产业的国别协调和指导。2006 年 10 月国务院常务会议原则通过了《关于鼓励和规范我国企业对外投资合作的意见》,这是自中央提出"走出去"战

① 中华人民共和国国家统计局:《2005 中国发展报告》,中国统计出版社 2005 年版,第 139 页。
② http://www.nihaotw.com/jm/jmfl/dljj/200801/t20080102_319565_2.htm
③ 商务部新闻办公室:《我国对外投资稳步发展》,2007-1-24。
④ 商务部新闻办公室:《我国对外投资稳步发展》,2007-1-24。
⑤ 姚闻:《我对外投资累计逾七百亿美元》,国际商报,2007-1-29。

略以来第一个全面系统规范和鼓励对外投资的纲领性指导文件。

4.全球化有利于我国利用世界上各种要素资源

全球化有利于我国吸收外资。近年来，我国经济增长较快，政治形势稳定，投资环境不断改善，投资领域不断扩大，这对于外国企业特别是跨国公司产生了极大的吸引力。而且，我国人口众多，具有很大的市场需求能力，同样可以吸纳更多的外国投资。《2007 年世界投资报告》显示，全球最有吸引力的外国直接投资目的地是中国和印度，东亚、南亚和东南亚吸引力增强，我国香港成为该区域外国直接投资最大流出地区。[①]

全球化也有助于我国引进先进的科学技术和管理经验。同发达国家相比，我国科技水平相对落后，仅靠自己的力量，难以迅速提高产业发展的技术水平。全球化加快了全球范围内的高新技术的交流和合作，有利于我们从发达国家大量引进先进的技术和管理经验，提高社会生产力水平，促进经济发展。

5.全球化有利于我国产业结构的优化

产业结构通常指三次产业之间的比例关系，即农业、工业与第三产业之间的比例关系。现代社会的发展趋势是农业和工业的比重不断下降，第三产业的比重不断上升。按照目前国际标准，高收入国家的农业、工业与第三产业的比重是 2∶32∶66，中等收入国家的产业比重是 11∶35∶52，低收入国家的产业比重是 25∶38∶35。我国属于发展中国家，产业结构尽管还不完善，但是在全球化的影响下得到了很大的调整。1980 年，我国的第一产业、第二产业、第三产业的产值占国内生产总值的比重分别为30.1%、48.5%、21.4%，2004 年，这一比重变为 15.2%、52.9%、31.9%。第一产业的比重呈不断下降的趋势；第二产业比重上升，自 2000 年以来，一直占据了我国国内生产总值的一半以上；第三产业则自 1988 年以来，其比重一直在 30%以上。如图 1：

① http://www.china.com.cn/economic/txt/2007-10/17/content_9068698.htm

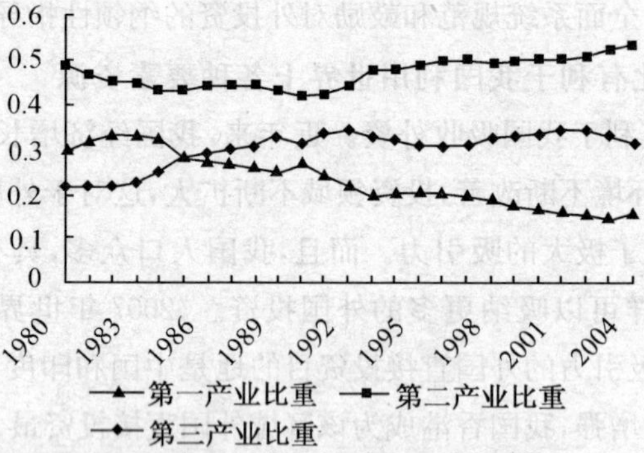

图 1　中国三大产业的比重趋势图①

对于改革开放二十多年来的产业结构调整，全球化的影响起了很大的推动作用。在全球化进程中，发达国家已开始或基本完成了大规模的产业结构调整，正逐步把一些劳动和资源密集型产业转移到发展中国家，这在一定程度上推动了发展中国家的工业化进程。同时，发展中国家也可以利用发达国家的产业向发展中国家转移的有利时机，引进一些技术含量较高、产品附加值较大的技术密集型和资金密集型的产业，加快产业结构升级和工业化的进程。从改革开放到现在，我国的产业结构得到调整和优化，当然主要是我国人民努力奋斗的结果，但是也离不开全球化给我们带来的良好国际环境。

从 2004 年我国的产业结构比重来看，我国处于低收入国家和中等收入国家的产业比重之间。2004 年，我国的产业结构比重为 15.2%、52.9%、31.9%，而中等收入国家的产业比重是 11∶35∶52，低收入国家的产业比重是 25∶38∶35。这说明我国的产业结构还没有达到中等收入国家的水平，仍需要进一步优化。今后我国的产业结构优化，主要依靠技术进步，但是我们也要紧紧抓住全球化带来的机遇，这样才能得到更好的发展。

① 国家统计局:《2007 年中国统计年鉴》，中国统计出版社 2007 年版。

二、全球化给我国政治发展带来的机遇

1.全球化为我国民主政治建设提供了有利的国际环境

全球化趋势的加强，使各国之间的共同利益不断增多，也使各民族国家之间的政治合作与交流不断增加。各国人民要求平等相待、友好相处的呼声日益高涨，要和平、求合作、促发展，成为当今时代的主流。这样一个相对和平的国际环境，显然有利于我国民主政治建设。在全球政治现代化浪潮面前，我国可以通过与其他民族国家的政治交流和对话来加强自己的民主政治建设，也可以借鉴其他国家政治体制建设的成功经验和教训，进一步提高我国政治体制的运作效率，建立一个强力、高效的行政管理系统。

2.全球化的发展进程有利于提高我国人民的民主意识和参政意识

随着全球化的发展和西方民主思想的输入，我国人民以马克思主义为指导重新辩证地审视传统的民主观念，开始更多地关注自己所生活的政治环境，从而使我国公民的民主政治意识、政治判断能力、政治表达能力等政治参与素质得到提高，有利于加快我国民主政治建设的进程。

3.全球化有利于提高我国在国际社会中的政治地位

全球化对政治的影响，一方面表现为世界各国政治交往的扩大与频繁，另一方面表现在各个国家、地区政治生活相关性的空前加强。一些全球性问题，如恐怖主义、核扩散、地区冲突和战争、贫困、灾民等，需要世界各国共同协商解决。越来越多的国家认识到，全球性问题的解决有赖于人类对全球生活加以全面自觉的控制，有赖于人类确立新的价值目标，有赖于人自身的全面发展。全球化浪潮使我国与世界各国的关系越来越密切，也使我国在国际上的地位越来越高。我国坚持的一些观点得到了多数国家的认可和支持，我国的声音在国际社会越来越受到重视，我国在国际舞台上扮演的角色越来越重要，充分体现出一个社会主义国家的政治优势和社会主义制度的优越性。这一切成就，离不开全球化的

推动作用。

4. 全球化对我国政府机构改革具有巨大的推动作用

21世纪是知识经济的时代，客观上要求政府建立一个灵活、高效的科学决策体制，以提高政府机构的行政能力、决策质量和公共管理水平等。全球化的发展要求高效政府的出现，同时又为高效政府的建立提供了可能。20多年来，在全球化背景下，我国政府积极主动地改革和转变职能，以适应全球化的发展。2003年3月10日，第十届全国人民代表大会第一次会议通过了国务院机构改革方案，决定组建商务部，主管国内外贸易和国际经济合作。商务部的成立，有利于深化流通体制改革，建立健全现代市场体系，以便我们更好地利用国际国内两个市场、两种资源，为经济建设服务。党的十七大以来，我国开展积极稳妥的国家机关大部门体制改革，旨在适应全球化的发展，建立一个更加精干高效的现代政府组织机构。

5. 全球化有利于促进我国的法制建设与国际接轨

全球化的运行是法制化的，要求各国具有良好的法制意识，遵守世界通用的法律和规则。我国加入了世界贸易组织，实际上是更广泛地融入了全球化。所以，国内的一些经济立法要与国际经济立法相协调，同时也要按照国际法律规则的要求，让政策、法规实行公开化，这必将促进我国立法的进程。另外，各级政府和公务人员都要公开地、规范地依法行政，严格按照法律、法规办事，这也促进了我国的立法进程。可见，我国的法制建设正逐步与国际接轨。

三、全球化给我国文化发展带来的机遇

1. 全球化为我国的优秀文化走向世界提供了更多机会

全球化拓宽了人类文化交往的空间，为各国、各民族文化的传播提供了机遇。而中国文化有着五千年的历史，为我们民族的崛起和腾飞提供了强大的精神动力，它的魅力已为世界上较多的国家所认同。如东亚儒教文化圈的形成就是例证。随着全球化进程的深入发展，我国的优秀

文化将会得到更好的传播。

2. 全球化有利于我国借鉴世界上先进的思想文化

世界是丰富多彩的，世界各国在推进社会发展过程中，都创造了有自己民族特色的文化，而这也正是人类社会共同的宝贵财富。在全球化进程中，随着经济资源在全球范围内的自由流动和配置以及世界各国的相互开放和普遍交往，不同文化之间出现了全方位、多层面的广泛交流与联系。这为我国吸收世界上的先进文化提供了基础。同时，通讯设备的现代化、网络技术的迅速发展，实现了知识和信息交流的瞬间化，使任何一个地方出现的新思想、新理论、新作品快速传播到世界各地。这又为我国吸收世界上的先进文化提供了保障。

通过文化交流，我们可以得到许多益处。我们可以吸收世界各国优秀的先进文化成果，从世界文化发展的经验教训中获得财富，进一步促进我国的文化建设，把握文化发展的时代潮流，使自己的民族文化跟上时代的步伐，促进我国传统文化观念和文化制度的创新。

3. 全球化有利于我国文化产业快速发展

文化从非产业化向产业化的转化，成为一种经济资源，这是当代社会发展的一个重要特征。发达国家在文化产业整合中领先一步，如在传媒领域，美国的五大广播电视网（ABC，CBC，NBC，FBC 和 CRB）和加拿大电视网公司（GTV）都是集团化运作，并且在世界传媒市场竞争中占有一定优势。全球化为我国充分发挥后发优势提供了便利。我国也应顺应世界文化发展趋势，积极发展文化产业，逐步建立起与社会主义市场经济体制要求相适应的与国际规则相一致的文化产业发展机制，以更好地优化我国的文化产业结构。

总之，我国的文化建设必须着眼于世界文化发展的前沿，面向现代化、面向世界、面向未来。同时，我们要抓住全球化带来的机遇，不断借鉴和吸收世界各民族创造的优秀文化成果，继承和发扬中华民族优秀的文化传统，努力向世界展示中国的优秀文化，提高中华文化在世界文化中的地位。

四、全球化给我国科技发展带来的机遇

1.全球化有利于我国发展高新技术产业

发展高新技术产业，是关系经济繁荣、民族振兴和国家强盛的战略问题。当前世界科学技术日新月异，我国要在高新技术领域占有一席之地，就要抓住信息革命的有利时机，运用高新技术改造和提升传统产业，优化和调整科技结构，提高科技创新能力，建立国家科技创新体系和运行机制，研究开发高新技术产品。我国已加入世界贸易组织，可以充分享用世界范围内的科技进步成果，这为我国发展高新技术产业和提高科技创新能力提供了契机。改革开放以来，我国高新技术产业得到很快发展。1995—2006年，我国高技术产业增加值由1080.5亿元人民币增长至9645.5亿元人民币，年均增幅达22%；高技术产业增加值占GDP的比重由原先的1.8%提高到4.6%，提高了2.8个百分点。出口交货值由1125.2亿元人民币增长至23328.8亿元人民币，年均增长率达到31.7%。①

2.全球化有利于我们吸收和借鉴世界先进科技发展的成功经验

世界上经济发达的国家无不是科技实力雄厚的国家，它们在科技发展方面有着宝贵的经验可供我们借鉴。如日本经济的迅速崛起，得益于日本大力引进国外的先进科技成果并加以创新；苏联为了加速发展科学技术，确立了尊重科学知识和科技人才的方针，使其曾逐渐发展成为一个能与美国抗衡的"世界超级大国"；美国能保持世界头号经济强国的地位，一个重要的原因在于它拥有世界上最多的科技发明专利，特别是以斯坦福大学为中心建立的硅谷科学园。我国也借鉴了硅谷模式，在深圳、北京等地建立了科技开发区，极大地促进了我国科技的开发和研究工作。

3.全球化有利于我国企业建立技术创新机制

企业是国民经济的细胞，而企业的技术创新机制，则是细胞的核心。

---

① 张威：《战略性贸易政策理论与我国高技术产业的发展》，载《国际经济合作》，2007年第11期，第45页。

我国正处于经济转轨的关键时期，由于原有的技术创新体制是在计划经济体制下形成的，企业并没有成为完全的技术创新主体，一定程度上影响了企业竞争能力的提高，因此，一些发达国家的做法值得我们借鉴。在许多发达国家中，企业已经完全成为技术创新的主体。其企业无论在拥有从事研究开发的科学家和工程师的数量上，还是在研究开发投入方面都占有绝对的优势。全球化使我国企业与国外企业的交流机会越来越多，合作的范围越来越广，为我国企业建立技术创新机制，真正发展成技术创新的主体提供了成功的模式。

4. 全球化有利于提高我国的科技发展水平

科学没有国界，全球化促进了世界各国、各地区的科技交往，拓宽了我国科技发展的空间，也为我国引进先进科研成果、提高科技人员的素质提供了良好时机。我国顺应全球化发展的大潮，积极与国外许多国家进行多种方式的科技交流与合作活动。参与方式既有政府间的科技合作，又有半官方及民间的科技合作；科技合作模式有技术贸易、国际学术会议、开展合作研究、人员互访与交流、建立国际科技合作基地等。通过与国际科技交流合作，我国的科研人员向国外的专家学者学习科研方法、科技知识，进一步提高了自身的科研能力和科技水平，同时也有利于提高我国科学技术的整体水平，推动经济社会的发展。

总之，全球化有利于我国进一步深化科技体制改革，繁荣我国的科技事业，培养高素质的科研人员，建设高水平的科研机构，提高全民族的科技文化素质，同时，也可以为我国的现代化建设提供科技支撑，增强我国的综合国力。

五、全球化给我国教育发展带来的机遇

1. 全球化有利于深化我国教育体制改革

教育在全球化的竞争中具有基础性的作用，许多国家都把振兴教育作为 21 世纪的基本国策，以抢占新世纪国际科技、经济竞争的制高点。在全球化的积极影响下，我国进一步促进了经济结构调整和经济水平的

提高，为教育体制改革提供了良好的物质基础。同时，外国教育资源的注入，使得办学主体出现多元化的态势，不同层次、不同类型的教育结构逐渐增多，一定程度上增加了公民受教育的选择机会，这也有利于改变我国原有的计划经济体制下形成的教育的固有模式，促进我国教育体制的改革。

2. 全球化有利于我国调整人才需求结构，优化教育结构和学科专业结构

社会的发展和经济水平的提高，需要各级各类教育的共同发展。基础教育是提高民族素质的基础工程；职业技术教育是工业化和生产社会化、现代化的支柱，农业、工业、服务业的发展都离不开职业教育和职业培训；高等教育在促进国民经济发展、社会信息化和科技进步等方面发挥着重要作用。我国加入世界贸易组织之后，市场对人才的需求发生了一些变化，高素质、高水平人才和一些技术熟练的技工大受社会欢迎，这就要求各级各类教育适时地更新学科设置和调整专业结构，使我国的教育结构更趋于合理，更加符合社会发展的需要。

3. 全球化有利于我国推进教学改革和研究

国外有许多成功的教学经验和先进的教学研究成果值得我们借鉴，我们可以引进国外先进的课程、教材和教学方法，改革我国传统的课程结构和教学手段，在教学内容中及时补充国外最先进的科学文化知识和科技成果，提高我国的教育质量；我们可以积极开展学术交流与合作，邀请国外的专家学者来讲学，及时了解国际学术研究动态，不断开拓我们的眼界，做到与世界共进；我们还可以不断发展国际合作办学，学习国外名校先进的教育管理方法，促进我国素质教育的发展。目前，我国在国际合作办学方面已取得了一定成绩，在上海、南京、广州等大城市，开办了一批中外合作的学校，注重对学生素质和能力的培养，为我国现代化建设培养人才。此外，为顺应全球化发展的趋势，我国进一步加强留学生的派遣工作，支持我国学生到国外继续深造，以更好地为我国现代化建设事业服务；同时，改革了对来华留学生的管理工作，欢迎外国学生到中国来学习，从而让世界更加了解中国。

总之,全球化进程不仅促进了各种生产要素和资源的优化配置,也加强了各国之间在教育资源方面的广泛交流,推动了全球教育的发展。就我国而言,全球化为我国教育发展带来了历史性机遇。

六、全球化给我国人民的全面发展带来的机遇

1. 全球化有利于丰富和发展人的社会关系

马克思曾经指出,"人的本质不是单个人所固有的抽象物,在其现实性上,它是一切社会关系的总和"①,"社会关系实际上决定着一个人能够发展到什么程度"②。可见,人的本质是人与人之间相互关系的总和,要实现人的全面发展,必须发展人的社会交往关系。全球化的发展趋势促进了全面的、开放的社会关系的形成与发展:全球化增强了国家之间、民族之间、地区之间、部门之间、生产经营单位之间以及人与人之间的交往与合作;全球化也突破了民族或地区对人的发展的限制,使人在广泛的交往中形成丰富的社会关系。

2. 全球化有利于全面发展人的能力

人的能力是人类表现和确证自己社会本质的内在力量,包括劳动能力、认识能力、创造能力和思维能力等。马克思指出,"任何人的职责、使命、任务就是全面地发展自己的一切能力,其中包括思维能力"③。因此,实现人的全面发展就要实现人的能力的全面发展。全球化的推进,科学技术的发展,信息时代的到来,极大发挥了人的能力在生产中的作用,使人的自身价值得到充分体现。此外,市场经济的竞争性,也促使人充分挖掘自身的潜能,极大地发挥自己的才智,发展自己多方面的能力。我国正在努力营造良好的社会环境,使每个人都能发展自己的能力。

3. 全球化有利于增强人的独立自主性

人是社会存在物,人的发展离不开人的社会化,而人的社会化程度

① 《马克思恩格斯选集》第1卷,人民出版社1995年版,第60页。
② 《马克思恩格斯全集》第3卷,人民出版社1960年版,第295页。
③ 《马克思恩格斯全集》第3卷,人民出版社1960年版,第330页。

的提高是随着人的生产和社会交往范围的扩大而实现的。全球化的发展，使人们摆脱了割据状态下的狭隘地域性，最广泛地加入世界普遍交往之中，人的活动领域空前扩大，人活动的普遍性和独立自主性逐渐清晰地呈现了出来。我国参与全球化的过程就是各主体加强自身建设、发展自己的过程，这也正是发挥和提高主体独立自主性的过程。我国社会主义市场经济的建立，使人们不断改变传统的依附观念、平均观念、封闭观念，逐步树立个人的独立自主观念、竞争观念、交往观念，进一步增强了人的主体意识和独立自主性，促进了人的全面发展。

4. 全球化为人的个性发展创造了条件

个性是指个人的自我意识以及个人独特的性格和行为特征等。个性的全面发展要求人的个性在各个方面最大限度地得到发展，同时在发展过程中能按自己的意愿、兴趣和社会的需要来发展自己。人是处在社会历史中的现实的人，人的生存和发展、人的个性的形成和发展需要经过特定的社会实践。全球化促进了全球商品、技术的流通，为人的个性发展提供了条件；电子计算机等高科技在生产中的应用提高了生产过程的自动化程度，使人从繁重枯燥的工作中解脱出来，让个人有更充裕的时间和精力来供自己自由支配。而且，国际交流领域不断扩大，使国内的消费资料不断丰富，消费的个性化促进了人的个性发展。

5. 全球化对人的需要的全面发展起着推动作用

人的需要是人自身的规定性，是人全部活动的内在动力。人的发展随其自身需要的发展而不断发展，而人的需要随着生产力的不断发展得到满足，因为生产力的发展使满足需要的对象范围更加广泛、满足方式更加完善。只有大力发展生产力，人才能在满足了基本生存需要外，产生更多的社会性需要，如精神需要、文化生活需要、自我发展的需要等。全球化促进了世界范围内生产力的进一步发展。我国顺应这一发展方向，大力加强社会主义现代化建设，不断解放和发展生产力，逐步提高人们的物质文化生活水平。而且，我国在实现发展的过程中，在重视效益的同时，还强调正义与公平。正义与公平要求每个人都有实现自己对物质等多种利益追求与享有的机会，从而保障了人的多方面需要。

总之，全球化的浪潮席卷世界，这为我国人的全面发展提供了很好的机遇。

第三节 全球化给我国经济社会发展带来的挑战

正如美国学者罗伯特·塞缪尔逊所言："全球化是一把双刃剑：它是加快经济增长速度、传播新技术和提高富国和穷国生活水平的有效途径，但也是一个侵犯国家主权、侵蚀当地文化和传统、威胁经济和社会稳定的一个有很大争议的过程。"①可见，全球化的社会功能具有两面性。全球化在给我国经济社会发展带来机遇的同时，也带来了挑战。

一、全球化给我国经济发展带来的挑战

1.全球化对我国经济安全可能造成不利影响

全球化特别是经济全球化意味着金融和贸易、投资一样要逐步实行自由化。目前，我国金融业开放程度还不高，政府还有足够的手段进行宏观调控，以避免金融隐患的突发。但从长远看，走向较高程度的开放是大势所趋。近几年来，信息技术和现代通讯工具得到了广泛应用，经济信息在国际间的传递非常快，短期国际游资剧增。衍生金融工具交易已成为国际金融市场的暗雷，而现在世界上还没有一套成熟有效的规则来规范和管理金融业的发展，导致各国金融风险普遍增大。如果一国经济发展不畅、金融体制不稳，没有能力控制可能出现的大量国际游资在本国的流动，就会导致金融失控。东南亚金融危机就是很好的例证。在

① 罗伯特·塞缪尔逊：《全球化的利弊》，载《国际先驱论坛报》，2000年1月4日。

经济全球化及金融自由化面前，我国也面临着东南亚式金融危机的风险。

2. 全球化对我国的产业和市场造成了一定的冲击

全球化把我国的国内市场和国际市场逐渐广泛地联结在一起，随着外国商品和资金的大量涌入，越来越多的跨国公司进入我国，这影响了我国一些产业的发展。因为跨国公司会凭借资金、技术、管理等方面的优势，利用低价竞销、品牌收购、控制股权等方式排挤国内企业。而国内的一些企业由于规模较小、产业结构层次低等原因，无法应对激烈的市场竞争。如胶卷工业，当国外的富士胶卷、柯达胶卷进入我国胶卷市场后，国内胶卷企业除乐凯外，其他的胶卷企业不是倒闭就是与富士、柯达等合资。而乐凯企业在 2001 年初，也在与一些跨国公司商谈合作事宜。可见，我国民族工业会受到全球化的冲击。

3. 全球化对我国企业传统组织机构和管理方式提出了严峻的挑战

全球化使一国企业不仅面对本国市场，而且要置身于全球，面向世界市场进行生产和销售。企业经营活动的不断扩大，要求企业原有的机构配置、管理方式、经营理念等都随之发生变化。我国一些企业传统的金字塔形组织形式、保守的经营方式已很难再适应全球化发展的需要，应予以更新和改革，只有这样才能更好地迎接国际竞争的挑战。

二、全球化给我国政治发展带来的挑战

1. 全球化在一定程度上对我国的国家安全构成威胁

国家安全包括经济安全、军事安全和政治安全三大要素。其中，政治安全是整个国家安全的前提。在当今国际政治经济旧秩序尚未根本改变的前提下，由发达资本主义国家所主导的全球化充满明显的政治含义，影响了我国的国家安全。由于意识形态、社会制度等的差异，西方国家不愿看到有个繁荣富强的社会主义中国的长期存在。随着我国在新世纪里经济发展和融入全球化进程的加快，西方发达国家的“西化攻

势”、“和平演变”、“颜色革命”战略以及利用经济手段来达到政治目的的意图还会加强，我国的国家安全形势将会更加严峻。

2. 全球化的发展对我国政治体制改革和政府职能转换提出了挑战

全球化的发展使整个世界经济政治环境发生了变化。市场经济在全球范围内的迅速扩展，要求各国政府必须顺应这一世界变化的趋势。我国社会主义市场经济的建立，要求政府的管理手段发生相应的变化，由原来的主要依靠计划手段转向依靠经济、法律手段，辅以必要的行政手段。面对全球化带来的激烈的国际竞争，我国要构筑适应全球化发展需要的新型社会主义政治体制，重新认识政府的职责，确保经济、文化等社会生活领域全面发展。

3. 全球化使我国的国家主权受到一定影响

“国家主权是指一个国家可以支配一定空间(领土)里的一切人和物、独立自主处理对内对外事务的最高权力。”①它是主权国家最核心、最重要的权利，是各国进行国际交往的基础。一方面，全球化的发展必然要求民族国家逐渐消除国家壁垒的限制，减少国家干预；另一方面，随着全球化进程的加快，国际组织的地位不断提高，作用不断加强，迫使一国主权在某种程度上和范围内向国际组织转移。国际组织的一些决策、声明和立法，对国家主权的行为构成了外在的规范限制，使得各国的社会经济政治活动越来越多地要受到国际条约、国际惯例的干预和调节。而且，以美国为首的少数资本主义发达国家以“全球化”为借口，提出所谓“人权高于主权”、“国家主权消失论”等谬论，极力推行霸权主义和强权政治，向我国施加压力，对我国的国家主权原则造成一定冲击。

总之，西方发达资本主义国家利用全球化，不断对中国施加压力和进行分化，试图把其经济和政治制度强加给我国。这使得我国与敌对势力之间的渗透与反渗透、颠覆与反颠覆斗争在一定时期内还将继续存在，一定程度上加大了我国实现经济社会全面发展的难度。

① 元成章:《论经济全球化对国际政治的影响》,载《经济前沿》,2000 年第 23 期。

三、全球化给我国文化发展带来的挑战

1.全球化对我国先进文化建设有一定阻碍作用

一些发达国家利用文化交流之机，凭借其在文化产业方面的优势地位，试图把自己的生活方式、人生观、价值观强加于我国，使拜金主义、极端个人主义、享乐主义等不良思想文化意识侵入我国，对我国实施“西化”或“分化”等图谋。以美国为例，美国在全球化浪潮中急剧扩张，其文化产业已经在世界文化市场建立起文化霸权。美国电影从市场份额、影片数量、资金投入、观众人数和意识形态影响力等任何一方面来看，都堪称世界第一。这不仅为美国带来丰厚的商业利益，也成为美国进行文化渗透的一种形式，以到处推销美国的生活方式和国家形象。对此，我们要有清醒的认识。一方面，要高度重视文化领域的斗争；另一方面，要加强国内文化产业的建设、维护国家的文化主权，努力建设有中国特色的社会主义文化。

2.全球化对我国社会主义意识形态造成了冲击

资产阶级学者企图用全球化来掩盖社会主义和资本主义之间的意识形态分歧。他们认为社会主义和资本主义在全球化的趋势下有趋同的倾向，因而妄图混淆二者在意识形态方面的区别。冷战结束后，意识形态在国际关系中的作用相对减弱，但二者在意识形态领域的斗争并没有结束。西方国家不但利用国际间正常的经济、政治、文化交往和合作的机会，把其文化理念、道德观念等意识形态的东西带入我国，而且还积极向我国推销其音像制品、电脑软件和书刊画报等文化产品，对我国人民特别是青少年产生消极影响。现代信息网络技术在开创人类社会文化思想交流的同时，也给资本主义挑战社会主义意识形态提供了一个重要的现代化手段。网络信息传播所具有的高效性、广泛性、强渗透性和难以管理等特点使我国对文化的控制力、对文化市场的监管力在一定程度上减弱。

3.全球化对我国文化产业也具有负面影响

目前，我国国内文化市场虽然发展较快，但由于资金和技术的匮乏，

文化产品的生产和经营还不能完全适应市场经济，文化服务的质量、文化管理的水平也都有待于进一步提高。中国自加入世界贸易组织以来，西方的文化产品、生活方式都大量地涌进了中国。国外文化产业凭借其雄厚的资本、先进的技术、丰富的管理经验，并以其广泛的覆盖性渗透到我国社会生活的各个方面，一定程度上给我国文化产业发展造成压力。西方影视和其他文化制品也都大量地进入了我国文化消费市场，与我国文化产品形成竞争，抢夺文化受众。另外，国外资本还通过直接或间接的方式进入我国文化市场。这些都对国内文化产业的发展构成了威胁。

四、全球化给我国科技教育发展带来的挑战

全球化给我国科技教育带来的挑战，突出地表现在人才资源方面。首先，我国目前的人才培养结构与社会发展不太协调。随着全球化进程的加快和我国市场经济的发展，我国过去奉行的专业人才的合格标准，现在已经被市场选择的标准逐渐取代。所以，我们各类教育特别是职业教育都要转变办学观念，一方面要把人才培养和我国长远利益结合起来，另一方面要把人才培养和就业市场需求结合起来。这样才能使我国培养的人才和社会发展相一致。我国的人才培养观念正处于这样的转变中，那么如何转变则是我们目前科技教育面临的问题。其次，全球化使各国之间的人才竞争更加激烈，给我国人才的培养和保护工作增加了难度。国际间的人才流动是全球化发展的必然结果，但由于发达国家经济发展程度和国民收入水平比较高，吸引了发展中国家的大量优秀人才，使得全球范围内的人才无法实现合理配置。据统计，从1978年到2006年底，我国各类出国留学人员总数为106.7万人，留学回国人员总数为27.5万人，约占出国留学总人数的26%。① 因此，我们如何吸引大部分留学生回国工作又是一个挑战。最后，我国与西方发达国家在高新技术产业、教育水平方面还存在一定的差距，在维护科技主权和教育主

① http://learning.sohu.com/20070306/n248538067.shtml

权方面也存在一些难度。科技和教育主权关系到国家基本的政治文化经济利益，是每一个主权国家都必须坚决维护的基本的权益。国外科研机构、教育机构的进入，不可避免地会带来其思想和文化影响，在此情形下，我们反对“西化”、“分化”的任务将更加艰巨。

五、全球化给我国人的全面发展带来的挑战

1. 全球市场经济的发展可能会使一些人的人格扭曲

市场经济是通过人们之间的物化社会关系表现出来的，使人在一定程度上受物的控制，从而产生一定的人的物化现象，诱发拜金主义、享乐主义的滋生。而且，这种物化的社会关系会进一步增加人的生活的不确定性和偶然性的因素，增加人的活动的风险性，不利于实现人的全面发展。我国市场经济的建立使公平、自由等原则深入人心，但也出现了功利主义、享乐主义，一些人“一切向钱看”，损人利己、唯利是图，只讲物质利益，不讲道德，造成价值观念混乱和精神家园的荒芜。加上改革开放以来，资本主义一些极端利己主义等思想的传入，给我国人民的发展带来一些消极影响。

2. 全球化可能会阻碍我国人民的全面发展进程

人的全面发展是在一定的环境中进行的，这里的环境既包括自然环境也包括社会环境。许多国家曾经过于强调经济发展，导致全球环境的恶化，人类生存和发展的自然环境越来越差。而且，国际性恐怖活动、贩毒活动、走私活动不断增加，成为威胁人类生存和发展的社会公害。我国一定程度上也存在这些问题，一些动植物濒临灭绝，一些资源的储备越来越少，吸毒、贩毒、走私等违法活动也有增加的趋势，这些都阻碍着我国人民全面发展的实现。

3. 全球化使贫富差距进一步扩大，不利于人类的共同发展

发达国家是全球化浪潮的最强劲的推动者，它们拥有资金、技术、管理经验等方面的绝对优势，同时又是国际金融贸易等“游戏规则”的制定者和操纵者，在国际分工中占有支配地位，在国际竞争中占据有利位置。

而广大发展中国家则处于相对较弱的地位，在全球化面前比较被动。这样就使得全球化带来的巨大财富不能公平地进行分配，造成了“马太效应”。伴随贫富差距而来的还有失业、冲突等社会问题，这些问题影响了世界的和平与发展，也不利于实现整个人类的全面发展。正如《全球社会学》一书中所描述的：“全球化伴随着更多的贫困、失业和社会分裂，而这些贫困、失业和社会分裂却恰恰存在于孤立、边缘化的暴力行为中。许多人尤其是最易受伤害的人，对未来——自己和他们孩子的未来的危机感在加剧。”①在我国，改革开放以来，人民的生活水平普遍得到提高，但贫富差距问题也凸显出来，地区之间、不同行业之间人们的收入存在较大差距。虽然我国已基本上解决了人们的温饱问题，但在一些贫困地区，人们受教育难、医疗卫生条件差、物质文化水平低等问题仍存在。

总之，全球化是人类社会发展到一定阶段的必然结果，是人类生活高度社会化的集中体现，是人类文明和进步的重要标志。全球化给我国经济社会的发展带来了机遇，同时也给我国经济社会的发展带来了挑战。

第四节　广西经济社会发展现状及原因分析

全球化在给中国经济社会发展带来了机遇和挑战的同时，也会给广西经济社会发展带来机遇和挑战。由于地区间经济社会发展状况的差异，全球化对广西经济社会发展的影响，除了具有以上全球化对中国经济社会发展影响的特征外，还由于其自身特殊因素而具有不同的特点。因此，分析广西经济社会发展的现状及其制约因素，对探讨全球化对广

① 科恩·肯尼迪：《全球社会学》，社会科学文献出版社 2001 年版，第 198 页。

西经济社会发展的影响具有十分重要的意义。

一、广西经济社会的主要特征

广西地处我国南疆，北连华中，东邻粤港澳，背靠大西南，面向东南亚，南部与越南接壤，是我国唯一同时沿海、沿边、沿江的少数民族省区，拥有丰富的水能、矿产、旅游等自然资源，区位优势突出。经过新中国成立以来尤其是改革开放30年来的建设，广西的国民经济取得了长足发展。由于其独特的区位、历史和文化环境，广西在全国经济社会发展总体格局中具有三大突出特点和优势：一是区位优势独特，二是自然资源丰富，三是开放优势明显。总体来说，目前广西的经济社会发展主要有以下几个特征。

1.广西经济已经进入适度快速增长的阶段

改革开放以来，广西经济增长经历了五个不同的经济周期，每个经济周期都呈现出各自不同的运行特征。1997年全国经济“软着陆”开始，广西经济增长就逐年减速。1999年，全区GDP仅比1998年多了50亿元。中国加入WTO后，广西经济在2000年开始出现了恢复性增长，2000年和2001年GDP分别相对上年名义增长了4.9%和8.8%，分别净增长了96亿元和181亿元，呈逐年加倍增加的势头。2002年全区GDP达到2455.36亿元，名义增长了9.22%，可比增长了10.5%。自2002年以来，我区经济增长速度已连续5年超过10%，年均增长速度为11.9%，是广西历史上经济增长速度较高的时期之一。[①]

2.经济二元性是广西经济发展最突出的特征

经济二元性指发展中国家或地区经济在生产组织、生产技术、产业、区域、地理空间等方面表现出的经济性两极分化特征。经济二元性是经济发展水平低下的产物，也是经济落后地区的主要表现和造成经济更加落后的重要原因。中国作为一个发展中的人口大国，经济二元性是国民

① 国家统计局：《2006年中国统计摘要》，中国统计出版社2006年版。

经济结构的基本特征。广西作为我国经济文化均比较落后的地区，其经济二元性主要表现在：

(1)城乡二元经济。城乡二元经济指发展中国家或地区城市经济与农村经济并存，二元差距明显的经济结构。城乡二元经济在本质上是城乡劳动力市场和城乡消费品市场的二元分化，可采用城乡居民收入比、城乡居民消费比和城乡居民恩格尔系数差异度来反映经济体城乡二元差异程度。2003 年广西城乡居民收入比(城镇居民人均可支配收入对农村居民人均纯收入的比例)为 3.72：1，高于全国平均水平 3.23：1；城乡居民消费比(城镇居民人均消费对农村居民人均生活消费之比)为 3.29：1，接近全国平均水平 3.35：1，城乡居民恩格尔系数差异度(乡村居民的恩格尔系数减去城镇居民的恩格尔系数)为 11.30%，高于全国平均水平8.5%。2004 年广西城乡居民收入比为 3.77：1，城乡居民恩格尔系数差异度为 12%；2005 年广西城乡居民收入比为 3.57：1，城乡居民消费比为 2.74：1，城乡居民恩格尔系数差异度为 8.1%。① 这些表明，广西城乡二元经济状况比较显著。

(2)区域二元结构。区域二元结构是指发展中国家或地区的次级区域在经济规模、分布等方面的二元反差状况。广西区域二元结构主要表现在两大方面：

一是行政区经济二元结构。根据雷国雄、刘振华对广西 2003 年 14 个市国民生产总值作的聚类分析可知，广西行政区经济呈现出明显的二元反差。百色、梧州、钦州、河池、北海、贵港、来宾、贺州、崇左、防城港 10 市经济规模均低于全区经济总规模的 6%，其中防城港市经济总规模仅占全区经济总规模的 2.6%；南宁、桂林、柳州和玉林 4 市经济规模接近或超过全区经济总规模的 10%，其中，南宁市经济规模占到全区经济总规模的 18%；两大聚类的经济总规模分别为 47.3%和 52.7%，二元对立特别显著。② 目前，广西行政区经济二元结构仍然显著。

① 根据广西壮族自治区统计局：《2003 年—2005 年广西壮族自治区国民经济和社会发展统计公报》计算整理。

② 雷国雄，刘振华：《广西经济的二元性特性及其弱化对策》，载《百色学院学报》，2006 年第 3 期，第 79 页。

二是地域经济二元结构。根据地域经济发展水平总体上可将广西划分为五大经济区域,并且存在着相对发达地域与相对不发达地域的对立。以柳州、桂林为核心的桂中、桂北经济区和以南宁为核心的桂南沿海经济区(南北钦防经济区)是广西经济的发达地域。桂东(梧州、贵港、玉林、贺州)、桂西经济区(崇左、百色、河池)是广西经济的不发达地域,在经济上主要依赖传统农业、水利和矿产资源。

(3)产业二元结构。产业二元结构主要指第三产业与第一、第二产业发展不平衡、相互依赖程度较低的状态。广西产业二元结构主要表现在:首先,第三产业的发展与第一、第二产业的发展相脱离。如表4所示,1986—2003年,广西第三产业产值与GDP基本呈同步增长态势。这表明在广西工业化的进程中,第三产业并未获得实质上的发展,考虑到第二产业的发展一般需要第三产业更快的发展来支撑,广西第三产业与第二产业之间的距离不是缩小了,而是扩大了。2006年,广西GDP为4801.98亿元,比上年增长13.5%,其中,第一产业增加值1031.93亿元,增长6.5%;第二产业增加值1882.23亿元,增长19.3%;第三产业增加值1887.82亿元,增长12.1%。[①] 这表明广西第三产业产值与GDP仍然呈现同步增长态势,第一、二、三产业发展仍不够合理。

表4 广西生产总值指数(按可比价格计算,以1986年为100)[②]

年份	1986	1988	1990	1993	1995	2000	2001	2002	2003
GDP	100	114	126	199	255	377	408	451	497
第一产业	100	99	121	147	181	244	252	271	281
第二产业	100	121	128	276	381	587	635	707	810
第三产业	100	126	132	204	251	378	423	473	520

其次,第三产业与第一、第二产业经济技术联系弱。广西第三产业对社会生产的渗透力还很弱,高科技和服务性行业还没有完全进入社会生产特别是农业这一生产领域。

① 广西壮族自治区统计局:《2007年广西壮族自治区国民经济和社会发展统计公报》,2007年。

② 根据《广西统计年鉴2004》数据折算、编制。

再次,第三产业对第一、第二产业的生产服务功能弱。从第三产业从业人员构成看,目前批发和零售业、住宿和餐饮业、居民服务、交通运输、仓储和邮政业等主要为消费服务的传统产业从业人员总数就占到第三产业从业人员总数的78%,而信息服务业、商务服务业、科学研究和技术服务业等主要为生产服务的新兴产业从业人员数不到第三产业从业人员总数的3%。[①] 这表明广西第三产业的现代化程度不高,生产服务性也不强。

(4)地理二元结构。地理二元结构指发展中国家或地区经济空间的核心、外围与网络三者之间的二元分化状况。广西地理的二元性主要表现在两大方面。一是经济空间的核心——外围二元结构,主要表现为城乡空间区隔明显,过渡性郊区在空间上不明显。经济发展良好的城市区域一般都具有明显的城市郊区带。广西的几个大城市郊区带均不明显。以南宁市为例,其具有城市郊区特征的地带仅分布在城市环线与环城高速线间宽3—5公里环形带的部分区段上,这种状况弱化了南宁市区集散周边农村生产和消费的功能,并导致城区消费畸形高涨。二是经济空间的地域二元结构,主要表现为区域网络密度低,网络利用效率不高,对区域经济发展的带动作用不显著。

值得强调的是,广西经济五个方面的二元性特征既有各自的成因、形态、差异和特点,又相互交叉、渗透和制约,并互为因果。

二、广西城市发展的实证研究

1.广西城市经济发展

广西城市经济发展较快,但是经济总量仍很低,而且发展极不平衡。经济相对发达的城市均位于湘桂铁路沿线;从地域上看,桂南沿海城市发展较好,而桂西山区城市经济发展较慢,甚至严重落后。2004年与2000年比,21个设市城市GDP增长88%,财政收入增长92.0%,占全区

① 雷国雄,刘振华:《广西经济的二元性特性及其弱化对策》,载《百色学院学报》,2006年第3期。

的比重由2000年的44.3%、52.7%分别提高到51.5%、55.1%。就2002年来说，广西城市经济总量GDP为736.8亿元，仅占全国城市GDP的1.56%。城市平均GDP38.8亿元，为全国城市平均GDP的21.2%。城市人均GDP为9292.5元，只是全国城市平均GDP的56.1%。城市经济对广西GDP的贡献为35.9%，比全国城市经济贡献率少17.8个百分点。2006年，广西各地级市GDP总量为4715.97亿元，比2005年的4012.79增长17.5%，大约占全国GDP的17.6%。广西城市之间的经济发展也不平衡。2006年，南宁GDP为861.94亿元，柳州为626.91亿元，而崇左为188亿元，防城港为113亿元，城市之间GDP差距最大为748.94亿元。①

2. 广西城镇居民生活水平

城镇居民生活水平进一步提高。2006年广西城镇居民人均可支配性收入为9898.8元，增长11.0%，扣除价格上涨因素，实际增长9.6%。城镇居民人均消费性支出6791.9元，增长5.7%，其中：食品类支出2857.4元，增长4.6%；衣着类支出477.7元，增长1.7%；家庭设备用品及服务类支出360.6元，下降5.0%；医疗保健类支出401.1元，增长5.1%；交通和通讯类支出785.0元，增长21.2%；娱乐教育文化用品及服务类支出850.9元，下降1.8%；居住类支出826.9元，增长12.3%；其他商品和服务类支出232.4元，增长8.6%。城镇居民家庭恩格尔系数为42.1%，比上年下降0.4个百分点。②

3. 广西城市化发展

改革开放以来，广西城镇建设和发展取得巨大成就。2005年，广西21个市(包括地级市和县级市)中，人口超过100万的特大城市2个，人口规模50万以上的大城市2个，人口规模20万以上的中等城市5个，人口规模20万以下的小城市12个，重点镇227个。2005年广西城镇化

① 广西壮族自治区统计局:《2007年广西统计年鉴》中国统计出版社2007年版。

② 广西壮族自治区统计局:《2007年广西壮族自治区国民经济和社会发展统计公报》,2007年。

率达33.5%，比2000年提高了5.35个百分点。[①] 2006年，广西城镇化率达34.6%。[②] 目前，初步建立起了以中心城市为核心，以县城和小城镇为基础，特色鲜明、功能互补、结构合理、持续发展的城镇体系。广西整个城镇体系包括：依托沿海高速公路和铁路路网，以南宁市为核心的南北钦防沿海城市群；依托交通枢纽和工业重镇地位，以柳州市为核心的桂中城镇群；依托湘桂铁路和高速公路，以桂林市为核心的桂北城镇群；依托西江水道、高速公路和洛湛、黎湛铁路，以梧州、玉林、贵港市为核心的桂东南城镇群；依托黔桂、南昆铁路和桂梧、南友高速公路，以河池、宜州为核心的黔桂走廊城镇带；以百色、平果为核心的右江走廊城镇带；以贺州、钟山、富川为核心的桂东北走廊城镇带；以凭祥、崇左、宁明为核心的桂西南走廊城镇带。可见，广西城镇化发展已进入一个新的发展阶段。

4. 广西城市规划与管理

(1)广西城市规划的法制建设不断加强。广西先后发布了一系列配套法规和规范性文件，如《广西壮族自治区实施〈中华人民共和国城市规划法〉办法》、《自治区人民政府关于加强城市规划工作的通知》等。各市也结合本地实际制定了相应的规范性文件，逐步实现了城市规划的法制化、规范化管理，规划的宏观调控和指导城市建设的作用日渐增强。[③]

(2)广西城市规划的组织编制和审批工作速度进一步加快。《广西城镇体系规划(2006－2020年)》的编制，为推动全区城镇协调发展和区域性基础设施的建设奠定了基础。"十五"期间全区共有61个市、县开展新一轮总体规划修编，设市城市的控制性详细规划面积占建成区面积的90%以上，基本形成由城市总体规划、分区规划、详细规划组成的城市规划体系，城市规划的编制工作再上新台阶。在重大规划的审批方面，自治区设立了城市规划厅际联席会议，各市也相应建立城市规划(审定)委员会制度，明确规划审查程序，以提高规划审查的质量和效率。

---

① 韦廷柒，韦怀远：《当前广西城镇化发展中面临的主要问题与对策》，载《农业经济》，2006年第9期，第42页。

② 广西壮族自治区统计局：《2007年广西壮族自治区国民经济和社会发展统计公报》，2007年。

③ 宋继东：《以科学发展观推进广西城市规划事业发展》，广西日报，2006－4－27。

(3)广西壮族自治区重大建设项目规划管理走向规范化。“十五”期间，对自治区40多项重大项目的规划选址论证，并核发建设项目选址意见书，如北钦防沿海基础设施大会战林浆纸一体化项目、炼油化工项目等规划选址，使这些项目的建设和布局完全符合广西城镇体系规划和城市总体规划，充分发挥城市规划对土地资源、空间资源的配置作用，促进社会经济的可持续发展。

(4)广西各级城市规划行政主管部门在加强城市规划实施的同时，逐步完善规划管理体制，形成科学健全的规划批前、批中、批后管理的规划管理体系。严格的依法行政对城市建设的健康快速发展发挥了很大作用，全区各地的城市面貌变化巨大，市民对城市规划的认同感越来越强。

5. **广西城市基础设施建设**

广西城市基础设施日臻完备。“十五”期间，城镇道路、供排、燃气、通讯、电网等设施建设共投入522.8亿元，比“九五”时期增加425.1亿元，增长4.3倍。广西城市基础设施有效供给能力大幅度提高。2005年，县城以上城市自来水普及率已达84.15%；城市道路总长度7525公里，增长4.7%；公共交通车辆5.13标台/万人；城市燃气普及率达到73.5%。全区建成垃圾无害化处理厂9座，城市生活垃圾无害化处理率为36%。城市绿化覆盖率达到27.3%，城市人均公共绿地面积达到6.19平方米，增长2%。①

尤其在交通方面，以沿海港口为龙头，南昆铁路为主干，公路、水运、航空和其他基础产业相配套的西南出海通道框架已基本形成。南昆、湘桂、黔桂、枝柳、南防、钦北等铁路线贯通全区，通车里程达2640公里。全区公路网四通八达，通车里程4万多公里，其中桂林至柳州、钦州至防城港高速公路已建成通车，全区高等级公路通车里程近1600公里。民航基础设施建设加快，国家重点项目桂林两江国际机场于1996年建成运行，共形成桂林、南宁、北海、柳州、梧州5个航空港，共有80多条航

① 广西壮族自治区人民政府：《广西壮族自治区人民政府关于印发广西壮族自治区十一五城镇化发展规划的通知》，载《广西壮族自治区人民政府公报》，2007年第8期。

线。防城港、钦州、北海3个沿海港口已建成含15个万吨级以上的泊位共23个，年吞吐能力近1000万吨。在建的西江航运二期工程完工后，千吨级船队可由南宁直达广东和港澳地区。①

三、广西农村发展的实证研究

1.广西农村经济发展

"十五"时期，广西农村经济得到了较大发展。"十五"期末，广西全区农林牧渔业总产值1430亿元，"十五"期间年均增长6.1%，年均增长速度高于全国水平。农业增加值894亿元，"十五"期间年均增长5.3%，农业增加值总量在全国排位由"九五"期末的第12位，前移到2004年的11位。农民人均纯收入2495元，比"九五"期末增加630元，年均增长6%，高于"九五"时期年均增长水平。全区农产品结构形成新格局，区域布局发生新变化，农业优势产业集群有了新发展。全区现有农业产业化经营组织5834个，比2000年增长58%，直接带动农户322.5万户。②

"十五"期间，广西农业结构的调整也得到稳步推进。首先，养殖业发展迅速，农林牧渔业发生了新的变化。2005年广西水产畜牧业产值为651.5亿元，比2000年增加280.1亿元，年均增长7.1%，占农林牧渔业总产值的45.1%。其次，经济作物发展加快，粮食经济结构变化明显。2005年广西经济作物种植面积达到294.7万公顷，比2000年增加34.2万公顷，增长13.1%，粮食作物和经济作物的比例由2000年的1∶0.71调整为1∶0.88。再次，水稻免耕抛秧、水果套袋、甘蔗机械化深耕深松、无公害种养等先进技术得到大范围的推广应用。③

2.广西农民生活水平

经过多年的发展，广西农民生活水平不断提高。2006年，农民人均纯收入2770.5元，增长11.1%，扣除价格上涨因素，实际增长9.4%；农

---

① http://www.9dspace.net/thread-591-1-1.html

② 广西壮族自治区统计局:《2005年广西统计年鉴》,中国统计出版社2005年版。

③ 广西壮族自治区统计局:《2005年广西统计年鉴》,中国统计出版社2005年版。

民人均生活消费支出2413.9元，增长2.7%。其中，食品类支出1196.1元，增长0.8%；衣着类支出79.9元，增长0.5%；家庭设备用品及服务类支出110.1元，增长15.3%；医疗保健类支出123.9元，增长0.4%；交通和通讯类支出239.5元，增长11.9%；娱乐教育文化用品及服务类支出198.2元，下降12.5%；居住类支出424.9元，增长11.9%；其他商品和服务类支出41.5元，下降6.8%。①

3. 广西农村基础设施建设

"十五"期间，广西农村基础设施建设有了较大发展。这期间，累计建成标准防洪堤388.7公里，农田有效灌溉面积达到151.6万公顷，占耕地面积141.9万公顷；中央和自治区两级累计投入62.6亿元，解决了352.1万人饮水和112.1万头牲畜饮水问题；农村沼气池建设达到270万座，沼气池入户率达33.7%，居全国首位；2004年农村通公路、通电话、通电和能接收广播电视节目的行政村比重，分别达96.9%、93.6%、99.9%、98.3%。② 2006年广西新增有效灌溉面积为6.85千公顷，新增节水灌溉面积为21.4千公顷；农村电话用户增加到348万户；农村生态退耕15.77千公顷，因农业结构调整减少耕地21.94千公顷；土地整理复垦开发补充耕地10.59千公顷；全年净减少耕地32.95千公顷，下降46.91%。③

4. 广西农村社会保障体系建设

广西社会保障体系包括养老保险制度、医疗保障制度、最低生活保障制度和社会救助。

广西农村养老保险状况。广西根据1992年国家民政部在各地试点基础上推出的《县级农村社会养老保险基本方案》和1995年10月国务院批转民政部的《关于进一步做好农村社会养老保险工作的意见》，确定了逐步建立起以个人交纳保险费为主的农村社会养老保险。1995—1998年，广西有14个地区92个县1361个乡镇开展了这一工作，收取保

① 广西壮族自治区统计局：《2007年广西壮族自治区国民经济和社会发展统计公报》，2007年。

② http://www.zggjny.com/Article_Print.asp? ArticleID=686

③ 广西壮族自治区统计局：《2007年广西壮族自治区国民经济和社会发展统计公报》，2007年。

险资金累积达 4.7 亿元，有 1.4 万人领取养老基金。但是到 2004 年末，广西全区仅有 180.64 万农民参保，保障基金存结余额为 49380.43 万元，有 30177 人领取养老保险金，当年支付金额为 140.8 万元。[①] 可见，广西农村养老保险的发展状况陷入了缓慢时期。

广西农村医疗卫生保障状况。1997—2000 年，广西共安排建设乡镇卫生院 1328 个，较大地提高了农村基层医疗卫生服务设施水平。到 2002 年底，广西全区共建农村卫生合作医疗所 13491 个，基本实现每个村公所有一间合作医疗所。到 2003 年，广西开始进行新型农村合作医疗试点，并且达到了中国农村“人人享有卫生保健”规划目标的基本合格标准。[②] 截至 2006 年上半年，广西 40 个试点县（市、区）共有 1212.28 万农民参加新型农村合作医疗，占全区农村人口 36.3%，参合率为 66.99%，共筹集到位资金 2.65 亿元，基本保证了参合农民的补偿需求，参合农民共获得补偿 9241.9 万元。[③]

广西农村最低生活保障和社会救助状况。广西现行的农村最低生活保障制度和社会救助主要政策措施有五保供养、特困户救济、临时救济、灾害救助、最低生活保障和扶贫政策等。1995 年，广西开始积极探索城乡最低生活保障制度，对收入低于最低生活保障线的贫困人口，政府实行差额补助救济，但由于我区经济条件较差，实际上并没有得到真正落实。2003 年广西农村社会救助基本上以农村特困户和五保户救助为主，2004 年末共建有 3895 个五保村，收养人数达到 45991 人；2005 年，政府工作报告宣布全区 25.8 万五保对象最低生活得到保障；2006 年，自治区财政安排 450 万元，用于补助试点地区农村特困群众最低生活保障对象，保障人数为 8.3 万人。[④]

---

① 广西壮族自治区统计局：《2005 年广西统计年鉴》，中国统计出版社 2005 年版。

② 广西壮族自治区统计局：《2005 年广西统计年鉴》，中国统计出版社 2005 年版。

③ 谭彦红：《落后地区农村公益事业发展现状与思考——以广西为例》，载《经济研究导刊》，2006 年第 6 期，第 49 页。

④ 谭彦红：《落后地区农村公益事业发展现状与思考——以广西为例》，载《经济研究导刊》，2006 年第 6 期。

四、广西旅游业发展的现状

1.广西的旅游资源

广西目前共有国家级和省级风景名胜区34处，国家级和省级旅游度假区10处，国家级和省级重点文物保护单位290处，国家级和省级自然保护区64处，国家级和省级森林公园26处，国家级和省级地质公园6处，国家4A和3A级旅游区(点)28处。[①]

在自然旅游资源方面，广西海岸线长达一千多公里，有丰富的滨海旅游资源。北海市有观涛旅游胜地——冠头岭，有被称为"大小蓬莱"的涠洲岛及斜阳岛屿风光，有"滩长平、沙白细、水温净、浪柔软"的白虎头长滩等。广西动植物资源也十分丰富，广西已鉴定的植物就达六千余种，包括银杉、铁杉等世界珍稀种类。已发现的兽类一百多种，禽类五百多种，两栖爬行类一百多种，属国家保护的珍稀动物就有四十余种。在人文旅游资源方面，广西有众多文物古迹，有年代久远的南宁豹子头、柳州白莲洞、桂林甑皮岩等古人类遗址，有壮族先民的花山崖壁画、兴安灵渠、桂林王城和柳州柳侯祠等古代建筑。在民族风情旅游资源方面，广西具有异彩的民族特色和独具特色的建筑艺术、歌舞乐曲、工艺特产、风味佳肴以及斗马、斗鸡等习俗活动。为了使旅游资源得到进一步开发利用，广西建起了五个既具特色又相互联系的旅游区，它们分别是突出山水自然风光和历史文化名城特色的桂林旅游区，突出少数民族风情风俗特色的柳州旅游区，突出亚热带风光、边关景观和壮族先民文化特点的南宁旅游区，突出侨乡、寺庙、古迹特点的桂东南旅游区和以滨海风光为特色的滨海旅游区。目前，广西已初步形成北有桂林、南有北海且向全区各地辐射延伸的旅游线路，开辟有观光旅游、滨海旅游、度假旅游、民俗风情旅游、森林旅游、古文化旅游以及其他各种特殊的旅游项目。

2.广西的旅游设施和旅游管理

经过近几年的大力发展，广西的旅游设施已具有一定的规模。目

① http://www.guilinlife.com/center/news/cnews.asp? NewsID=111558

前，广西共有近四百家旅行社、近三百家星级饭店。开通了国内许多航线和国外一些航线，北海、南宁、桂林机场相继建成并投入使用；铁路方面，开通了多路特快列车；公路方面，建成了桂林至北海的高速公路，公路运输四通八达；水路上有梧州直通香港客轮，又开通了北海至海口、北海至越南、防城港至下龙湾、防城港至海口等多条海上航线。旅游通讯也进一步现代化，各地市县基本实现国内外直拨电话和无线移动电话全球通服务。在旅游管理和服务质量上，广西近几年也获得了显著的发展。建立了多个旅游管理机构、旅游局，进一步加强了行业管理。开展导游人员资格考试工作，逐步建立健全了导游证发放和管理制度。目前桂林市拥有一支训练有素的具有英、日、德、法、印尼、泰、老挝、越南、俄等语种和地方语的导游接待队伍。

3. 广西对外旅游发展状况

近几年，广西的对外旅游发展较快。2003 年广西接待国内旅游人数 4540.35 万人次，接待外国及我国港澳台地区过夜旅游人数 64.53 万人次。2005 年全区旅游创汇已达 3.20 亿美元，比 1978 年的 0.04 亿美元增长近 80 倍；2005 年全区国内旅游收入高达 277.8 亿元，占当年广西国内生产总值的 6.84%。2006 年全区接待过夜境外旅游者人数 167.64 万人次，比上年增长 14.8%。其中，外国人 102.57 万人次，增长 17.6%；港澳地区游客 24.02 万人次，增长 22.2%；台湾旅客 40.60 万人次，增长 4.6%。国际旅游外汇收入 4.04 亿美元，增长 22.4%。全年国内游客人数 7399.67 万人次，增长 14.0%。国内旅游总收入 334 亿元，增长 20.3%。国际国内旅游总收入 366.2 亿元，增长 20.3%。[1]

五、广西经济社会发展的反思

1. 广西经济社会发展存在的问题

(1)广西经济发展存在的问题

① 广西壮族自治区统计局：《广西壮族自治区国民经济和社会发展统计公报》，2003 年，2004 年，2005 年。

首先，广西国内贸易逆差较大与增加有效需求的矛盾。中国加入WTO后，随着产品和服务竞争的加剧，竞争的压力或优势将不仅在国与国之间加速转移，而且也在一国内部各地间加速转移。如果一个地区的供给是有效的，那么它将占有净输出的优势，否则就会处于净输入的劣势。近几年，随着中国—东盟自由贸易区的建立，广西面临国内外经济竞争的压力越来越突出。尽管广西与国外贸易处于顺差状态，但是，广西与国内其他省份的贸易处于逆差状态。这导致了区内的就业职位减少，产品和服务质量的供给也无法适应国内贸易需求，严重制约了广西经济持续、快速增长。

其次，广西城乡“二元经济”格局与增加农村居民收入消费的矛盾。在城乡“二元经济”格局下，城乡居民收入、消费差距进一步拉大。从收入上看，城乡产业的相对隔离，城镇工商业对农村“反哺”不力，财政分配仍然偏重于城市，都在不同程度上制约着农村经济发展，制约着农村居民的就业和劳动力转移。从消费差距上看，城镇工商业几乎都把满足城镇居民生活和生产需求放在首位，而没有认真考虑如何满足农村居民的需要，因此无法调动广大农村居民消费及投资热情。虽然近年来广西农业连年增产，但因价格因素和大量农产品未能实现深加工，产量的增加没能带来农民收入相应的增长，从而制约了农村消费的增长。

再次，广西劳动力供给刚性过强与劳动力需求疲软的矛盾。大量剩余劳动力尤其是农村剩余劳动力的供给呈较强的刚性，从业劳动力增长慢于劳动力资源的增长，使得劳动力需求显得相对疲软，这不仅造成劳动力的浪费，而且制约着农民收入的增长，从而减慢广西经济增长的步伐。

(2)广西社会发展存在的主要问题

首先，广西社会发展明显滞后于经济发展。2000—2004年全区GDP的年均增长速度达到10.17%，人均GDP的年均增长速度达到9.39%。与经济的快速增长相比，广西社会发展明显滞后。2000—2004年间广西社会发展总指数年均增长速度为5.45%，低于人均GDP年均增长速度 3.94 个百分点，低于 GDP 总量年均增长速度 4.72 个百分点。[①]

其次，广西社会发展存在区域之间和城乡之间的双重不平衡。一方面，区域之间发展不平衡。刘善洁、莫小峰指出，南宁、柳州、桂林、北海、防城港等五个市的社会发展水平较高，而河池、百色等两个市的社会发展水平较低；玉林、梧州、崇左、贺州、钦州、贵港和来宾等七个市的社会发展水平处于中间。[②] 另一方面，广西城乡发展也很不平衡。当前，优质社会事业资源主要集中在城镇，而农村几乎是空白。农村基础教育、医疗卫生服务、基层文化体育等基础薄弱，公共服务水平低。城乡居民人均收入差距较大。2006 年，广西城镇居民人均可支配收入为 9898.8 元，农民人均纯收入为 2770.5 元，城镇居民人均可支配收入是农民的 3.57 倍。[③]

再次，广西社会事业的发展投资过分依赖政府。长期以来，广西社会事业发展的资金来源主要依赖政府投资，社会事业利用民间资本、外商投资等社会资金的能力十分有限。政府投入在尚不能完全满足义务教育、公共卫生、全民健身、公共文化、弱势群体的社会保障等基本社会公共服务需要的同时，又几乎全部承担了职业教育、高等教育、医疗卫生、休闲体育、群众文化娱乐等方面本可以通过市场、发展产业来解决的任务。这样，一方面导致社会事业的供给不足，另一方面也干扰了市场秩序，阻碍了社会资本的进入，制约了经营性社会事业的发展。

(3)广西城市发展存在的问题

首先，广西城镇化总体水平偏低。尽管改革开放以来，尤其是 90 年代以来，广西的城镇化发展速度很快，但由于原有的经济基础和城镇化基础水平较低，广西的城镇化水平与全国相比差距明显，总体水平依然偏低。2006 年，广西的城镇化率为 34.6%，比全国城镇化率 43.9%低 9.3个百分点。[④]

---

① 国家统计局国民经济综合统计司：《新中国五十五年统计资料汇编》，中国统计出版社 2005 年版。

② 刘善洁，莫小峰：《广西社会发展现状、问题及对策探讨》，载《桂海论丛》，2006 年第 1 期。

③ 广西壮族自治区统计局：《2007 年广西壮族自治区国民经济和社会发展统计公报》，2007 年。

④ 广西壮族自治区统计局：《2007 年广西壮族自治区国民经济和社会发展统计公报》，2007 年。

其次，广西地区间城镇化发展的程度差异巨大。广西城镇的分布具有明显的地区差异：以湘桂铁路为南北轴线，东部经济、文化发达，人口众多，城镇数量多，规模大；西部经济、文化落后，城镇发育差，等级低。进入20世纪90年代以后，经济发展的地区差异和城乡差异越来越突出。如2000年南宁市城镇居民人均可支配收入为7447.78元，百色市城镇居民人均可支配收入为5747.21元，两者差距为1700.57元；2005年，北海市城镇居民人均可支配收入为9556.25元，百色市城镇居民人均可支配收入为7102元，两者差距为2454.25元。①

再次，广西城镇规模等级不合理。广西整个城镇体系呈现出大城市不发达，以中小城市为主的特征。如到2005年底，广西设市21个，人口超过100万的特大城市只有2个，人口规模50万以上的大城市有2个，人口规模20万以上的中等城市5个，但是人口规模20万以下的小城市有12个。②

(4)广西农村发展存在的问题

首先，广西农业机械化耕作水平低。在土地二轮承包的具体操作中，由于缺乏合理决策和科学的方法，导致每户分得的责任田是数块不等的小田块，不仅在道路和水系上人为地隐藏了许多矛盾，而且无法保证农机操作。田块高低不一，品种收获时间不同等，这使农民耕作方式原始，资金投入较大。

其次，广西基础设施薄弱，尤其是水利成为农村发展的"瓶颈"。水利是农业的命脉。广西农村目前的水利体系大多依然沿袭历史上的水利布局，但由于自然地貌不断变化，再加上年久失修，诸多水利设施失去了其自身功能，难以保证农田灌溉和排泄之需要。粮食的保产、保收一定程度上只能依赖"风调雨顺"的年成。人为支配力显得非常脆弱，使农业充满忧患。

再次，广西农民收入过低。广西农民收入与城镇居民相比，有很大

① 广西壮族自治区统计局：《2006年广西统计年鉴》，中国统计出版社2006年版。

② 韦廷柒，韦怀远：《当前广西城镇化发展中面临的主要问题与对策》，载《农业经济》，2006年第9期。

差距。2005 年，北海地区农民人均纯收入为3179.30元，而城镇居民人均可支配收入为 9556.25 元，两者差距为6376.95元；河池地区农民人均纯收入为 1912 元，而城镇居民人均可支配收入为 7170 元，两者差距为5258 元。[①] 为此，如何提高广西农民收入、缩小城乡居民收入差距，是今后广西农村发展的最大任务之一。

最后，广西农民的凝聚力差，集体意识淡化。农村实行土地家庭承包经营，使大集体劳动和分配方式消失的同时，也使农村的凝聚力和农民的集体意识逐步淡化。有许多必须依靠集体才能完成的公益性建设，显得非常困难，甚至根本无法完成。如许多农民对集体财产漠不关心、对村民自治建设不积极，等等。

2. 广西经济社会发展的制约因素

(1)广西一部分群众思想观念落后，制约了广西经济社会的发展

思想观念对广西经济社会发展的制约是深层次的，也是最根本的。在社会转型中，一部分人的思想观念还未完全转过来，跟不上变化了的形势。与发达地区比较，广西人民群众的机遇意识、创新意识、竞争意识、效率意识和忧患意识不够强，这样就难以在激烈的市场竞争中获胜。而且，一部分群众存在小富即安的思想，不愿意再作艰苦的努力。这些都很不利于广西的经济社会的进一步发展。

(2)广西区情的客观因素之一是地少人多，极大地制约了其经济社会的发展

2006 年，广西总人口为 4961 万，其中，乡村人口为 3243 万，占总人口的 65.4%，人均耕地面积只有 0.058 公顷。而且，广西素有“八山一水一分田”之称，山地、丘陵构成了广西土地的主体。山地、丘陵面积合计176851.2 平方公里，占土地面积的 74.6%；平原面积为 55378.7 平方公里，占 23.4%；水面 4968.2 平方公里，占 2%。可见，广西山地多、平原少、地表水缺乏、易旱易涝、生态脆弱，土地难以开发利用。这样的现实环境无疑制约了广西经济社会的发展。[②]

① 广西壮族自治区统计局：《2006 年广西统计年鉴》，中国统计出版社 2006 年版。

② http://www.zggjny.com/Article_Print.asp? ArticleID=686

(3)广西教育落后制约了其经济社会发展

首先,广西教育总量不足,制约了经济社会的发展。2007年,广西普通高等教育招生13.37万人,在校生38.74万人,毕业生8.23万人。普通高中招生26.46万人,在校生73.97万人,毕业生20.20万人。普通小学招生77.96万人,在校生460.12万人,毕业生77.41万人。[①] 2007年广西的教育总量虽然比2004年有了增长,但仍满足不了经济社会发展的需要。

表5 2004年广西与部分省经济与教育发展比较[②]

单位	GDP(亿元)	人均GDP(元)	人口数(万人)	每万人口在校学生数(人)			
				小学	初中	高中	大学
全国	136875.9	10561	129988	8725	5058	2824	1420
广西	3320.10	7196	4889	9717	4978	2170	909
广东	16039.46	19707	8304	13223	5658	2777	1285
湖北	6309.92	10500	6016	7924	5590	2932	1999
江苏	15403.16	20705	7433	7167	4974	3356	1768
江西	3495.94	8189	4284	9117	5134	3023	1412
云南	2959.48	6733	4415	10105	4469	1649	799

其次,人才培养结构不合理制约了经济社会的发展。为第二产业和第三产业培养人才的高层次(本专科)院校少且水平不高,现有的学科专业结构不够合理,不少第二、第三产业需要人才的专业则很少甚至没有,中国—东盟贸易复合型人才包括市场营销、法律、IT业应用编程等人员少,毕业生应用技能技术水平不高。

再次,广西高等教育不能适应区域经济发展的需要。高等教育是培养人才的最高教育层次,其结构状况直接影响经济发展和社会进步。一方面,高等学校的地域分布不够合理。广西的高等院校主要集中在南宁、桂林两个中心城市,而在其他城市的分布则较分散。另一方面,高等

① 广西壮族自治区统计局:《2007年广西统计年鉴》,中国统计出版社2007年版。

② 国家统计局:《2005年广西统计年鉴》,中国统计出版社2005年版。

学校的专业结构不够完善。本科专业设置不能满足广西经济发展的要求，如对广西支柱产业有重要支撑作用的本科专业设置不足，有的甚至是空白。教育学科专业结构、职业教育结构也不能适应行业岗位、职业分布结构变化的需要。

(4)广西能源问题是制约其经济社会发展的战略软肋

广西总体上属于能源贫困地区，能源不足问题越来越制约着广西的经济社会发展。广西煤炭资源量少质差(低热值、含硫量)，总储量为2118亿吨，热值低，折合标煤仅913亿吨，且煤层薄，开采价值低。水电资源相对丰富。水能蕴藏量达2028万千瓦，单机容量500千瓦及以上的水电站技术可开发量1897117万千瓦，年理论发电量810191亿千瓦时。但水电易受地理、气候和人为因素等方面影响，这在一定程度上制约了水电的发展。石油资源匮乏，年自产石油才4万吨左右。2003年广西的石油对外依存度高达99.40%，2004年进一步上升至99.44%。总体上，广西能源自给率较低。2003年广西的能源自给率仅为21.3%，2004年进一步降低至15.05%。[①] 能源风险高筑，正在成为制约广西经济可持续发展和提高人民生活水平的硬约束，是广西发展的战略软肋。[②]

第五节 东盟：广西的机遇与挑战

全球化是现代社会发展的必然趋势，任何一个国家都不可避免地受到全球化的影响。东盟正是为了适应世界经济全球化的大趋势而建立的区域性经济组织。东盟包括十个发展中国家：老挝、柬埔寨、缅甸、泰国、越南、马来西亚、新加坡、文莱、菲律宾和印尼。它是在欧洲统一大市

① 广西壮族自治区统计局：《2005年广西统计年鉴》，中国统计出版社2005年版。

② 理河，潘文峰：《能源问题——广西发展的战略软肋》，载《市场论坛》，2006年第8期。

场和北美自由贸易区等区域性经济一体化组织的影响下产生的，目的是在区域范围内取消阻碍商品流动的数量控制体制，同时加快关税体制改革的步伐，把平均关税率降至 5%，乃至全部取消，以便在东盟地区内实现完全的自由贸易。

中国与东盟建立自由贸易区也是为了适应经济全球化和区域经济一体化的趋势而产生的，它给中国的经济社会发展既带来了机遇，又带了挑战。广西是中国和东盟的连接点，同样面临着机遇与挑战的问题。就目前而言，东盟对广西的机遇与挑战主要体现在经济方面。

一、中国—东盟自由贸易区给广西经济发展带来的机遇

中国—东盟自由贸易区是中国和东盟十国以消除关税壁垒，实现商品自由贸易和经济全面合作为目的，建立在《中国—东盟全面经济合作框架协议》和一系列双边谈判基础上的发展中国家一体化组织。

当今世界经济发展的实践证明，在一定制度安排下的贸易的集团化、区域化，是促进地区发展、实现共同繁荣的成功之路。中国与东盟建立自由贸易区，作为一种制度安排，必将进一步促进中国与东盟的关系和经济的发展和繁荣，有助于继续保持自身持续、健康的经济增长。广西位于中国和东盟的结合部，拥有得天独厚的区位优势，将其作为中国进军东盟自由贸易区一个重要的“桥头堡”，对广西经济的发展无疑是一次重大的机遇。

1. 中国—东盟自由贸易区的建立，有利于广西提高对外开放水平

中国—东盟自由贸易区的建立，是广西 20 世纪 80 年代末 90 年代初中越关系正常化后的又一次重大开放机遇。20 世纪 90 年代初期，中越关系开始解冻，中越边贸发展速度很快。相比中越关系正常化的开放机遇，中国—东盟自由贸易区建立带来的机遇，地域更广，层次更深，开放更直接，机会更多。

中越关系正常化时，广西的主要外部市场是越南，而在中国与东盟

自由贸易区的建立后，广西将从越南走向地域更广阔、人口更多、市场更大的整个东盟市场。同时，中国政府还与东盟国家就本地区各国如何通过对话处理好相互间存在的分歧、通过合作共同维护南海地区的和平稳定问题最终达成一致并签署了《南海各方行为宣言》。如果说建立自由贸易区标志着中国与东盟经济合作走上新台阶，那么签署有关南海的行为宣言，则标志着东盟与中国政治信任发展到了一个新的水平。这就为广西提供了一个前所未有的发展大环境。

2. 中国—东盟自由贸易区的建立，给广西的通道建设带来更大发展机遇

1992年中国政府把广西定为大西南出海通道以来，广西大力发展基础设施建设，使大西南出海通道框架基本形成。南昆铁路以及广西区内四通八达的高速公路网也相继建成，南宁、北海机场设施也更完善。2006年，广西沿海港口共完成吞吐量近5000万吨。① 一方面，作为东盟成员之一的越南则与广西有着便捷的陆路和海路通道，东盟国家的货物和人员由越南经广西进入中国比较容易。此外，东南亚国家与广西环北部湾港口都建立了良好的合作关系，经济往来十分便捷。另一方面，广西拥有通往中国东部和西部省区便捷的交通网络，而东盟国家的企业和产品进入了广西，就意味着可以迅速进入整个中国。广西通过大通道的建设，内联西南各省，外接东南亚国家，为实现中国与东盟国家间大规模经济贸易往来奠定了坚实基础。

3. 中国—东盟自由贸易区的建立，有利于广西对外贸易发展

近几年来，特别是2005年7月20日中国与东盟各成员国开始执行《中国—东盟全面经济合作框架协定之货物贸易协定》以来，广西与东盟经贸往来频繁，对外贸易逐年增长。2006年广西与东盟贸易额为18.3亿美元，比2005年增长49.1%，为2001年的4.3倍，实现了贸易额6年翻两番的目标。其中，出口9.8亿美元，增长18.5%；进口8.4亿美元，增长1.1倍。② 从出口结构看，广西与东盟有相当大一部分产品是相互竞

① 广西壮族自治区统计局：《2007年广西统计年鉴》，中国统计出版社2007年版。

② http://www.nanning.gov.cn/1422/2007_1_17/1422_186955_1169001243175.html

争的，特别是一些劳动密集型产品。但是，广西可以利用自身的优势，扩大优良农作物品种、水果蔬菜、农药化肥、运输工具、机电产品、建筑材料、纺织服装鞋帽、矿产、药材药品、钢材、建筑材料等产品在东盟国家的市场，从而发展广西的对外贸易。

4. 中国—东盟自由贸易区的建立，为广西企业发展提供良好的经济环境

东盟与广西地理临近，文化相似，易于管理。随着广西经济实力的加强和产业结构调整的逐步推进，结合“走出去”战略的实施，东盟势必成为广西企业优先考虑的市场。中国—东盟自由贸易区建立后，能够为企业提供国民待遇原则、投资规章制度的透明度、出口业绩要求、利润的进出等优惠的投资政策，势必会鼓励和吸引广西企业在东盟国家的投资。而且，广西企业在东盟投资，可以享受关税优惠，节省成本，从而提高产品竞争力。

5. 中国—东盟自由贸易区的建立，有利于广西和东盟的旅游业合作

旅游业是广西正在全力培育和打造的支柱产业和形象产业。随着中国—东盟自由贸易区的建立和每年一次的中国—东盟博览会在广西首府南宁市举办，广西旅游业面临着巨大的机遇。

广西与东盟国家拥有的旅游资源各有特色，形成了很大的合作空间。广西有甲天下的桂林山水，有北海银滩，有亚洲最大的跨国瀑布——德天瀑布等独特的自然风光。而越南有世界自然遗产下龙湾，柬埔寨有世界文化遗产吴哥窟，泰国有金碧辉煌的宫殿和佛寺，印度尼西亚有风光秀丽的海岛，马来西亚有世界著名的云顶景区，等等。这些不同特色的旅游资源有利于广西与东盟在旅游产品开发方面开展广泛合作，实现互送游客以及开发跨国旅游线路。2001 年，全区共接待东盟国家旅游者 141332 人次，占全区亚洲市场的 42.25%，其中，越南旅游者 88396 人次，占 62.54%，泰国 16157 人次，占 11.43%，马来西亚 12567 人次，占 8.89%，印度尼西亚 11415 人次，占 8.08%。2002 年，东盟各国来广西旅游的人数已达 1715 万人次。其中东盟的新加坡、马来西亚、泰国不仅已经成为广西重要的旅游客源国，而且是广西公民自费出国旅游的主要目的地。越南是广西中越边境旅游的主要目的地，除广西本土居民外，全国各地每年都有约 50 万人次经过广西的凭祥、东兴、北海等口岸前往越南旅游。[①]

二、中国—东盟自由贸易区的建立给广西经济发展带来的挑战

1. 广西中小企业面临更激烈的竞争

近几年广西中小企业的发展，很大程度上得益于政府的宏观调控和关税壁垒的调节。与东盟各国的一些同类知名企业相比，广西的中小企业在产品质量、品牌、技术、水平、成本、市场占有率等方面存在很大的差距。中国—东盟自由贸易区建立在区域多边自由化和区域双边自由化的基础上，广西中小企业将失去关税与非关税保护而迎接国际竞争。那些技术水平低、产品质量差、生产成本高的中小企业将有被淘汰的危险。另外，中国—东盟自由贸易区的建立，使广西中小企业面临的市场规则发生了改变，将会挑战中小企业既有的管理制度。广西中小企业要尽快转变管理模式是一个艰难的过程，因为它需要人力、物力等方面的支持。这对于一些实力不雄厚的中小企业来说，无疑会带来很大的困难。

2. 广西吸引外资的能力受到挑战

自由贸易区的建立会打破东盟与中国之间的商品贸易壁垒，东盟的投资环境将极大改善和升值，东盟国家将以其廉价的劳力、灵活的投资政策以及巨大的中国内陆市场后盾吸引外来投资。一方面，外资会利用中国—东盟自由贸易区这个平台挺进中国内地市场；另一方面，国内资本尤其是民营资本更会看中更为宽松的市场环境而增加对东盟市场的投资，而东盟本土资本为了更充分利用其本土优势而收缩对外投资，会加强对其本土的投资。这样，自由贸易区的建立将可能使广西的外资来源渠道减少，且会使原本投向广西的外资有可能转向东盟。2004 年，东

① 颜芳：《中国—东盟自由贸易区与广西旅游业的发展》，载《改革与战略》，2005 年(增刊)第 39 页。

盟对广西的实际投资总额为3174万美元,2005年为1815万美元,2006年为1134万美元,2007年1—7月份仅为156万美元。[①] 我们可以看到,从2004年到2007年,东盟对广西的投资逐年下降。

3.广西农业的国内优势受到冲击

得天独厚的亚热带气候使广西成为中国的“天然温室”,广西目前是全国最大的甘蔗生产基地和全国重要的南菜北运基地以及荔枝、龙眼等亚热带水果作物重要产地。而东盟地处北回归线以南,属热带、亚热带气候,且土地肥沃,有利于各种热带、亚热带农作物生长。自由贸易区的建立将农产品作为首先降低关税的部分,这将有利于东盟国家热带、亚热带农产品以更丰富的品种、更优惠的价格进军中国市场,从而严重威胁广西农业的国内地位。

4.广西的区位优势面临着周边兄弟省份加快发展带来的巨大压力

广西和云南作为中国与东盟国家陆上相邻的两个省区,相似的地理位置和基础条件,各自的区位都有自己的优势,使得两省区都在中国—东盟自由贸易区中占有“桥头堡”的地位,所以存在着实际上的竞争,尽管是良性的竞争。此外,海南南部与越南中部隔海相望,距离很近,海南在南部也开辟了对越南的通商口岸,利用海上的运输优势,直通越南的中部和发达的南部。海南面对东南亚的开放与广西的对外贸易形成竞争之势,也可以说是对广西发展的一个挑战。

① 滕智艺:《东盟国家对广西的投资状况分析》,载《沿海企业与科技》,2007年第10期。

第二章

以马克思主义理论为指导，繁荣发展广西文化

第一节　马克思主义文化理论与当代中国

人类的精神文化领域构成了历史的主要组成部分。要构建一个文明的国家或省区,文化是文明的血液、精髓和核心。实现现代化,从根本上讲就是实现民族文化的现代化。

全球多元文化的发展对于当代中国,对于广西文化的发展是一个挑战,同时也提供了一个发展机遇。面对全球多元文化激荡与中国改革开放深入发展的大环境,广西应该采取什么对策,如何繁荣发展文化?我们应当站在全球化发展的高度,坚持以马克思主义理论为指导,用马克思主义的观点看待传统,分析现实,尊重时代选择,实行开放的文化政策,使民族文化在外来文化的刺激下焕发出新的活力,获得快速发展。

一、全球化背景下的多元文化激荡

21 世纪是一个全球化世纪,全球化的浪潮将人类社会的一切领域、一切方面形成一场席卷世界的风暴。正如联合国前秘书长加利在 1992 年联合国日致词时所说的:"第一个真正的全球化时代已经到来了。"

文化的全球化是全球化的一个重要方面,又是当今世界相当复杂的社会文化现象。全球化作为现实语境,不仅要求我们确立全球意识,具备世界眼光,善于从全球的广度去观察、认识和思考当代文化全球化,而且要正确认识和处理好文化全球化进程中地区之间、民族之间、国家之间不同文化的共处性、互补性、公平性、独立性的关系,同时也是我们建设和发展区域文化的重要视角。

随着通信和交通领域的新技术革命的发生和发展,形成了文化全球化的当代形态。电影、唱片音乐、新闻和电视节目伴随着跨国文化产生和跨国电信公司而形成全球文化市场。以商业和娱乐为主要形式的商业化大众文化的兴起和流行,不仅涵盖了精英文化、高雅文化、科学文化,而且出现了文化的同质性——大众文化的消费的同质性。文化的全球化伴随着文化的多元化,文化多元化是当代文化全球化的重要标志和主要形态。

文化全球化是一种客观现象,也是全球化时代人类实践活动的产物。人类的实践随着信息化、网络化的拓展,以跨时空的交往、跨时空的实践,突破了原有时空限制,实现了文化传播、文化交流、文化交往等实践方面的全球化,但文化全球化的深层价值意蕴是:一个国家、一个民族在跨国界的文化交流、文化交往等实践基础上,通过一段时间在文化价值观、文化模式方面的冲突、磨合与整合而建构起来的新的文化关系、文化模式。文化全球化虽然是在一个国家或一个地区文化实践基础上新建构的文化关系、文化教育模式,但也可以找到当代人类文化所共有的东西,如人类的生态意识与生态文化、人口素质及其文化、人类健康与文化等等。

在文化全球化的进程中,文化全球化又类似于一个"结构化"的过程。它是全球各个民族、国家在文化交流和交往实践中相互间累积性互动的结果。文化全球化不会消除不同民族的文化差异,也不可能解决原有文化发展上的不平衡。文化全球化不仅反映现有的不平等、不公平的等级模式,而且可能产生新的冲突和融合模式,这是伴随着文化全球化的结构化而产生的文化的分层化。文化全球化并不意味着美国化、西方化或绝对的同质化,更不必然就是文化的殖民化。为此,我们一方面要重视美国赖其在国际社会中的经济、政治地位的优势,强行推销自己的文化产品和价值观念,其渗透力、影响力借助传媒和互联网而日渐增强。另一方面,全球文化的多元化、异质化,不仅抵制和制约着美国文化的殖民化,同时在"全球社会"进行着文化关系、文化模式的新的生产、交流和互动。

随着不同文化之间的交流与互动趋势的加强，人类共同利益的增多，弱势民族文化的主体意识的加强，文化认同与文化主权面临的诸多压力乃至危机，各国对于文化模式的选择都处于一定的困难和争论之中。每一个民族的文化进步，都离不开特定的文化背景下的文化选择和文化适应。生活在一种文化中的人，能够自然发展出本文化所鼓励的行为、能力和心理，从而使他们自己代表该文化的具体目标。各个民族的人民都遵照自己的这些文化目的，逐步强化自己的经验，并根据这些文化内趋力的紧张程度，使各种异质行为也相应地形成统一的形态。世界上每个民族都由于心理特点、思维方式的不同而具有自己独特的文化模式。

研究最具权威性的美国文化人类学家露丝·本尼迪克特认为，所谓文化，其实就是民族性。她说："一种文化，就像一个人，或多或少有一种思想和行为的一致模式。每一文化之内，总有一些特别的，没有必要为其他类型的社会分享的目的。"①

本尼迪克特针对种族主义和文化中心主义提出了文化相对论的观点。她认为，不同种族可以共同创造文化，而同一种族也可能会有不同文化或同一文化的不同程度。人类文化的诸多形态，并不是同一种文化进化的不同阶段，而是为适应各自不同的生长环境所形成的并具有各自独特的价值取向的文化类型。她的文化相对论的人类学原则，倡导一种对多种价值体系的尊重。文化的价值是多元的，对于每种文化，都必须按照它自身的结构功能和价值来考察，而不应按照某种被颂扬为"绝对价值"的文化来评判其他文化。每一种文化都有其存在的理由，其特质是其他文化不可替代的。各种文化都曾经或者正在为人类历史的发展作出自己的贡献，都是人类文化的组成部分。

本尼迪克特的观点超越了一般文化学理论，认为人类文化的存在形态本来就是多种多样的。文化选择首先取决于进行选择的文化模式自身的传统特质和内部需要，只有通过有选择地吸取新的异质因素并将这些因素整合到文化模式的内在结构之中，这种文化模式才能保持旺盛的

① [美]本尼迪克特：《文化模式》，三联书店 1988 年版，第 34 页。

生命力和独特性，从而保持世界文化模式的多样性。同时，她认为，人类各种文化密切关联，在文化与文化的相互碰撞中，绝大多数文化的反应都或多或少地带有民族主义的或种族的偏好。只有真正从全人类的立场出发，才能理解并解决文化进步与文化多样性的关系，而这种世界文化意识，又是蕴涵于各民族文化之中的。①

随着全球化进程的深入，各民族各自以其特有的方式来理解、探讨人类共同的问题，同时，通过对外来文化和新的文化因子的自动撷取或排斥，即有意识地进行文化选择，以确立适合各民族自身特点的发展道路，这正是本尼迪克特和文化选择理论给我们的启示。

马克思主义的中国化，从文化全球化的价值层面分析，可以说是马克思主义传入中国以后，在中国革命和建设的实践中，逐渐融入中国的政治、文化制度，并被中国共产党人在实践中确立起来的一种新的文化关系、文化模式。

全球化构成了当代中国文化选择的时代背景，给中国带来了新的机遇和挑战。作为一个发展中国家，中国悠久的文化传统和一百多年以来的现代化实践，使中国当代文化表现出多样文化“共时态”的特点。古今中外的文化特质在中国当代文化领域并存，表现出纷繁复杂的关系。

二、中国传统文化的“时代落差”及其选择

鸦片战争后，中国逐步沦为半殖民地半封建社会，西方资本主义文化大量涌入中国，中国开始遭遇现代性问题。在与西方文化的碰撞中，中国传统文化无比窘迫。西方工业文明与中国的农业文明之间，存在着巨大的“文明落差”，在以现代文明武装起来的西方列强的野蛮侵略面前，中华民族遇到了前所未有的生存危机，作为民族灵魂的文化传统时常处于停滞休克状态。现代文明的到来使得越来越多的中国人有了越来越多的现代观念和越来越强烈的对现代文明的向往，但现代的观念和

① [美]本尼迪克特：《文化模式》，三联书店 1988 年版，第 212—213 页。

对现代的渴望本身并不能使现实变得现代。正如有人说的:正是借助于强悍而陌生的西方“他者”这面镜子,中国人才第一次发现自我的如此真实面目;而在发现这一自我的同时,也就已经失去了自我。[①] 此种“失落型心态”产生了“以夷制夷”、“中体西用”一类不合逻辑却合于我们复杂心理的论题,导致了坚决排外照走老路的极端保守与不要传统全盘西化的极端激进之间的水火不相容,导致了妄自尊大与妄自菲薄两种相互对立交替显现的情绪。

文化的客观历史表明,中国的现代化问题是在西方文明入侵、中国已沦为半殖民地半封建社会的情况下凸显出来的。与此同时,西方文明的弊端也渐次暴露,中国不能蹈此覆辙。这使得对中国发展道路的选择面临双重难题:既不能返回传统,亦不能全盘西化;一方面要现代化,另一方面要维持自身生存的文化传统。如何将二者统一起来,如何对西方文化在“认同”中进行批判,如何对中国文化在保持中实现“超越”,这是长期困扰中国人的大问题。

马克思主义作为一种具有世界性意义的伟大思潮,恰如列宁所说,是“因为它并没有抛弃资产阶级时代最宝贵的成就,相反却吸收和改造了两千多年来人类思想和文化发展中一切有价值的东西”[②]。它以十月革命为契机,在中国广泛传播,它不仅为当时中国学界提供了比较东西方文化的新视角,更为中国人寻找到一条适合中国国情的文化发展道路。中国早期马克思主义者李大钊、陈独秀、李达、瞿秋白等人在新的历史条件下,以马克思列宁主义为武器,坚定地走上了既批判封建主义文化,又批判资本主义文明的文化革命道路。如瞿秋白针对当时一些人的疑虑就明确地指出:资本主义文明在世界上虽然成了“苟延残喘的废物”,但中国文化却不能因此就“向后转”回归传统,而应当向前进,选择社会主义新文化,建设社会主义的文明。[③]

我们一方面要推翻帝国主义,争取民族独立,同时又得从西方列强

① 赵剑英主编:《世纪之交的中国文化》,广西人民出版社 1994 年版,第 217 页。

② 《列宁全集》第 39 卷,人民出版社 1986 年版,第 332 页。

③ 转引自尹继佐主编:《当代文化论稿》,上海社会科学院出版社 2006 年版,第 37 页。

那里学习先进文化，另一方面又要主动开放，让文明古国汇入世界文明发展的潮流。实现民族独立和人民解放不仅仅是赶走入侵者和推翻腐朽统治，其深刻的含义是实现由传统朝代国家向现代法权国家的转变；实现国家的繁荣富强和人民的共同富裕，更与“文景之治”、“贞观之治”式的国泰民安有根本性的区别，这意味着完成传统自然经济向现代商品经济的转变。政治和经济上的这种现代转变，又不能不伴随着个性的解放、思维方式的转变和价值体系、知识体系的更新。总之，中华民族进入近代后，面临着对整个民族生存方式进行现代改造的艰巨任务。中国社会的各种政治思潮、政治派别的历史地位和历史命运，归根到底都要由其能否完成这一历史任务来决定。①

历史表明，堪当此任的只有中国共产党。无论是封建王朝内部的革新派，还是后来的资产阶级政党，都无力承担这一历史任务。在中国共产党领导的革命过程中，中国共产党始终坚持发扬五四精神，高举民主科学大旗，与一切反动腐朽的文化展开斗争，大力推进民族的、科学的、大众的新民主主义文化。中国共产党人选择了马克思主义作为指导思想，在把产生于西方土壤上的马克思主义与中国的具体实际结合的伟大实践中，创造出一种崭新的文化。这种文化，构成了我国文化传统中一个最具活力的部分，堪称近代以来中西文化融合的成功典范。

三、马克思主义文化理论在中国的新发展

马克思主义文化理论是马克思主义理论的重要组成部分，是马克思主义关于文化的性质、地位和作用的根本观点以及在此基础上的文化建设思想，是对文化发展普遍规律的深刻揭示。马克思、恩格斯等马克思主义经典作家从社会生活方式、文明形态角度揭示文化产生的原因、本质。马克思、恩格斯认为，文化的性质是由政治和经济的性质决定的，政治和经济是文化的根基，文化的产生和发展是由经济状况决定的，一定

① 《中国共产党与中国先进文化》，中共中央党校出版社 2001 年版，第 32 页。

的文化，必定反映社会的经济状况和生产力水平。文化受政治和经济的影响，但文化的发展水平同经济的发展水平并不是同步的，它作为人类创造的精神体现，可以有相对的超越性和独立性。并指出文化是人化自然的结果，是人的本质对象化的结果。人类在创造世界的行动中创造了自己，劳动实践这种自由、有意识的活动创造了相对于自然界的“人化自然界”，即人的文化世界。文化使人区别于动物。

马克思通过对资本主义社会的考察，认为资本主义文化作为以物的依赖性为基础的人的独立性的文化，相对于前资本主义文化是一个巨大的进步，它促进了人对自然的支配和人的素质能力的提高，但同时马克思也认识到由于资本主义文化中人的独立性建立在对物的依赖性的基础上，以及普遍的劳动异化现象，束缚着人的发展的必然性，因此，资本主义文化的先进性必然是有限的。马克思在透视人类文化的发展历史后，从特定的历史条件入手，对人的发展从文化上进行分析，指出真正实现人的全面发展是一个漫长的历史过程，只有共产主义社会才是一个真正实现人的个性全面自由发展的社会。到那时，社会关系不再作为异己的力量束缚人、支配人，而是成了人的个性发展的条件。

马克思主义在谈到文化的民族性问题时指出，文化的民族性是由文化的共性和个性的关系决定的。一方面，不同民族的文化中包含着一些本民族所独特创造的不朽的文化元素，这些元素虽然发育于一个民族中，却不只是一个民族的，本质上是全人类的，具有世界性。另一方面，不同民族的文化虽然具有共同性，但其文化形式和内容上的民族特性和差异性十分鲜明。各个民族在自己的历史发展中都创造了自己的文化和文明，要使这些人类文明得到保持和扩散，民族之间交往的扩大是必要的条件。而交往的扩大必然会带来精神文化的全球性交往，“各民族的精神产品成为公共的财产，民族的片面性和局限性日益成为不可能，于是由许多民族和地方的文学形成了一种世界的文学”，这就是文化的全球性。

马克思主义关于文化的理论，不仅可以使我们正确认识和理解社会经济与文化之间的辩证关系，而且可以使我们认清文化发展对整个社会发展的必要性及在人类社会发展进程中的巨大作用，特别是在当今全球多元文化激荡的时代，为我们如何建设有中国特色的社会主义先进文化，发扬光大中华民族文化，构建和谐文化提供了重要的理论依据。

如何把马克思主义与中国文化传统结合起来，使中国马克思主义获得自觉性，创造性地发展马克思主义文化理论，中国共产党人作了卓越绝探索并作出了重要贡献。早在 1938 年 10 月，毛泽东就意味深长地说："学习我们的历史遗产，用马克思主义的方法给以批判的总结，是我们学习的另一任务。我们这个民族有数千年的历史，有它的特点，有它的许多珍贵品。""今天的中国是历史的中国的一个发展；我们是马克思主义的历史主义者，我们不应当割断历史。从孔夫子到孙中山，我们应当给以总结，承继这一份珍贵的遗产。……马克思列宁主义的伟大力量，就在于它是和各个国家具体的革命实践相联系的。对于中国共产党来说，就是要学会把马克思列宁主义的理论应用于中国的具体的环境。成为伟大中华民族的一部分而和这个民族血肉相连的共产党员，离开中国特点来谈马克思主义，只是抽象的空洞的马克思主义。因此，使马克思主义在中国具体化，使之在其每一表现中带着必须有的中国的特性，即是说，按照中国的特点去应用它，成为全党亟待了解和亟须解决的问题。"[①]毛泽东对于中国文化传统、对于马克思主义作了新的理解。毛泽东指出中国文化传统不只是已经过时的与新思想新文化相对立的旧东西，其中的不少内容在现时代仍然具有生命力和重要意义，马克思主义要承继历史。马克思主义的中国化，就是要求把马克思主义与当代中国实际情况、中国文化传统结合起来。马克思主义者要承继历史，只有与中国实际、中国文化传统相结合，才能在中国成为具体的理论，才能具有生命力和影响力。

在毛泽东的号召下，一大批中国马克思主义者开展了总结和吸取中国文化传统的工作。但是，早期的马克思主义者主要是关注中国精英文化传统，而对中国民众文化传统则关注甚少。毛泽东以其独特的生命体验在这方面作了独特的探索，使马克思主义与中国传统文化结合起来，

① 《毛泽东选集》第 2 卷，人民出版社 1991 年版，第 533－534 页。

不只是飘浮在学理层次、思辨层次上，而是深植于中国民众，特别是广大农民的生活世界中。在长期的实践中形成的“均平”思想，深刻地反映了毛泽东关心民众、注重民本的文化思想。在毛泽东的文化思想中，强调了向工人、农民学习，把马克思主义与工农群众的质朴本色结合起来；毛泽东特别重视文化艺术的事业的发展，明确指出其发展方向是为工农兵服务，认为“我们的文学艺术都是为人民大众的，首先是为工农兵的，为工农兵而创作，为工农兵所利用的”[①]。在对待传统文化的问题，上毛泽东提出必须批判地吸收前人的文学艺术成果来发展自己，并制定了“百花齐放、推陈出新”与“古为今用、洋为中用”发展文学艺术的方针。毛泽东成功地把马克思主义与中国的民众文化传统结合起来，创造性地发展了马克思主义文化理论，为马克思主义文化理论中国化作出了重要的贡献。

邓小平继承和发展了毛泽东思想，他的文化思想体现在他的思维观念和思维方式上。邓小平在发挥马克思主义的唯物史观、实践精神与批判精神的基础上，与中国传统的民本思想、辩证思维与革新精神结合起来，让马克思主义的文化理论真正扎根于中国人的生活。尊重人民，信赖人民，依靠人民，一切从人民的利益出发，全心全意为人民谋利益，是邓小平的思维方式的基本点。邓小平对于人民群众的尊重，并不是历史上的民本思想的简单延续，而是在马克思主义的唯物史观中，融入了中国传统的以民为本的历史智慧，坚信“历史是人民群众创造的”这一马克思主义历史观，强调共产党的全部任务就是全心全意地为人民服务。邓小平还对传统的“均平”文化思想作了清理洗汰，提出“先富带动后富，走共同富裕的道路”的思想。邓小平关于“和而不同”的辩证思维方式不是简单地因袭中国古代的和而不同的思想，而是突出“和”又不放弃“争”，是和不舍争、柔中有刚。这种和而不同的思想，是结合现时代中国和世界的大势，在马克思主义唯物辩证法的基础上重新加以吸取和改铸，化原有保守的因素为积极因素，使之成为把握矛盾、解决矛盾的一种行之有效的思维方式。这种思维方式在指导社会主义文化建设上，认为发展

① 《毛泽东选集》第3卷，人民出版社1991年版，第863页。

文化教育事业,必须进行文化教育体制改革,“教育要面向现代化、面向世界、面向未来”;强调在对传统文化批判的同时,又反对夜郎自大、拒斥其他民族优秀文化的倾向;在强调要学习与借鉴人类创造的一切文明成果的同时,又反对资产阶级自由化,反对全盘西化。邓小平在开创改革开放的全新事业中,自觉地承继传统文化的革故鼎新的变法精神,使之与马克思主义的实践精神、批判精神融合为一体,更是为马克思主义文化理论作出了新的贡献。

江泽民对毛泽东“大众的文化”思想和邓小平“面向现代化、面向世界、面向未来”新思维进行了辩证的整合,指出中国特色社会主义文化“必须努力体现发展面向现代化、面向世界、面向未来的民族的科学的大众的社会主义文化的要求”①。它是“民族形式”、“科学内容”和“大众方向”相统一的文化,它是具有民族特性又“面向世界”的文化,它是渊源于中华民族五千年的文明史又“面向未来”的文化,它是植根于我国社会主义现实又“面向现代化”的文化。江泽民指明了有中国特色社会主义文化是具开放性、民族性、科学性、人民性特征的文化。在新的形势下,江泽民十分重视文化事业的发展,在继承毛泽东、邓小平关于民本文化的同时,强调在当今世界,文学艺术的创作要“弘扬主旋律,使我们的精神产品符合人民的利益,促进社会进步,不断满足人民群众日益增长的精神文化需求,这是发展宣传文化事业、繁荣社会主义文化市场的主题”②。

江泽民不仅对有中国特色社会主义文化的本质属性、社会属性进行了富有时代特征的概括,而且对其功能属性与价值进行了深入的阐述。他指出:“有中国特色社会主义的文化,是凝聚和激励全国各族人民的重要力量,是综合国力的重要标志。”他特别指出:“坚持什么样的文化方向,推动建设什么样的文化,是一个政党在思想上精神上的一面旗帜。”“全党必须从社会主义事业兴旺发达和民族振兴的高度,充分认识文化建设的重要性和紧迫性。”这些论述,发展了马克思主义对文化价值与功能的认识,对我们在新的历史条件下,更加自觉地重视社会主义文化的

① 江泽民:《江泽民在庆祝建党80周年大会上的讲话》,2001年。

② 《十四大以来重要文献选编》(上),人民出版社1998年版,第656页。

建设，充分发挥其作用，具有极其重大的指导意义。

以胡锦涛为核心的党中央站在新的时代高度，将我国文化建设置于社会主义现代化建设的总体布局中，置于构建社会主义和谐社会的广阔视野下，置于我国经济社会发展进入关键阶段的历史背景下，指明了我们这个时代文化发展的方向。党的十六届六次会议的决定中第一次提出建设和谐文化的思想，指出："建设和谐文化，是构建社会主义和谐社会的重要任务。"胡锦涛在中国文联第八次全国代表大会、中国作协第七次全国代表大会上指出："繁荣社会主义先进文化，建设和谐文化，为构建社会主义和谐社会作出贡献，是现阶段我国文化工作的主题。"胡锦涛进一步说：" 我们要坚持以马克思列宁主义、毛泽东思想、邓小平理论和'三个代表'重要思想为指导，全面贯彻落实科学发展观，促进经济社会协调发展，促进人的全面发展；要加强社会主义思想道德建设，弘扬以爱国主义为核心的民族精神和以改革创新为核心的时代精神，形成符合传统美德和时代精神的道德规范和行为规范，反对拜金主义、享乐主义、极端个人主义，培育有理想、有道德、有文化、有纪律的社会主义公民；要坚持为人民服务、为社会主义服务的方向和百花齐放、百家争鸣的方针，弘扬主旋律、提倡多样化，大力发展先进文化，支持健康有益文化，努力改造落后文化，坚决抵制腐朽文化，促进全社会形成积极向上的共同精神追求。"在构建社会主义和谐社会这场广泛深刻的社会变革中，和谐文化既是和谐社会的重要特征，也是实现社会和谐的精神动力。以胡锦涛为核心的党中央的这些思想不仅坚持了发展先进文化，文化要为人民服务、为社会主义服务的方向和百花齐放、百家争鸣的方针，更是面对构建社会主义和谐社会、全面建设小康社会的战略任务，面对国内外各种思想文化相互激荡的复杂环境，回应时代风云的激荡，领会时代精神的本质，产生巨大的感召力。这是对马克思主义的文化理论新的贡献，是马克思主义文化理论在中国发展的新的里程碑。

四、用马克思主义文化理论指导广西文化建设

马克思主义不是教条，只有正确运用于实践并在实践中不断发展才具有强大的生命力。以毛泽东、邓小平、江泽民等为代表的中国共产党领导集体和以胡锦涛为核心的党中央在中国的实践中继承和发展的马克思主义文化理论，既是广西进行文化建设的指导思想，又是当代广西文化的灵魂。

改革开放以来，特别是党的十六大以来，广西区党委坚持以毛泽东思想、邓小平理论和"三个代表"重要思想为指导，全面落实科学发展观，树立社会主义荣辱观，牢牢把握社会主义先进文化的前进方向，以弘扬民族精神、构建和谐广西、培育广西精神为核心，以深化文化体制改革为动力，以繁荣文化事业壮大文化产业为重点，以满足人民群众精神文化需求、促进人的全面发展为归宿，以创建文化先进省（区）为根本任务，充分发挥文化对经济社会的支撑和推动作用，全面提升广西的综合实力和竞争力。

用马克思主义文化理论指导广西的文化建设，就是要正确认识文化与政治和经济发展的关系，进一步巩固马克思主义在意识形态领域的指导地位，坚持党的领导，将马克思主义文化理论分析广西的文化建设实际，将马克思主义文化理论在中国发展的新成果运用于广西的文化建设实践，在进行广西文化建设发展的目标方向、政策和措施的制定中和在广西文化体制改革以及文化产业的发展中始终坚持马克思主义文化理论的指导。

用马克思主义文化理论指导广西文化建设，就是要牢牢把握社会主义先进文化的前进方向，弘扬广西民族优秀文化传统，发掘广西民族和谐文化资源，借鉴人类有益文明成果，倡导和谐理念，培育和谐精神，营造和谐氛围，进一步形成全社会共同的理想信念和道德规范，打牢广西各族人民团结奋斗的思想道德基础。

用马克思主义文化理论指导广西文化建设，就是要坚持以人为本，

用丰富多彩的优秀作品满足人民群众多样化、多层次、多方面的精神文化需求，不断提高人的综合素质，促进人的全面发展，最大限度地发挥文艺引导社会、教育人民、推动发展的功能，促进社会主义核心价值体系的建设。

用马克思主义文化理论指导广西文化建设，就是要坚持为人民服务、为社会服务的方向，坚持“百花齐放、百家争鸣”的方针，坚持贴近实际、贴近生活、贴近群众的原则，大力弘扬主旋律，提倡多样化。支持健康有益文化，努力改造落后文化，坚决抵制腐朽文化，促进全社会形成积极向上的共同精神追求。

第二节　全球化背景下广西文化发展的现状和挑战

中国的革命和建设虽然走了不少弯路，但是，中国共产党人和全国各族人民坚持把马克思主义与中国的实践结合起来，在实践中创造性地发展马克思主义，使中国革命和建设取得了举世瞩目的成功。坚持马克思主义理论指导是中国共产党和中国人民的选择。在全球多元文化发展的背景下，我们更要坚持用马克思主义文化理论作为指导，用马克思主义辩证方法分析广西文化发展的现实，用马克思主义文化理论指导广西的文化工作，抓住机遇，充分整合和利用地方文化资源，挖掘民族文化，发展特色文化，打造品牌文化，以迎接全球文化的挑战。

一、广西的文化资源与文化发展现状

1. 广西的文化资源分析

广西有优越的地域文化资源。广西位于祖国南疆，在文化区域上有

明显的优势：广西的东边是广东，这里经济发达，有非常发达的商业文化；北边是湖南，电视等传媒在国内领先，有非常发达的传媒文化；西边是云南、贵州，多民族聚居，有非常发达的民族文化；南边东盟各国，更是有丰富的东南亚异域文化。

广西背靠西南腹地，面向东盟诸国。目前，中国—东盟自由贸易区建设进程正在加快，泛北部湾经济合作区板块正在兴起。居于湾顶，拥有沿海沿边双重优势的广西，正面临多区域优势、多政策优惠、多方面关注的新兴机遇，正处于多个区域合作的交汇点上。文化是政治和经济的反映，政治和经济的多区域合作与发展，必然带来文化的合作与发展。沿海沿边的双重区域优势，不仅给经济发展带来机遇，也给文化发展带来新的契机。由于面向东盟各国，面向大海，因此有人说，广西的文化，有海派的特点，有大海的胸怀。我国的内陆文化与东南亚各国文化在这里交融，祖国的文化，广西的文化，也与世界文化在这里交汇，以开放的性格，走向世界。

地域文化资源还表现在山水、沿海、边境等风光资源上。以桂林为代表包括周边地区的喀斯特地貌山水风光，形成了"山清、水秀、洞奇、石美"的独特风景。自然胜景如龙胜花坪，是中国三大综合自然保护区之一。南宁伊岭岩、柳州都乐岩、北流勾漏洞、乐业的天坑等也形成了自己独特的岩溶景区；以北海银滩为代表包括金滩、三娘湾、星岛湖形成了广西的沿海自然风光资源；以友谊关为代表包括德天跨国瀑布在内形成了广西的边境风光资源。

广西有丰富的历史文化资源。广西的历史文化资源十分丰富，既有远古历史文化，也有近现代历史文化，既有重大的历史事件，也有重要的历史文化名人，这些都有待我们去认识和挖掘。

远古文化可以追溯到距今 80000 年前的"柳江人"、来宾的"麒麟山人"和 30000 年前桂林的"宝积岩人"。甑皮岩遗址作为桂林史前文化的代表也已享誉国内外考古界。广西的岭南史前文化与中原史前文化一道闻名中外。

在古代，秦始皇统一岭南后，开凿桂林兴安灵渠，把长江与珠江两条水系连接起来，促进了广西与中原经济和文化的交流，这里至今还保留着秦汉、楚文化影响的痕迹；春秋战国时期广西先民在左江沿岸创作的宁明花山古代岩画，汉代前创造的大铜鼓以及古朴典雅、可避湿热、防蛇兽侵害的干栏建筑等，成为广西历史文化的代表；明代的桂林（皇）王城、柳州的柳侯祠、玉林的真武阁及三江侗族程阳风雨桥等等，充分显示了广西厚重的历史文化资源。

在广西近代发生过许多重大的历史事件，有许多具有全国性影响的民族英雄的爱国事迹。其中，在广西的战争，每一场战争，都有一个惊心动魄的传奇故事。历史留下许多战争的遗址、故事和人物，形成了广西独特的战争历史文化。如中法战争、镇南关大捷、太平天国起义、昆仑关战役、桂林抗战文化等。一代伟人邓小平在广西领导了百色起义，创建了红七军和右江革命根据地。

在广西的历史上，许多知名人物，如抗倭英雄瓦氏夫人，抗法英雄冯子材，抗法、抗日英雄刘永福，四大文化名人梁漱溟、马君武、王力、雷沛鸿，千古绝唱的古代美人杨贵妃、绿珠等等，有待我们去整理和开发。

古代的广西，因远离中原，又有五岭山脉横亘阻隔，交通闭塞，相对蛮荒落后，因此被称为南蛮之地。但在广西，有按正常途径仕宦升迁的，也有被封建王朝贬谪流放的官员，形成了广西特有的古代官吏文化。如唐宋时期就有柳宗元、宋之问、刘禹锡、李商隐、苏东坡、黄庭坚、秦观，明清时期有解缙、陈琏、陈元龙、台布等，都给广西文化留下了深远的影响，现在很多地方都留存着这些文人的遗迹。

此外，由于桂北地区水路与中原长江等流域的沟通，在政治、经济上也相对发达些，因此在历史上的科举教育文化也有一番特色。如桂林的府学以及桂北的书院、社学、义学等都留下了许多遗址。在唐宋、明清时期产生的科场名人就有全州的蒋冕，临桂的陈宏谋、况祥麟等，其做人做官都被传为美谈，名满天下。

广西有独特的民族文化资源。广西有汉、壮、苗、回、仫佬、毛南、侗、京、彝、瑶、水、仡佬等12个世居民族。另外还有蒙古、朝鲜、布依、维吾尔、藏、满等民族人口。在各民族人民悠久的历史发展过程中，创造了灿烂的民族文化。其中 1800 多万的少数民族人口，在长期的生产生活实践中，积累起来的宗教信仰、语言文字、文学艺术、生产技术以及渗透在饮食起居、服饰、歌舞中的风俗习惯等形成了独特的广西少数民族文化资源。

民族文化资源的形态有物质文化资源和精神文化资源。民族物质文化资源主要是指民族创造的物质产品和赖以生存的物质资料和物质环境，如民族服饰、建筑和环境等。由于少数民族群众生活在特定的地域、环境中，不同民族有自己特有的服饰和建筑，不同的地域有不同的生产方式、生活方式和生产工具。如利用溪水自然推动的悠悠水车、水碓，大山里的造纸作坊，少数民族群众至今还使用的脚踏织布机，冬暖夏凉的吊脚楼，蜿蜒崎岖的石板路等。

民族精神文化资源主要指民族创造的意识形态观念和各种文化内容、形式，如信仰、价值观、文学艺术和风俗习惯，它包括民族的性格、精神等。如广西有些土司制度历经 1000 多年，是古代广西非常重要的政治制度；广西的宗法、宗教，在广西许多村寨仍有保存。广西许多少数民族歌会、节庆和婚丧仪式等，都有独特的民族风俗。

广西的地方民族戏剧，更是有悠久的历史和丰富的内容与形式。壮族中流行壮剧，其历史可追溯到唐代，吸收了民歌、傩戏、木偶戏等艺术特点而形成，用方言演唱，采用"一人唱众人和"的帮腔形式，有唱、念、做、舞等表演形式。桂剧至少已有 200 余年历史，以小旦、小生、小丑的"三小戏"见长。彩调形成于明末清初。壮族的山歌、芦笙、"吹木叶"（其他少数民族亦有）、弹七弦琴，瑶族长鼓舞、铜鼓舞，苗族赛芦笙，侗族琵琶歌，京族独弦琴"唱哈"等，都是独具特色的民族文艺形式。

由于广西特有的地域，还形成了广西特有的饮食文化。如广西菜肴以山珍为主料，土特产为辅料，营养价值高，色香味形俱佳，南宁蛇餐馆的蛇馔、桂林米粉、梧州的豆浆、玉林牛肉巴和牛肉都有丰富的文化内涵。

2. 广西近年来文化发展情况分析

面临文化全球化的新挑战，根据我国社会主义现代化进程的需要，中国共产党第十六次全国代表大会对我国文化建设和文化体制改革作出了新的部署。进入本世纪以来，特别是近两年，广西区党委和人民政府在党的十六大指引下，高度重视广西文化建设，制定并实施了广西文化发展战略，积极推动广西文化体制改革和文化产业的发展。

2001 年 8 月，《中共广西壮族自治区委员会、广西壮族自治区人民政府关于加快广西文化发展的决定》出台，明确了广西文化发展的指导思想和战略目标，确定了广西文化发展的重点工作，以及深化文化体制改革等重要内容。

2005 年春，自治区党委成立了文化先进省(区)规划领导小组。同年 7 月，召开第一次全体成员大会，组织区内外文化学习考察，正式规划文化广西，实施建设文化广西的战略任务。同年 8 月初，自治区党委和政府为落实党中央关于科学发展观、建设和谐社会的精神，提出了建设和谐广西的小康社会的发展目标，即建设富裕广西、文化广西、生态广西、平安广西。并在全面调研的基础上，先后制定了《中共广西壮族自治区委员会、广西壮族自治区人民政府关于建设文化广西的决定》等关于广西文化建设的七个重要文件。这些文件的制定，提出了文化广西的指导思想、实施文化立桂的路径和文化先进省(区)的总体目标，规划了文化广西的基础设施建设，规划了文化体制改革和文化产业发展，建立健全了领导机制、工作机制和组织保障。

在区党委和人民政府的高度重视下，广西的文化事业发展有很好的积淀。“十五”期间，广西社会文化建设取得了新的进展：新增全国先进文化县 4 个、全民民间艺术乡 10 个，新建乡镇文化站 571 个、村级图书室示范点 400 个；实施广西文化信息资源共享工程，建成开通 2 个省级中心和 80 个基层中心，成为获文化部表彰的 7 个先进单位之一。艺术创作生产实现新的突破，民族音画《八桂大歌》、壮族舞剧《妈勒访天边》分别荣获 2003—2004 年度和 2004—2005 年度国家舞台艺术精品工程“十大精品剧目”奖，并分获文化部第十一届“文华大奖”及中宣部“五个一工程奖”；小音乐话剧《张大嘴与李干部》、小桂剧《砸锁》、小彩调剧《追》、木偶芭蕾舞剧《小美人鱼》、舞蹈《追潮》等一批剧(节)目在全国性比赛中分别获得一等奖；城乡文艺舞台活跃，全区专业剧团年均演出超过1100场。实施民族民间文化保护工程扎实，在确定全区民族文化生态保护区第一批6个试点项目基础上，"红水河流域铜鼓文化研究"项目被列为全国民间文化保护工程首批10个试点之一，自治区人大常委会审议通过颁布实施了《广西壮族自治区民族民间传统文化保护条例》。文博工作受到高度重视，新建博物馆、纪念馆5个，新增全国重点文物保护单位15处53点，自治区级文物保护单位131处，有3个县获全国文物工作先进县称号。

文化产业开发迈出了新的步伐，依托地域文化资源优势建成一批具有广西特色的文化产业品牌项目，大型山水实景演出《印象·刘三姐》和大型艺术雕塑项目"桂林愚自乐园"被评为全国文化产业示范基地，靖西绣球、阳朔画扇、临桂三皮画等民营文化产业蓬勃发展。文化市场体系建设取得新成效，由娱乐、演出、电影、音像、网络文化等组成的市场体系已经形成规模，监控管理机制不断加强，各项专项整治活动取得显著成效，文化市场整体呈现出繁荣健康有序局面。村寨文化、社区文化、企业文化、旅游文化、节庆文化、会展文化，未成年人文化、老年人文化以及文化下乡活动等深入开展，城乡文化活动丰富多彩，人民群众文化生活质量不断提高。对外文化交流、艺术教育培训和文化队伍建设步伐加快，文化改革创新的不断推进催生了广西文化建设的活力。"十五"期间，全区文化设施建设总投资4.5亿元，是新中国成立以来投入力度最大的时期。

二、部分省市特色文化发展的启示

1. 云南、贵州的民族文化绽放异彩

云南拥有25个少数民族，数量居全国之首，是一个世界上少有的多民族群体、多文化形态共生带，由此派生出的民族文化资源非常丰富。各民族在漫长的历史发展过程中，形成了各具特色的民族文化及歌舞、风俗、工艺品、服饰、建筑、饮食、节祭等等，构成了云南特有的"十里不同

俗，百里不同音”，山山水水各见人间千秋的人文景观，为云南文化事业的繁荣和文化产业的发展提供了一片肥沃的土壤，也增强了云南塑造新形象的实力。

云南是全国第一个提出建设民族文化大省战略的省份，云南省委、省政府坚定不移地将文化产业发展成为继烟草、旅游、生物、矿产、能源之后的第六大支柱产业，在全省范围内大力发展文化产业，争取全省文化产业 GDP 总量在 2005 年达到 5%，在 2006 年达到 6%。全省文化产业的思路首先是深化文化体制改革，不断繁荣民族文艺，文化产业快速发展，争取使文化产业成为支柱产业，变资源优势为产业优势。

被誉为“文化千岛”的贵州也是一个多民族聚居的省份，众多的民族，孕育丰富多彩的民族文化，如民族民间艺术、歌舞、戏曲，“侗族大歌”，水族的“水书”等。他们以“多彩贵州”系列为主题的文化活动，为全省文化建设的发展路径铺上了一块绚丽的瑰宝。

2. 陕西西安的历史文化整合规划发展

与云南、贵州相比，西安是十三朝历史古都，是世界著名的历史文化名城，文化积淀更为深厚。

西安近年来提出要把西安城市规划和特色文化城市形象塑造紧密结合起来，制定出台了城市文化产业发展规划，把文化产业发展规划纳入经济社会发展目标框架，合理规划和建设西安的若干文化产业园及中心，形成若干富有地域特色的文化产业板块，如碑林书院门湘子庙街板块、莲湖区城隍庙西五台板块、曲江旅游新区板块以及临潼区兵马俑、华清池、秦始皇陵板块等，并以科学规划推动文化产业快速发展。

3. 浙江、江西两省文化互动打造文化科技精品

浙江利用丰富的文化资源和较发达的科技力量，坚持走文化科技化道路，在文化产业开发上形成一批特色鲜明、规模较大、辐射带动力强、核心竞争力突出的区块，提升产业区块在国内外的影响力和知名度，提高产品在国内外市场上的占有率。到 2010 年，全省将形成 3 个以上知名文化区域品牌，5 个以上产值超 100 亿元、10 个以上产值超 50 亿元的重点文化区块，成为浙江文化产业发展的核心载体。

江西的文化资源也有自己的特色，历史文化颇有影响，其中有“十一世纪中国的改革家”著称的王安石，有田园诗人陶渊明、江西诗派代表诗人黄庭坚，景德镇的陶瓷文化更是名扬海内外。景德镇的松紫窑与高岭土实现了火与土的完美结合，确立了“千年瓷都”的地位。景德镇人创造了坚韧不拔、吃苦耐劳、勇于创新的“敢为人先、不甘人后”的创业文化精神。

近年来，浙赣两地经济合作、文化互动，为两省经济和文化的发展提供了新的交流方式、交流途径，促进了两省经济和文化的共同繁荣。

4. 广东独特的南粤文化魅力无限

广东也正以它强劲的经济优势，打造自己的特有的南粤文化。广东有在海外受到广泛欢迎的粤剧、潮剧、客家山歌等文化资源；广东不但有2000多年前的南越王历史文化，更有近代著名的历史文化资源。

广东省委近年来对建设文化大省提出了有关战略要求，指出：“文化已深深融入经济之中，成为当代社会生产力的重要因素和经济增长的重要推动力量。”“文化要素是产品竞争力的核心要素。”“文化资源是企业发展和竞争的重要资源。”广东作为经济强省而引人注目，一直是“排头兵”，更要以文化建设作为“立省之策”取得成就，并吸引人们的眼球，这对广东来说是“新的经济增长点”。要“促进经济与文化融合，提高经济发展的综合竞争力”。要在文化产业建设上争当“排头兵”，争取获得更大的成果。

三、整合广西文化资源，迎接全球化挑战

只有通过比较，才能正确认识广西文化资源的特色和发展的优势。从表面上看，广西的地域文化资源优势，比不过浙江及中原文化；广西的历史文化资源优势，比不过陕西西安；广西的民族文化资源优势，也比不过云南、贵州；广西的科技、经济的发展，不如江浙、广东。那么，广西靠什么呢？我们的发展优势是什么呢？我们认为，广西的文化发展，一是要善于抓机遇，要抓住中国—东盟博览会的机遇，让广西作为中国与东

南亚经济交往的通道的同时，通过广西文化与异域文化交流，促进广西的文化繁荣和发展，使广西文化提高到一个更高水平。二是要善于整合自己的优势。如有人说，广西的山比不过庐山、黄山、泰山这些名山，广西的水不如贵州的黄果树瀑布、云南的滇池出名，但广西的山和水结合起来，却是那里比不上的。如桂林的漓江，就是山与水的结合，其实这样的山水，广西处处可见。那就是说，山水文化资源是广西的特色。而要做好广西的文化，更是要把广西的山水文化通过现代科技的手段，与广西的民族文化、历史文化结合起来，做到"人无我有，人有我特"，形成广西文化产业的现代品牌优势。

1．抓住"中国—东盟"合作交流的契机繁荣和发展广西文化

中国和东盟山水相连，友好合作历史悠久。广西是中国—东盟博览会的永久举办地，广西的北部湾地区是中国与东盟、东亚与东南亚的连接点，构建中国—东盟"一轴两翼"区域经济合作新态势已日趋明显。在中国与东盟全面推进经济合作的大背景下，泛北部湾地区以其独特的区位优势、丰富的自然和文化资源、良好的合作基础和广阔的开发前景越来越受到各方的关注。

当前，广西的经济发展面临着前所未有的、重大的历史发展机遇。中央作出西部大开发的战略部署，给广西的发展带来了绝好的机遇；中国—东盟自由贸易区的建设，为广西扩大对外开放搭建了一个十分重要的平台，使广西成为全国唯一的既是西部大开发重要成员，又是对外开放的前沿的省区；在泛珠三角经济合作、大西南区域协作等国内区域经济协作中，广西又处于结合部，也可以发挥重要作用。2006 年 10 月 30 日，中国和东盟 10 国领导人在广西南宁共同签署了《中国—东盟纪念峰会联合声明——致力于加强中国—东盟战略伙伴关系》。声明特别提到，在社会文化方面各国同意加强社会文化合作，增进双方媒体人士、学者和中介机构、国会议员和民间社会的交流；支持东盟实现社会文化共同体建设，包括实施中国—东盟文化合作谅解备忘录框架下的各种项目和活动。

经济的发展，促进文化的繁荣和交流。作为中国与东盟国家文化交往的重要“接口”，广西要充分发挥自身的区位优势和资源优势，进一步开拓国际国内两个市场，加大独具特色的优秀文化项目的对外交流力度，打造文化产业项目策划、文化产业经营管理和文化产业中介营销三支队伍，壮大艺术演出业、文化信息业、电影音像业、文化娱乐业、文化节庆会展业五个产业集群，提升文化产业的自主创新能力和产业化、市场化程度，扩大与东盟各国的文化交流与文化贸易。

在中国—东盟自由贸易区建设进程加快的背景下，作为中国唯一与东盟国家水陆相连的省区，区位优势独特的广西，在推动中国—东盟友好关系发展过程中不可替代的战略地位和作用日益凸显。文化的交流和发展不断，自 2003 年以来，广西与东盟各国开展文化交流活动近 70 起、上千人次，其中包括官方交流、民间往来、商业演出等，内容有艺术表演、艺术展览、文化艺术研讨、文化考察、人才培训等多个方面。2006 年举办的广西东南亚风情夜，近年来的文化旅游大篷车等，中国与东盟 10 国再次续写文化交流成果的华美篇章，文化产业正成为广西加强与东盟国家交流与合作的重要载体。

2. 进行山水文化与民族文化整合彰显八桂文化魅力

广西区域优势得天独厚，山水举世闻名。人类历史告诉我们：有山水的地方就有生命依存文明繁衍，而文明的演进又将赋予山水更大的光彩。山水文化，是广西的特色文化，著名的漓江山水文化、红水河文化、西江文化、花山文化等，不同地域都显现出广西的山水文化特色。而在现代文明的聚光灯下，八桂大地只有通过山水文化与民族文化的整合，才能彰显出无穷魅力和极大影响力。

漓江是八桂山水的代名词，步入 21 世纪后，在自治区党委、政府的号召下，围绕漓江展开了一系列充满立体感的文艺创作和文化行动。2001 年，在北京举行的第二届全国少数民族文艺会演中，广西新世纪的舞台标志性作品——《漓江诗情》一举摘得创作、演出、舞美 3 项金奖以及 12 个单项奖，但演出的成功并不局限于获奖，更大的意义在于广西山水与民族文化的结合。2004 年，经过三度改编的大型民族歌舞诗《漓江诗情》与广大观众再次见面，它更是通过漓江近景、中景和全景的切换组合，完美地呈现出了山水漓江、风情漓江以及人文漓江，体现了漓江自然之美与民族人文之美的升华，大大撞击着观众的内心世界。同样，电视散文《父亲的漓江》通过山水与人文的结合，曾摘取第19届中国电视“金鹰奖”专题电视文艺节目最佳作品奖、第15届全国电视文艺“星光奖”。

在民族文化中，民族歌舞是最具有代表性的，利用现代技术表现手段，把山水文化与民族歌舞结合起来，便是创新的时代文化的大手笔。

1961年拍摄的彩色故事片电影《刘三姐》，曾风靡全国乃至东南亚，堪称中国20世纪六七十年代的经典文化作品。《刘三姐》就是将广西山水与千年民间传颂的“歌仙”和彩调剧、歌舞剧结合而名扬天下，给广西留下了一笔无比丰厚的民族文化遗产。

民族音画《八桂大歌》也是刘三姐题材的相关作品，讲述了刘三姐家乡人的劳动和爱情故事。它不是单纯的民歌集萃，也不是传统的歌舞晚会，而是以40多首带着浓郁民族风情的民歌为主，辅以舞蹈、器乐、服饰，以歌声与山水画面的组合，演绎和礼赞八桂大地上苗、瑶、侗、壮等各族人民古往今来的两大主题——劳动和爱情。

《妈勒访天边》从1997年开始创作，经过数次修改，形成了一台融音乐、舞蹈、故事为一体，剧情感人至深，舞台灯光绚丽豪华的舞蹈巨作。舞剧视觉效果强烈，塑造的具有现代意识的壮族先人开拓者的形象令人耳目一新，被誉为“诗意盎然，恢弘壮美，充分展现舞蹈本体魅力的舞剧佳作”。《妈勒访天边》是一个象征，是中华民族的许多精神融在一起，让人想到夸父追日，想到愚公移山中的愚公以及为治水三过家门而不入的大禹。这些都是民族精神与山水融合在一起的典范。

如何把“刘三姐”这一民族文化品牌再一次提升，转化为经典，2001年，广西成立了“刘三姐”文化品牌研究课题组，通过深入实地调研，收集了课题组领导、专家撰写的29篇论文，结集成《刘三姐文化品牌研究》一书出版，从民族文化品牌、艺术审美等方面对该品牌进行了立体式研究。在这集大成式的理论研究的指导下，“刘三姐”这一最具广西风格的文化品牌寻找到了新的载体，以磅礴的气势出现在当代人的面前。

山水实景演出《印象·刘三姐》，作为广西发展文化产业的一个立项，在经历5年奋斗之后，2004年终于从当初的一纸梦想到“浮出水面”，在桂林漓江与田家河交汇处的方圆1.65平方公里的水面上，在12座奇美山峰的映衬下，与国内外游客见面。

《印象·刘三姐》是以著名导演张艺谋为领军的实力队伍打造的。在桂林的自然山水中，舞台是漓江，布景是灯光渲染的12座山峰，观众席由数十级视野开阔的绿色梯田组成。如此的山水剧场，彰显了人与自然的和谐关系。六七百名演员中，有300余名就是当地的渔民。他们白天打鱼，晚上演出。连当地村子里的耕牛和渔家的鱼鹰，也成了演出中的明星。在“刘三姐”民歌主题旋律变奏出的音乐中，流传数百年的刘三姐的传奇，从冲突激烈的戏剧情节蜕变成天人合一的视听印象。

《印象·刘三姐》是山水文化与民族文化相结合的代表。整合民歌文化和山水文化，把沉厚的文化底蕴和丰富的文化信息注入旅游，为古城桂林带来了丰厚的回报。在弘扬民族文化的过程中，不是被动地对民族文化搞“保护圈”式保护，而是要根据新时代的特点，加入广西的山水文化特色加以发展和创新，从品牌意识和文化产业的角度进行思考和运作，以文化品牌为龙头带动文化资源的优化配置和文化产业的健康发展，实现文化与经济的良性互动。

3. **将山水文化与历史文化结合起来打造时代文化新品牌**

与山水文化交相辉映的，还有广西的历史文化。但历史文化资源，其给人直观上的感受往往不如自然山水，更需要独具匠心的策划。

秦始皇统一岭南后，开凿灵渠，把长江与珠江两条水系连接起来，促进了广西与中原经济和文化的交流。汉代，苍梧、布山、合浦就有了商贸集市，合浦成为海外贸易港口；唐代，桂州、柳州、邕州、容州城乡出现定期圩市；宋代，出现与交趾商人展开货物交换的搏易场；明清时，广西采矿业有了很大发展，主要是金、银、铜、铝、锡、铁等矿。据统计，清顺治六年至十八年报开的矿场达127处，居全国第3位。

桂林是我国第一批公布的历史文化名城，发展历史文化并与山水文化结合走在了广西的前列。桂林既是山水文化名城，也是历史文化名城。如何把桂林山水与历史文化结合起来，发展历史文化名城，得到了社会各界的关注。不难发现，除了甲天下的山水风景，桂林由夏商周时期便开始积累的人文、地理和历史文化，同样是明星璀璨，博大深远。如何根据时代的特点和要求进行开发利用，是繁荣发展广西文化，打造新品牌的增长点。

踏进桂林王城，登上独秀峰，就会感受到靖江王府当年的巍峨壮丽，目睹奇妙的自然风光与中国传统的建筑、园林艺术天衣无缝的完美结合，领略千年沉积的桂林山水文化与历史文化的丰富多彩，“桂林山水甲天下”的美就出于此。

桂林山水甲天下，阳朔山水甲桂林。阳朔属典型的喀斯特地貌，超凡脱俗的青山碧水，千姿百态的奇洞美石与清幽恬适的田园风光毕集交融，浑然一体，形成阳朔独特的山水文化。而阳朔古城更是有1400多年的历史，一代代阳朔人在这里休养生息，辛勤劳作，创造和积淀了丰富多彩的历史文化和民俗文化。阳朔的文化建设殚精竭虑保护文物古迹，发掘历史文化，让城市的每一个角落体现、透视民族传统内涵，让古老的历史文化得到传承和发扬，成为今日阳朔人义不容辞的责任。他们刊刻了“孙中山大总统巡视阳朔纪略”、“徐悲鸿客至阳朔”、“徐悲鸿、张大千、李济深同游漓江纪事”、“黄宾虹、齐白石诗话赞漓江”等碑刻，精心呵护宝贵的山水风光自然遗产，保护和发掘具有本土特色的历史文化，绝不在建设中为追求高密度、高容积率而让文物古迹有丝毫破坏或丢失，实现山水文化与历史文化的完美结合，使阳朔文化的内涵得到丰富和发展，城市文化品位得到提升，也更具魅力。

历史文化主题的推出，使桂林兴安的文化形象明朗起来。2002年，兴安县邀请国内经济、旅游、园林建设、历史文化等多方专家，制定兴安发展的战略规划，并最终确定了“历史文化主题城镇”的定位。众所周知，兴安灵渠沟通了长江和珠江两大水系，其价值毋庸置疑。但灵渠所带来的文化的传承及其在兴安现实发展中起到的作用，长期以来却似乎是一个“模糊”的问题。“以往对灵渠的定位侧重于‘水利工程’，而忽视了其历史文化价值，尤其是对于秦始皇统一中国所产生的积极意义。”如今建成的水街，长约800米，既继承了秦汉文化，又融合了中原汉文化与岭南百越文化，保留了大量的明清时期的石雕石刻，以古桥文化、民俗文化、岭南市井文化和古雕塑文化而闻名。

如今桂林正加紧桂海碑林的扩建、甑皮岩遗址二期工程的建设、八路军桂林办事处纪念馆扩建等。此外，还将加大对靖江王府王陵、甑皮岩遗址、八路军办事处纪念馆、李宗仁官邸纪念馆、桂海碑林博物馆、黄庭坚系舟处等珍贵的历史文化的保护性开发，把这些具有地方特色的文物、遗迹与桂林历史文化名人结合在一起推出来，使之与桂林山水相辉映，提升桂林的文化品位，让桂林历史文化的悠久与厚重展示在人们面前。

广西柳州是中国南方一座古老而美丽的城市，从建城至今已有2100多年的历史。中唐时期，桂林经柳州到邕州的道路已开通。武则天时(684—704年)开辟的桂柳运河已通航，使柳州和中原地区陆路、水路交通大为改善，便利了柳州与中原地区经济文化的交往。特别是唐元和十年(815年)起，柳宗元任柳州刺史。柳宗元及历代先贤之风范使柳州历史文化与山水一道名扬中外。

此外，厚重历史文化与山水文化结合的左江崖壁画群文化，汉代铜鼓文化等都有待挖掘，创造广西新的文化精品。

4．利用地方特色资源打造文化品牌

近几年来，在区党委、区政府的指导下，经过各地市党委和政府的努力，“一市一品牌，一地一亮点”的特色文化格局已初见端倪，为打造文化品牌打下基础。

南宁的节庆文化。南宁节庆文化的代表是南宁民歌节。南宁民歌节十分注意突出节庆的民族性、国际性与群众性。2005年，南宁民歌节一举摘取“IFEA全球节庆行业奖”，并入选“中国最具国际影响力十大节庆活动”，实现了我国节庆协会组织在国际节庆领域获奖的零的突破。在南宁地域内，以民歌文化为主要内涵，注重“土、特、精”的武鸣三月三歌节，横县茉莉花节，宾阳县炮龙节，分别构成大南宁节庆文化多姿多彩的层面。

桂林的山水文化。桂林山水文化得益于桂林山水的文化传说和千百年来文士骚客、中外游人在纵情山水间吟咏的诗句和留下的墨迹。1992年以来，桂林已成功举办了多届山水文化旅游节。“十一五”时期，广西将进一步发挥桂林市对全区旅游产业发展的龙头辐射作用，着力打造桂林山水旅游品牌，全面推进大桂林山水文化旅游区建设。

柳州的奇石文化。奇石文化在柳州有着深厚的群众基础。据统计，全市奇石经济产业从业人员有万人左右，奇石爱好者有五六万之众，大小奇石交易市场遍布全市。群众性玩石、赏石、藏石、售石蔚然成风。柳州最早在国内形成有规模的奇石市场，最早开办奇石文化展馆，拥有全国最齐全的奇石专类馆，最早办奇石文化报刊……柳州奇石文化“秀于内而名于外”。柳州奇石按形成与分布区域可分为19个大类，按观赏性可分为两百多个品种，所产的奇石为全国奇石总数的三分之一强。早在上个世纪80年代，柳州奇石就已走出国门，取得了良好的社会效应。近几年，举办多届的柳州国际奇石节更扩大了柳州奇石文化的国际影响和品牌效应。

北海的海洋文化。在北海有很多种方式可以体味到海洋文化的气息：熏海风，观海景，走海滩，叹海宝，品海鲜……当地富有特色的南珠文化、疍家文化、旅游文化、饮食文化等等，又都包容在了内涵丰富的海洋文化之中。北海市所强调的文化是海洋特质，它所蕴涵的特性则是开放性、包容性。2005年7月，北海国际海滩文化节将世人的目光吸聚在北海。北海市以“海洋文化”为主题，制作了二十多座体现“海洋文化”的雕塑，分布在北海市区主干道两侧。

百色的布洛陀文化。百色田阳是壮族人文始祖布洛陀的重要纪念地和精神家园，是探索珠江流域文明源头的重要地方，是壮民族文化的重要发祥地。田阳近年来又收集到不同版本的《布洛陀经诗》手抄本9本，传说故事22篇、山歌录音带29盒、录像资料12盒、光碟资料5盘、古舞5个。还推出了《布洛陀圣乐》大型音乐，出版《布洛陀寻踪——广西田阳敢壮山布洛陀文化考察与研究》一书。

崇左的花山文化。崇左以世界级文化遗产“花山崖壁画”为品牌，在2003年成功地举办了首届花山民族文化艺术节。2004年，崇左第二届花山文化艺术节推出的重点项目“花山论坛”颇有影响。近年来，原生态音舞史诗《走进花山》、《花山情》剧、《听花山》歌等文艺作品展示了广西壮民族的历史文化。

河池的山歌文化。山歌是河池大众文化的代表。山歌与河池人的生活息息相关。近年来，河池市大力开发山歌文化资源，打造山歌文化品牌。多次主办、承办各种类型的山歌会、山歌赛和歌王赛。组织创作人员收集民间山歌加以修改，整理出二十多首不同腔调、旋律优美、易懂易学的山歌曲牌。并通过举办山歌培训班，普及教唱并使之走进幼儿园、中小学的音乐课堂。

贺州的客家文化。贺州有着深厚的客家文化积淀。近年来，其客家风情艺术享誉海内外：贺州客家山歌剧团作为广西唯一以演唱客家山歌剧为主的专业剧团，多次应邀前往客家人聚居区演出。贺州客家童声合唱团曾在台湾的客家新闻媒体上大出风头。歌曲《月光光》曾被香港电视剧《酒是故乡醇》采用为主题曲。打上“客家文化”印记的还有歌曲《落水天》、《豆腐酿》，山歌剧《赶圩》、《卖桃》、《一李千金》，客家歌集《情满玉石林》，以及客家舞蹈诗《围龙歌》、客家风情歌舞集《贺州春色赋》等。

梧州的龙母文化。西江流域的梧州民众把龙母信奉为“水神”，这种对龙母的信仰形成了“龙母文化”。目前，梧州市对龙母文化从历史考证、艺术创作、学术研讨、民俗活动等环节全面加强建设，具有梧州特色的龙母文化正在逐渐形成。编辑出版了《龙母的故事》、《龙母文化与梧州》两书。2000 年 6 月，梧州市举办了首届龙母文化节。纪念龙母诞已成为西江流域有较大影响力的传统民俗活动。

来宾的盘古文化。来宾市是盘古文化的重要发祥地。2005 年，为期一个月的首届盘古文化灯会成功举办。“珠江流域中上游盘古文化保护”课题被列入国家哲学社会科学基金项目，“壮族盘古文化研究”被列入广西哲学社会科学基金规划重点项目。

第三节 坚持马克思主义以人为本思想建设广西和谐文化

建设和谐文化，是构建社会主义和谐社会的重要任务，其核心要求是坚持“以人为本”。马克思说过，未来的新社会是“以每个人的全面而自由的发展为基本原则的社会形式”。以人为本，就是要把人民的利益作为一切工作的出发点和落脚点，不断满足人民的多方面需求和促进人民的全面发展。

一、建设广西和谐文化的本质及主要内容

《中共中央关于构建社会主义和谐社会若干重大问题的决定》指出：“建设和谐文化是构建社会主义和谐社会的重要任务。”和谐文化的含义包括两个层次：一是文化本身所包含的各个内在因素的和谐，也就是制度文化、观念文化和科技文化等不同文化之间的和谐。二是文化作为社会发展的构成要素，在引导社会经济、政治发展中的和谐。理解和谐文化，不仅要从文化的作用方面考虑，也要从文化各个内在因素的和谐方面考虑。和谐文化的本质就是先进文化，是当代中国特色社会主义文化的重要组成部分，是建设社会主义和谐社会不可缺少的文化基础。广西在第九次党代会上强调，繁荣发展社会主义先进文化是建设富裕、文明、和谐新广西的思想保证和精神动力。要牢牢把握先进文化的前进方向，弘扬优秀传统文化，发展先进文化，建设和谐文化，努力把广西建设成为具有时代气息、民族风格、开放包容的文化先进省（区），全面提升广西文化的综合实力。

建设广西和谐文化，要坚持用马克思主义中国化的最新成果武装全党、教育人民，引导人们树立正确的世界观、人生观和价值观。牢牢把握中国先进文化的前进方向，在建设广西和谐文化的实践中，积极倡导人们树立和谐的思想观念、思维方式和行为方式。要着力树立广西全社会的理想信念、营造和谐舆论、倡导和谐精神，为经济社会发展提供有力的精神支撑和良好的文化条件。要把建设广西和谐民族文化作为宣传思想战线上的一项十分重要的任务，紧密联系和谐社会建设的实践，用建设中国特色社会主义的共同理想统一思想、凝聚力量，形成万众一心、共创和谐的强大力量。要大力弘扬以爱国主义为核心的中华民族精神和以改革创新为核心的时代精神，广泛宣传具有时代特点、体现时代要求的模范人物，形成鼓励探索、鼓励创新的良好环境，形成生动活泼、安定团结的良好局面。坚持以团结稳定鼓劲、正面宣传为主，牢牢把握正确的舆论导向，巩固发展积极健康向上的主流舆论。坚持以社会主义核心价值体系引领社会思潮，尊重差异，包容多样，最大限度地形成社会思想共识，使有利于国家富强、民族振兴、社会和谐、人民幸福的思想和精神成为时代最强音。

建设广西和谐文化，必须构建与社会主义市场经济相适应的伦理道德体系。一要加强一般社会伦理道德建设。宣传和树立以“八荣八耻”为主要内容的社会主义荣辱观，形成良好的道德风尚，在全社会形成知荣辱、讲正气、促和谐的文明道德风尚，形成男女平等、尊老爱幼、扶贫济困、礼让宽容的人际关系。普及科学知识，弘扬科学精神，养成健康文明的生活方式。发扬艰苦奋斗精神，提倡勤俭节约，反对拜金主义、享乐主义、极端个人主义。弘扬我国传统文化中有利于社会和谐的内容，形成符合传统美德和时代精神的道德规范和行为规范。“打牢全党全国各族人民团结奋斗的思想道德基础”，为构建社会主义和谐社会提供强大的道德文化力量。二要加强社会主义市场经济伦理建设。正确认识市场经济与伦理道德的关系，自觉遵守市场经济伦理的基本原则，倡导互利互惠、诚实守信、公平竞争的道德风尚，进一步整顿和规范市场经济秩序，促进社会主义市场经济健康发展。必须处理好文化社会效益与经济效益的关系。不论是文化事业还是文化产业，都要把社会效益放在第一位，把经济效益放在第二位。当前，大量国外尤其是西方文化产品充斥国内文化市场，我国和谐文化建设面临严峻挑战。我们必须不断提高弘扬主旋律文化产品的竞争能力，提高主流文化产品对广西各族人民群众特别是广大青少年的吸引力，把主流价值观和文化娱乐产业结合起来，形成一个寓教于乐、文化事业与文化产业和谐发展的良好机制。

建设广西和谐文化，必须广泛开展和谐文化的创建活动，形成人人促进和谐的局面。着眼于增强公民、企业、各种组织的社会责任，把创建和谐社区、和谐家庭等活动与群众性精神文明创建活动结合起来，突出思想教育内涵，广泛吸引群众参与，推动形成我为人人、人人为我的社会氛围。以相互关爱、服务社会为主题，深入开展城乡社会志愿服务活动，建立与政府服务、市场服务相衔接的社会志愿服务体系。注重促进人的心理和谐，加强人文关怀和心理疏导，引导人们正确对待自己、他人和社会，正确对待困难、挫折和荣誉。加强心理健康教育和保健，健全心理咨询网络，塑造自尊自信、理性平和、积极向上的社会心态。

建设广西和谐文化，必须加强和改进青少年思想道德教育。大力加强大中小学思想政治理论课和思想品德课等课程建设，指导和帮助大中小学生认真遵守学生守则和日常行为规范，不断提高思想道德素质。充分调动各方面力量，健全学校、家庭、社会“三结合”的教育网络。在重大节日、纪念日集中开展思想道德教育主题宣传活动。加强以爱国主义教育基地为重点的未成年人校外活动场所建设和管理，把未成年人校外活动场所建设纳入当地国民经济和社会发展总体规划。大中城市要因地制宜，重点建设好市级未成年人校外活动场所，有条件的可建设少年儿童主题公园。到“十一五”期末，力争实现县县有综合性、多功能的未成年人校外活动场所。电台、电视台要办好少儿频率、频道或栏目、节目，重点新闻网站和主要教育网站要开设少儿网页、专栏，出版单位要出版一批适合未成年人的优秀文艺作品，并切实做好推介工作，为未成年人的健康成长营造良好的社会文化环境。①

① 摘自《广西“十一五”时期文化发展规划纲要》。

二、建设广西和谐文化的基础

1. 深入开展了基层文化建设工作

自治区党委、区政府为加强农村文化建设，启动乡镇宣传文化站建设工程以及实施边境地区和东巴凤革命老区基础设施建设大会战，推进基层文化设施建设，总共新建了 538 个乡镇宣传文化站（每个站面积 400 平方米），总投资额达 1.4038 亿元，其中自治区本级财政 7738 万元，各市、县、乡镇配套 6300 多万元。自治区财政投入 650 万元建设 400 个村级图书馆示范点，国家、自治区和地方总投入 4000 多万元新建或扩建县级图书馆、文化馆 34 个。此外，自治区本级财政共拨款 7500 万元，新建了广西话剧团剧场、广西儿童剧院、广西歌舞剧院剧场和扩、改建广西图书馆等设施。与此同时，各市、县、乡镇财政都加大投入，新建了一批标志性、基础性、公益性的文化设施，全区文化阵地建设有了明显改观。

为满足人民群众文化需求和构建基层和谐文化，全区积极构建了布局合理、设施完善、功能齐备、服务方便的公共文化服务体系。一是广泛深入开展基层文化活动，评出了巴马县等 6 个自治区级文化先进县、武鸣县锣圩镇板新村潘立德等 100 户小康文化示范户和横县校椅临江壮歌剧团等 40 个优秀村（屯）文艺队；在参加全国"四进社区"文艺展演中，有 4 个节目分获金、银、铜奖，有 5 个社区和 3 位个人分获全国文化先进社区和优秀辅导员称号；举办了第三届广西社区文化艺术节。二是完成文化信息资源共享工程 150 个基层中心的建点任务，新增数据 4.6 万条、图片 2.2 万幅、视频 124 个，新增资源总量 108.12GB。三是举办《广西壮族自治区民族民间传统文化保护条例》暨广西非物质文化遗产保护工作宣传活动周，组织开展非物质文化遗产代表作名录体系建设工作，申报国家非物质文化遗产代表作第一批 32 个项目。四是开展"同在蓝天下，情系农民工"文化服务年活动。南宁市文化局等单位举办农民工文化艺术节；全面加强未成年人文化服务工作。五是继续开展知识工程和边疆文化长廊建设，开展送戏、送图书、送电影、送文化知识等下乡活动。

2. 加强了文物博物生态保护及建设

坚持“保护为主，抢救第一，合理利用，加强管理”的方针，文物抢救保护和文博建设的各项基础性业务工作得到进一步加强，促进了文物保护与开发利用的协调发展。宁明花山岩画抢救性科学保护方案等各项工作顺利进行，自治区人民政府重新审定并公布了花山岩画新的保护范围和建设控制地带；兴安灵渠大天平、钦州冯子材旧居、昆仑关战役遗址等 15 个国家、自治区重点文物保护单位的维修工作顺利推进，其中有 10 个已竣工；配合基本建设进行的桂林至梧州高速公路有关地段、柳州红花水电站水淹区、合浦县炮竹厂及百色高速公路的建设用地考古发掘顺利完成，出土文物近 3000 件；完成了龙州县法国龙州领事馆旧址、梧州市中山纪念堂、靖西县旧州壮族生态博物馆展示中心等单位安全消防设施的建设修缮工作；加大了对红色旅游经典景区中涉及文物保护单位及博物馆馆舍、陈列展览改造的投入，2000 万元的投入使八路军桂林办事处纪念馆、百色起义纪念馆馆舍及基本陈列获得高水准的提升，以柳州、桂林两市博物馆为代表的标准化改造和建设顺利推进。

百色盆地考古发掘研究成果震惊中外，独特丰厚，涌现出的一批文物和非物质文化遗产保护项目进入全国先进行列。百色革新桥遗址发掘成果被评为 2002 年“全国十大考古新发现”之一，并与桂林甑皮岩遗址一起分获当年国家文物局田野考古二、三等奖（一等奖缺）；百色旧石器的发掘研究成果被国家科技部评为 2000 年“中国基础科学研究十大新闻”之一；百色手斧等两面石器工具经多国权威文物专家确认，其产生与使用时代距今已 80.3 万年。这一结论，从根本上颠覆了国际考古界流行多年的“东方文化滞后论”即“莫氏线”理论关于东方早期人类文化远远落后于西方的结论；百色起义纪念馆展出的“百色风雷展”获“全国十大陈列展览精品”，百色右江工农民主政府旧址被评为“全国爱国主义教育基地”。同时，“广西红水河流域铜鼓艺术”被列为全国首批民族民间保护工程 10 个试点项目之一；灌阳县和灵川县大圩镇分别被评为“全国文物工作先进县”和“中国历史文化名镇”。《广西壮族自治区民族民间传统文化保护条例》的颁布实施，使我区成为全国第一个出台该条例的自治区。

民族生态博物馆建设“1＋10 工程”的实施崭露头角，独显特色，催生了一批基层生态博物馆，深受国内外有关专家的赞誉。已建成投入使用的南丹白裤瑶、三江侗族、靖西壮族 3 个民族生态博物馆以及正在建设中的 7 个民族生态博物馆和广西民族博物馆一起，构成了独具广西特色“1＋10”民族生态博物馆群的文化品牌，引起了国内外有关专家的关注和兴趣。

3．**强化了文化产业发展及文化市场管理**

大型山水实景演出《印象·刘三姐》继续以良好的效益和轰动的效应引人瞩目，获文化部首届创新奖；文化产业品牌项目建设不断推进，公布了全区 9 个文化产业示范基地，推出了《鼓楼大乐》、《阳朔西街》和《龙脊》等演出项目，策划了“首府第一村”、“走进花山”、“梦幻东南亚”、“老南宁”、“中国孩子”、“百里柳江百里舞台”等一批重点产业项目；加紧筹建和在建广西民族文化博览园、广西奇观、花山壮文化生态保护区、桂林戏剧主题公园等大型产业项目。民营文化产业发展迅速，城市影业票房收入增长较快。

一手抓繁荣发展，一手抓管理，以管理促繁荣，文化产业及市场保持快速发展的良好势头。一是宣传贯彻国务院新颁布的《营业性演出管理条例》，加强对演出市场的扶持、规范和监督。二是加大网吧专项整治力度，制定自治区网吧布局规划方案，推进绿色网吧、商务网吧和公益网吧的发展，“广西电信绿色动力网吧联盟南宁傲世网络”等 4 家网吧获全国示范网吧称号。三是大力扶持、发展正版音像超市和正版音像连锁经营。四是严格对电子游戏娱乐场所的管理，查处有奖游戏、赌博游戏等多家非法电子游戏经营活动场所，为未成年人营造良好的文化氛围。

由于加强了文化管理，近五年来共有 4 个县(市)被评为全国文化先进县，有 5 个乡镇被评为全国民间艺术之乡，有 10 个社区被评为全国先进社区，有 2 个基层网点获评全国文化信息资源共享工程基层中心建设先进单位，有 4 个广场被评为全国特色文化广场，广西文化市场管理办公室等部门单位被评为全国文化市场管理先进单位和全国扫黄打非行动先进单位等等。这些成绩，集中反映了广西基层文化建设在全国文化发展格局中的地位。

4. 加大了文化人才培养力度

按照《2002—2005 年广西文化艺术人才培养计划》，制订和完善了《2005 年文化艺术人才培养工作计划》。加大机关公务员培训力度，承办了自治区厅级领导干部教育文化专题研讨班，组织厅机关干部参加普通话水平测试及公共管理(MPA)课程培训。全区全年举办艺术、群文、图书、文博、文化产业、文化市场管理等专业骨干培训班和财务、人事、纪检业务培训班以及处以上领导干部理论研讨班。出台《广西文化厅关于建设区直文化系统文化艺术人才小高地的意见》和《广西文化厅关于建设区直文化系统文化艺术人才小高地的实施办法》，首批评选出广西自然博物馆"生命演化科学"、广西民族博物馆"生态博物馆研究"和广西彩调剧团"彩调艺术人才"等 3 个文化艺术人才小高地。推荐 7 个项目参加全国艺术科学"十五"规划 2005 年度课题全国评审。

5. 加强了对外文化交流

配合国家整体外交大局，围绕自治区党委、政府的中心工作，继续实施广西民族文化走出去的战略，打造广西对外文化交流品牌，展示广西新形象，充分发挥文化在对外开放交流中的独特作用。全年开展对外文化交流 24 起 697 人次，涉及 22 个国家和地区。组织广西艺术团随广西政府代表团赴马来西亚、印度尼西亚、越南等国演出，反响强烈；由我厅组建的广西艺术团进行的"港澳广西周"演出，南宁市艺术剧院随广西及南宁商贸代表团参加的日本爱知县中国月、广西周、南宁日的活动，广西交响乐团赴新加坡合作演出的音乐剧《鬼马家族》，广西杂技团赴韩国 20 多个城市举办的近 200 场商演，2005 中国南宁韩国电影周等等，均取得了圆满成功。广西民族文化考察团出访柬埔寨、越南进行文化交流，有关吴哥实景演出项目的洽谈和商务考察活动，取得了初步意向，达成了共识。

6．进行了文化体制改革创新

转变职能，调整结构，推进事业单位内部机制改革，推动中介机构的发展，深化以人事制度为中心的三项制度改革效果明显。全区文化系统各单位走向市场能力不断增强，产业化运作力度加大，文化资源优化配置水平逐步提高。目标管理责任制、政务事务公开实施良好，重新清理核定了厅属事业单位的编制，完成广西艺术学校与广西文化艺术干部学校在体制上整合的前期准备工作。推进直属剧团的经费拨款改革，在总结2004年经费拨款改革试行办法的基础上，与自治区财政厅联合下发《广西文化厅直属艺术表演团体经营性演出效益奖励办法》，对区直剧团的演出场次及经济效益指标作了量化规定，提高了剧团适应市场、提高效益的积极性。

三、建设广西和谐文化的思考

1．建设广西和谐文化发展的基本理念

坚持为人民大众服务的文化思想，文化属于人民，构建人民大众的和谐文化。文化的力量，深深熔铸在民族的生命力、创造力和凝聚力之中，是团结人民、推动发展的精神支撑。为广大的人民群众服务是党的宗旨，不断满足人民群众日益增长的精神文化需求，是中国共产党的一贯文化思想。在新的形势下，特别要注重以人为本，把保护好、实现好、发展好人民群众的基本文化权益放在突出位置，要建设公共文化服务体系、促进城乡区域间文化和谐发展、建立农村文化建设的长效机制，特别是要维护低收入和特殊群体的基本文化权益等关系人民群众尤其是基层群众精神文化生活的各项工作。加强村镇文化、社区文化、企业文化、校园文化、军营文化、家庭文化建设。实施“国民艺术教育推进工程”，推动文学、戏剧、音乐、舞蹈、曲艺、雕塑、绘画、工艺品、风俗、技艺等到农村、到工厂、到军营。

坚持弘扬民族文化传统，吸收和借鉴各民族和谐文化成果，营造和谐的社会风气。广西是一个多民族的省份，加强和促进各民族和谐，是

建设好广西的关键。要积极推进民族文化与地区经济、科技融合发展，大力提高广西民族文化自主创新能力。民族文化也要适应当代生活，体现时代发展的特点，与现代精神文明创建活动相结合，要坚持不懈地抓好移风易俗，创新形式，丰富内容，挖掘、改造和发展富有浓郁民族特色的民间传统节庆内容、风俗、礼仪，维护和谐的民族文化的基本元素。重视优秀的传统民族文化的教育和传统经典、技艺的传承。在社会教育中，广泛开展尊老爱幼、尊师重教、拥军爱民等优秀传统以及民族传习传统技艺等和谐文化的普及活动，努力提高全体人民的人文素养，树立文明和谐的社会风气。

坚持以东盟博览会为契机，提升广西文化产品的影响力和竞争力，积极推动广西文化面向世界、走向世界，创造一个和谐的外部环境。积极组织、举办高水平文化交流活动，增进世界对广西的了解。重视文化领域的多层次互访，加强友好城市间的文化交流，主动开展对外文化合作。做好中外互办文化节、艺术周、文物展等工作。发挥多元载体的文化传播作用。借助国外著名的电影节、电视节、艺术节、书展、博览会等平台，积极推介广西文化产品和服务。精心选择参与单位及文化产品，认真组织代表广西、国家水平的参展、参演团队，展现广西整体文化实力和形象。拓展民间交流合作领域，鼓励人民团体、民间组织、民营企业和个人从事对外文化交流。扩大商业性展演、展映和文化产品销售。加强哲学社会科学领域的国际交流，扩大广西哲学社会科学研究在世界的影响。

坚持加强高校人才培养和学科建设，充分发挥高等学校在建设先进文化、培养文化人才中的重要作用，为和谐文化提供智力支持。高等学校要全面推进素质教育，以培养学生的社会责任感、创新精神和实践能力为重点，深化教学改革，加强学科建设，提高教学质量，全面提升学生的文化素质。鼓励有条件的高等学校整合相关学科资源，面向社会，集中开展文化事业、文化产业重大理论和现实问题研究，为和谐文化建设服务。鼓励文化单位与高等学校合作举办高级研修班、培训班，培养高素质的专业技术文化人才、文化经营管理人才。充分发挥市场在人才资源配置中的基础性作用，建立和完善在相应社会保障条件下的人才流动机制，引导文化人才合理、有序流动，把优秀人才聚集到文化建设中来。

2. **建设广西和谐文化发展的基本思路及要求**

(1)必须坚持以人为本，以提高人的思想道德素质为旨归。建设和谐文化，要从人民的根本利益出发，充分尊重人的文化权，维护和发展广大人民群众建设文化、享受文化的权利。有关文化发展的事，要符合广大人民的根本利益，体现人民的意愿和要求，为人民所喜闻乐见，惠及全体人民。要正确处理文化建设中的"普及与提高"的关系、"精英文化与大众文化"的关系、"民族文化与外来文化"的关系、"传统文化与时尚文化"的关系、"雅文化与俗文化"的关系，使之各显其能，各得其所，惠及全社会。要坚持文化为人民服务，为社会主义服务的方向和"百花齐放，百家争鸣"的方针，繁荣社会主义和谐文化。要大力发展科学的、民族的和大众的文化，同时积极抓好文化精品生产，使之既满足人民大众的文化需求，又满足其他阶层群体的高层次文化需求，并引领先进文化前进的方向。要把弘扬传统文化与发展现代文化结合起来，构建起中国特色社会主义和谐文化的大厦。要丰富和谐文化的内容，创新和谐文化的实现形式，不断提高和谐文化的亲和力，增强和谐文化的渗透力，使和谐文化在构建社会主义和谐社会中充分发挥统一思想，凝聚人心，增进广西各民族团结的有力思想保证和巨大精神支撑作用。

(2)应尽力满足人民大众的文化需要，并注意引导和提升人民大众的审美情趣。在文化全球化，文化产业高度市场化的同时，普通民众的文化需求日益成为市场的主导力量。"大众性"是中国特色社会主义文化各个组成部分共同拥有的特征，不仅大众文化如此，精英文化和主导文化也应如此。文化的大众化不等同于庸俗化和物质化，我们应该致力于构建的是具有某种全面性和广泛的代表性的，大众喜闻乐见的、流行于大众之中，对人民身心健康有益的人民大众文化。审美情趣的培养是文化功能的重要组成部分，审美情趣与文化指向保持一致，人民大众的文化的形成过程，包含了大众审美情趣的形成。文化的品位决定了审美的趣向，而艺术最基本的文化功能是帮助人们提高觉悟和增强意识，审美水平的提高也就成为文化素质的提升。现今一些中外大众传播媒介所传播的文化，内容庸俗且脱离大众的日常生活，某些广告把艺术和审美变成一种包装，剥夺了人们的真实体验，使人的文化素质越来越低。我们在完善文化基础设施建设、丰富文化市场的同时，应注意发展社会主义先进文化，支持健康有益文化，注意审美活动所需要的“大众交流”，努力改造落后文化，坚决抵制腐朽文化。我们应以先进文化为导向，引导和提升人民大众的审美情趣，让大众文化、精英文化和主导文化相互渗透、面向大众，使人民在对文化进行消费的同时得以内化，这样整体的大众文化素质也将得以提升。

(3)教育事业与教育产业两手抓。通过加强科教文化教育，提升广西人民文化水平，培养好文化人才。坚决贯彻落实九年义务教育，加大对教育事业的各方面投入，大力发展教育事业。尽管现在对教育产业概念多有批判，但教育具有一定程度的产业属性是一个客观存在的事实。广西的高等教育和基础教育在全国范围内处于相对落后的状态，广西的经济实力也难以在短时期内改变这种局面，因此，制定科学合理的民办教育政策应该是发展广西教育的一个重要途径。其中，应注意充分开发利用广西的教育资源和人文环境。比如开发利用具有本地特色的文学、艺术教育资源。广西有一批非常有才华、在全国有一定知名度的小说家和文学评论家，如获得了中国戏剧界最重要的诸种奖项并以策划制作人的身份策划制作了影响巨大的大型山水实景演出《印象·刘三姐》的小说家梅帅元，荣获鲁迅文学奖身兼小说家和编剧双职的东西，张艺谋电影《幸福时光》、《英雄》、《十面埋伏》的编剧鬼子和李冯，近年来影响很大的两部中国电影《寻枪》和《理发师》的原创编剧、小说家凡一平，全国音乐奖的歌曲的歌词作者——小说家蓝怀昌、散文家潘琦等等。基于文学的基础性、辐射力和渗透力，大力发展广西文学教育必然能够拉动广西文化产业的整体提升。桂林有中国最好的山水画写生资源，也有源远流长的中国山水画传统，民间就曾有因受山水吸引，全国各地的画家和艺术爱好者聚居于桂林小镇周围，形成的“画家村”。广西有丰富的音乐资源，也有一批非常有实力、在全国有一定知名度的作曲家和作词家。但艺术同时也非常强调个性价值。文学艺术家、文学艺术理论、文艺鉴赏与文艺批评、艺术流派、文学艺术市场、文学艺术教育诸种因素需要有机的整合。广西可因地制宜,借国际汉语热的天时,利用广西的美丽山水又有特色的生活方式吸引外国留学生学习中国文化,通过具有感召力的生活方式,发展广西的留学生教育。尤其可以以整个桂林山水文化作为中国文化的物化形态的一种范本,让桂林的留学教育资源得到新的开发和利用。另外,还应注意面向大众,结合广西特色,加强有民族特色的文化人才培育以及相关文化产业涉及的职业教育培训。综上所述,广西应该充分研究现代学校的理念和模式及合理发展区内各相关院校,将广西的教育资源最大限度地开发和利用,全面提高人民文化水平。在思考文化教育产业的发展问题时,也应该高度重视创意人才,重视有文学艺术创新能力的人才,重视有战略思考能力的人才。建立、健全文化人才培养、选拔、引进和激励机制,形成良好的创业环境,聚集大批素质高、竞争力强的文化行政人才、文化经营人才和文化专业人才,培养和造就一大批文化名人和文化企业家,为建设文化广西提供强有力的人才保障。

(4)发展文化事业与文化产业并举。广西属于较不发达地区,多年来为广西人民群众所乐于和便于参与的文化形式并不丰富,全区各地的文化事业建设也良莠不齐。随着经济、社会的发展,广西文化领域也发生了重大变化,单纯的政府办文化、以教育为目的的公益性文化,已经发展成为与娱乐消费为目的的商业文化并存的新局面。文化是产业发展的前提,良好产业的形成又将推动文化的发展。我们应转变观念,开阔文化视野,从思想上形成一种文化事业与文化产业并举的观念,正确处理文化产品的意识形态属性和商品属性、经济效益与社会效益的关系,大力发展文化事业和文化产业,满足广西人民日益增长的文化需要。因此,要深化文化体制改革,创新文化管理体制,推进政府管理职能转变,加快文化体制改革和文化单位转企改制,促进文化企事业单位内部机制创新,鼓励和支持社会力量参与文化建设和文化产业经营,大力扶持、发展民营文化企业,打破地区、行业、所有制界限,除了国家明令禁止社会力量进入的文化领域外,全面向社会资本开放,拓宽文化产业资本投资渠道，提高文化产业的市场化能力。要进一步落实现行捐赠政策，鼓励企事业单位、个人与社会力量捐助公益性文化事业，壮大文化发展基金，集中一定财力发展公益文化事业和文化产业。我们必须在全区范围内整合文化资源，提高文化产业的资源转化能力和创新能力，抢占文化市场。此外，还应注意对文化进行资本化运营。当前，我们的文化市场基本上还处于封闭或半封闭状态，缺少市场化的动力，缺乏参与市场竞争的动力。因此必须深化文化领域体制改革，转换机制，进一步完善文化企事业单位的微观运行机制，努力形成文化与经济社会良性互动的发展格局。为此，必须树立起全新的文化经济观念。既要采取有力措施加强对文化意识形态的管理，又要加强对文化与经济的相互渗透，使文化成为国民经济持续发展的新的增长点。积极开发具有国际国内影响力的文化品牌并形成品牌链，实现与两大市场两种资源的整体战略对接。充分挖掘和开发广西的文化资源，建立健全文化产品生产创新机制，鼓励和支持国有或国有控股文化企业开发拥有自主知识产权、市场占有率高的原创性产品，打造具有核心竞争力的强势文化品牌。

(5)提倡文化共生理念，建设和谐的生态文化体系。切实加强生态文化建设，在全社会确立和弘扬人与自然和谐相处的生态价值观、生态伦理观和环境道德观。围绕建设资源节约型和环境友好型社会，在全社会广泛开展人口资源环境国情区情教育和生态科普教育，深入开展文明城市创建以及绿色学校、社区、家庭和环境友好企业等“绿色系列”创建活动，引导全社会树立人口资源环境意识和可持续发展意识，倡导有利于资源节约、环境保护的绿色生产、绿色消费，形成体现现代文明的生产、生活方式，强化企业和全社会节约资源、保护环境的责任。积极开发体现广西自然山水、民族、人文特色和普及生态知识、倡导生态文明的文化产品，做大做强生态文化产业，建设一批生态文化设施及科普教育基地，丰富精神文明建设内涵。

注意保护有广西特色的人民文化。文化的多样性表现为人类精神创造性的不同表达，其价值和意义是无比巨大的。类似于生物多样性，文化的多样性可以帮助人们适应世界有限的环境资源，并可启迪人们的思想、储存各方面知识和经验，它是文化创新和社会变革的力量源泉。广西各少数民族之间的关系十分和谐，是全国各少数民族地区中少有的从未出现民族分裂和民族冲突事件或倾向的地区。八桂大地无疑是一块民族多元文化和谐共生的乐土，应以自身为品牌，继续发扬文化共生理念，维护各民族不同的文化特性，鼓励各民族发展其特有的文化模式，使各种文化和平、创造性地共存。注意保护和弘扬民族文化有助于各民族文化间的相互理解和沟通，而有了广泛的文化认同，自然有助于推进西部大开发战略，帮助广西各民族以最低的社会文化代价建立社会主义市场经济体制。保护和开发广西特色民族传统文化还可以为西部经济发展探索一条新道路。我们应继续保持广西民族地方戏剧和民族舞蹈音乐等在全国的领先地位，继续推出一批展示时代风貌、体现广西特色、具有国家级水平的经得起市场和时间检验的文艺精品。另外，把旅游业与民族文化资源结合是目前我区许多景区丰富自身文化内涵的做法，形成了人文经济结合的可持续发展道路，十分值得推广。

(6)增强自主创新能力，鼓励人民大众进行文化创新。党的十六届五中全会明确提出，要把增强自主创新能力作为国家战略，致力于建设创新型国家。党中央、国务院把增强自主创新能力作为提高国家竞争力的核心予以高度重视，自主创新成为最近以来从国家高层到整个社会舆论的关键词。增强自主创新能力，从文化建设层面来说，就是要从提高文化竞争力和增强文化综合实力出发，注重加强文化原创力、集成创新能力和吸收借鉴再创新能力。

增强自主创新能力应注重发掘文化原创潜力，鼓励人民大众发挥个人与集体的力量进行文化创新。与此同时，还应探索以资源整合、强强联姻为方式的加快文化发展新路子。例如，大型山水实景演出《印象·刘三姐》便是将广西民族艺术经典《刘三姐》与桂林山水风光旅游资源和中国顶级艺术大师张艺谋的创作结合起来，实现多种要素文化资源的有效整合，已成为广西一个原创文化品牌。享誉中外的南宁国际民歌艺术节、民族音画歌舞剧《八桂大歌》都是文化原创与资源整合的典范。这种充分挖掘文化原创品牌潜力进行资源整合的强强联姻，为实现广西文化又好又快发展提供了全新的途径。

(7)构建完善的公共文化服务体系。应该保障每一位公民的基本文化权益,满足广西人民日益增长的精神文化需求,为此,必须构建完善的公共文化服务体系。应逐步形成政府主导、社会参与、群众自主运作、共建共享的公共文化服务机制,力争实现结构合理、发展平衡、网络健全、运营高效、面向大众、服务优质、覆盖全社会的公共文化服务体系。应丰富社会文化服务内容,完善群众文化活动机制。尤其是对于未成年人、老年人和进城务工人员等文化消费支出能力低但文化需求较多的群体,应建立相关政策,加大对他们的文化服务力度。还应注意加强公共文化服务形式创新,建立固定和流动文化设施相结合的公共文化网络,建立覆盖城乡的公共文化设施网络,提高公共图书馆文献信息服务能力和数字化水平。此外还应巩固和壮大素质优良的专业与业余结合的基层文化队伍,搞活文化馆、文化站的阵地文化活动,搞好文化下乡,切实抓好面向农村为广大农民提供精神动力和智力支持的文化活动,为广西社会主义新农村建设添砖加瓦。

第四节 充分利用资源,打造世界性文化产业新品牌

在全球语境下,文化产业化所建构的"软实力"及其发展前景越来越为许多国家和地区所看重。因而,如何以文化体制改革为契机,迅速建构以高科技含量和文化附加值为核心竞争力的文化产业主体及其集群,在国内、国际两个市场推出经由高科技和民族意味的文化符号包装的文化产品,提升文化竞争力和在全球文化互动语境中重构国家文化形象,制定国家文化发展战略时把文化产业发展战略提到适当高度,已到时不

我待的峻急时刻。

发展广西文化产业要抓住机遇，进一步解放思想，学习国内、国际文化产业发展的经验，利用广西丰富的资源优势，挖掘潜力，树立广西新形象，打造世界性的文化产业新品牌。

一、全球化背景下的广西文化产业

文化作为一种产业是现代工业社会的产物，是科技进步和社会生产力发展的结果。资本的全球化和高科技的发展为文化产业发展提供了资本运营和技术的基础，出版、新闻、影视、教育、信息技术、现代传媒等现代服务行业为文化找到了相应的新兴的物质和行为的载体。这些载体通过规模化的运营，进入市场营销体系，以丰富多彩的商品和消费行为方式提供给大众进行消费，形成了文化产业。

从本质上来讲，文化产业同其他产业一样，都要提供可交换的商品和劳务，但其生产制作性质和程序是不同的，无论在规模、质量、数量上，还是在知识、科技含量和附加值的比重上，都是过去农耕社会或计划经济时代任何生产所不能比拟的。

文化产业已经成为当今世界十分引人注目的新兴产业。在发达国家，文化产业不仅在发展速度上超过传统产业，而且在产业规模和财富创造能力上也日益显示出强劲的增长实力，成为其不断扩张对外贸易的主导产业和国民经济与社会发展的重要支柱。因此，文化产业的发展出现全球文化资源的大整合趋势：社会资本与国际资本将多渠道、多形式地进入文化产业的各个区域；能适应多种产业融合需求的文化资本营运人才、系统数字艺术软件开发人才和媒体产业经营管理人才，将成为各类文化产业集团、文化投资集团争夺的焦点；发达国家文化企业已经着手进行大规模的经营模式的整合，目前在美国、法国、日本等国，每年60%～70%的广告费用就被控制在几家全球化的跨国广告集团手中。美国在线—时代华纳公司等世界九大巨型跨国传媒集团，已经实现了广播、电影、电视、图书报刊、音像制品、在线—卫星网络、音乐、娱乐、体育、网上服务等商贸一体化的多媒体经营。在它们的引导下，全球50家大的媒体娱乐公司占据了当今世界上95%的文化市场。

面对扑面而来的全球化大潮，我国政府进行了文化发展战略的适应性调整，从政策和管理层面对原有的文化资源、文化权力结构进行调节和重组，推动传统文化产业改造，优化人力资源、资本技术结构，同时，实行“引进来”与“走出去”并举的战略。最近几年来，全国不少地区都在探索自己的文化产业发展特色之路。上海的路子是“集约化经营，规模化发展，集中力量办大事”；北京的路子是“民营国有同台竞争，多元主体优势互补”；深圳的路子是“文化资源和企业资本结合，可持续发展和制度创新互动”；云南的路子是“科学合理保护开发民族文化资源，大力发展民族文化产业，建设民族文化大省”。实践证明，没有特色文化，必然缺乏内在的创造力和拓展空间；没有特色的文化产业，很难在经济全球化的背景下生存和发展。

广西的文化产业，进入“十五”时期后，文化管理部门坚持思想观念、机制与体制、管理方式与运作方式等多方面的创新，促成了广西文化产业由零起步到快速增长。到2005年末，已经形成了艺术表演（含表演场馆）业、图书馆业、群众文化业、艺术教育业、文化经纪与代理业、文物和文化保护（含博物馆）业、电影发行放映业、文化娱乐业、音像制品销售及文化市场管理业、文化科研与艺术创作及其他文化产业等10个运作规范、效益明显、数据完备的行业，工艺美术品制造与销售业、文化节庆业和文化旅游业也在初步形成之中。特别是文化系统在抓文化产业的精品工程和重大品牌项目上，取得了突出的成绩。

南宁国际民歌艺术节到2006年连续举办了8届，成为广西的品牌，成为广西向世界展示自己的一张亮丽名片。桂林“刘三姐歌圩”将桂林漓江山水风光、《刘三姐》艺术品牌、艺术大师张艺谋进行强强组合，打造成广西文化产业精品，该项目的重点工程——大型山水实景演出《印象·刘三姐》创造了良好效益，被选入中国文化产业十大经典案例。桂林“刘三姐歌圩”和桂林愚自乐园两个项目被国家文化部确定为国家文化产业示范基地。

在新的形势下,如何发展广西文化产业,自治区党委和人民政府进一步制定了新的文化发展规划,指出要创新文化发展理念,将文化产业发展成为广西新的经济增长点和支柱产业,形成以公有制为主体、多种所有制共同发展的文化产业格局。总体发展思路为:以文化体制改革为动力,以艺术表演业为产业核心,以打造品牌项目为重点,优先发展本体产业、积极扩张延伸产业、努力寻找合作产业,国有民营共进,把广西文化产业建成广西的支柱产业,为广大人民群众提供更多更好的精神文化产品。

二、深化文化体制改革,促进广西文化产业发展

1. 广西文化体制改革为文化产业发展提供了强有力的指导和措施

2002 年,自治区文化厅、广播电视局和新闻出版局等部门及其直属的文化单位,参照文化部直属事业单位深化改革的有关精神,借鉴国家图书馆和一些兄弟省(区)的改革经验,有针对性地对广西图书馆、广西艺术学校、广西歌舞团、广西演出公司、广西电影公司和广西文化物资供应公司 6 个单位进行了以人事制度改革为重点的内部改革试点工作,探索了广西文化产业改革的路子。2003 年,自治区文化厅认真学习文化部关于发展文化产业的意见,结合广西实际情况出台了《自治区文化厅关于加快发展广西文化产业的若干意见》,强调要深化国有文化企事业单位的体制改革,把政企分开,建立现代企业制度作为改革的目标。2004 年 4 月,作为广西新闻出版业的第一个集团的广西新华书店集团成立;6 月,广西广播电视信息网络有限公司成立。到 2005 年末,形成了艺术表演业等 10 个门类齐全的文化产业,出现了一批具有潜力的龙头企业,打造了一批在国内外有影响的文化产业的品牌。如中国—东盟博览会、南宁国际民歌艺术节、大型山水实景演出《印象·刘三姐》、广西师范大学出版社、接力出版社、海外星云杂志社、乐满地主题公园等。

2005 年 6 月,在自治区党委八届六次全会上,分析了广西与发达国

家、与先进省(区)相比存在的差距,指出大力发展文化产业,是实践“三个代表”重要思想、满足人民群众日益增长的精神文化需求的迫切需要,是落实科学发展观、构建和谐广西的必然要求。2006年,在深入学习《中共中央、国务院关于深化文化体制改革的若干意见》精神,全面调研的基础上,广西区党委、人民政府提出了《关于贯彻〈中共中央、国务院关于深化文化体制改革的若干意见〉的意见》(征求意见稿),指出要根据广西深化文化体制改革的总体要求和目标任务,扎实稳步地推进文化体制改革。在重点抓好的几方面工作中提到,要大力推进文化事业单位改革,将国家重点扶持以外的其他艺术院团,出版单位和文化、艺术、生活、科普类等报刊社,以及新华书店、电影制片厂、影剧院、影视剧制作单位和文化经营中介机构等,逐步转制为企业。新闻媒体中的广告、印刷、发行、传输网络部分,以及影视剧等节目制作与销售部门,可从事业体制中剥离出来,转制为企业,进行市场运作,为主业服务。进一步提出要深化文化企业改革:加快推进国有文化企业改革;推进文化产业结构的调整;努力提高文化产业规模化、集约化、专业化水平;大力培育和发展外向型文化企业。切实加快文化领域结构调整:合理配置文化资源;调整文化领域所有制结构;优化产业区域布局;推进文化产业升级;等等。广西文化体制的改革,为文化产业的发展提出了许多强有力的指导和切实可行的措施。

2. 加强对文化产业的管理,使广西文化产业健康蓬勃发展

体制的改革,目的是要进行有效的管理。人们进行管理活动,又是为了实现一定的目标。在“十一五”计划中,广西根据新形势的要求制定出广西文化产业发展的目标和任务,而如何实现这个目标和任务是问题的关键。只有加强对文化产业的科学管理,才能使广西文化产业健康蓬勃地发展。

文化产业的目标管理包含了两个方面:一是在生产上讲求效益最大化,以尽可能少的投入获取尽可能大的产出;二是通过文化产业健康有序的发展,推动社会主义精神文明建设上新台阶。因此,社会主义的文化产业管理必须包括政府的行政管理、社会的监督管理和产业的自身管理几个方面。

(1)政府的行政管理是保证文化产业有序发展的重要环节。行政管理主要是从政策的调节入手。从大文化的范畴上讲,文化厅、广电局、教育厅、信息产业厅、新闻出版局、旅游局等行政部门都是相关行业的行政管理机关,这些部门制定和组织发展规划、产业政策、市场运作政策等。政府应通过文化发展战略的适应性调整,从政策和管理层面对原有的文化资源、文化权力结构进行调节与重组,推动传统文化产业改造,优化人力资源、资本和技术结构,同时,实行“引进来”与“走出去”并举的战略。政府要有意识地采取相应政策,使文化发展与广西的经济建设同步,要制定好政策引导市场、引导文化企业的发展。

此外,文化市场的管理还涉及工商管理部门、财政税务部门和公安执法部门。文化市场出现的某些问题通过政府的有机协调,才可以得到一定程度的消解。政府要制定好市场的游戏规则,建立符合市场经济规律的文化产业投融资体制,实现投资主体多元化,广泛吸纳民营企业家经营文化企业和文化产品,促进文化资本的自由流动,加强市场监督,加强知识产权的保护工作。

同时,政府的行政管理要坚持以人为本、服务于人民的管理思想。政府的权力来自人民,人民将权力授予政府是为了让政府更好地为人民服务,保护人民的合法权益。因此,政府在产业发展的过程中可以提供协调、技术设施以及信息方面的公共服务。

总之,政府要注意深入实际,深入行业,倾听企业的呼声,为企业办实事,特别是要加快建立健全各种应急机制,提高政府应对各种突发事件的能力,建设公共设施,提高公共服务水平等,使政府对文化产业的行政管理走向制度化、规范化和法制化。

(2)社会的监督管理是激励文化产业规范发展的重要手段。社会的监督管理有舆论监督和群众监督两方面。由于文化产业发展牵涉到广大人民群众及社会公众的利益,随着政府公共事务管理越来越透明,舆论监督力量越来越强大,政府部门、政府官员违法违纪或管理失误将会受到新闻媒体和社会公众的批评、指责。报纸、刊物、电视、广播等传媒对文化产业进行的监督也激励着文化产业的健康发展。

群众监督是人民群众当家作主管理国家事务的一种重要形式。群众监督的方式很多，主要有直接向企业或行业提出询问、要求、批评、建议，也可以向有关政府机关提出申诉、控告或检举、来信来访等。近年来，人们对部分娱乐传媒业的低俗娱乐炒作现象和部分地区旅游业突出问题进行批评或开展民主评议行风活动，促使一些企业和行业整顿和规范市场秩序，就收到了很好的效果。

(3)文化产业的自身管理是文化产业健康稳定发展的核心管理力量。它包括个人管理、团队管理和产业管理三个层面。个人管理是指管理者对自我的认识、发挥和规划。认识包括个人的智力、情绪和性格。一个有较高自我认识的人，不仅能够合理有效地安排各项人生任务，而且在客观理解他人、摆正自己与他人之间位置等方面也有着优势，会在自身与环境、主观与客观等方面都能实现基本条件的最佳利用，从而大大提高成功的几率。个人管理还要求管理者正确地评估自己，以高度的社会责任感和自信心，充分发挥自己的潜能。在充分发挥自己潜能的同时要注意对自己的职业或事业进行规划，制定有效的行动措施，以保证事业的顺利和成功发展。

当今，事业的发展，团队的协作尤其重要。团队的管理在企业中表现为一个企业的文化，一种精神和制度，它是增强企业凝聚力，共同完成目标任务的保证。作为团队的管理者，最重要的任务是善于运用员工的长处，把合适的人放在合适的岗位上，为共同完成目标任务发挥每个人的特长，在一定的工作流程中产生协同效应。文化产业自身做的就是文化产品，企业的文化就表现得更加重要。在企业的文化产品中，社会责任感、企业形象和市场营销等各个环节都被赋予了浓厚的人文关怀和文化情愫，在更大范围内将其凝聚的文化追求和人文精神延伸到整个社会，是消费者选择并认同文化企业品牌的一个重要因素。

产业管理指的是产业内部的经营管理，包括组织、财务、计划、艺术生产、营销、服务、复合和联合经营、人事管理和人才培训、现代科学理论和技术的应用等各个环节。

3. 学习国内文化产业管理的代表模式

北京模式:北京是我国政治、经济、文化的中心,在文化产业的管理上有其独到的方法。北京的政府部门共同参与管理,但权责明晰,管理宏观,从“办”文化到“管理”文化,从管行业文化到管社会大文化,加强了对文化产业的服务工作。

申城模式:上海一直有较为发达的文化企业。在出版、影视、演出、艺术品经营、网络游戏等方面都有较强的发展。他们注意高新技术和文化产业的融合,借鉴日本、韩国发展游戏业的经验,支持科学研究,进行产业化推广,使上海逐步发展成为中国最有优势的网络游戏开发、制作和生产基地之一。

云南模式:云南省近几年的文化产业发展超乎人们的想象,将“云南现象”升格为“云南模式”,探索出了一条西部地区文化产业发展的新路子。2003 年,云南提出文化体制改革和文化产业发展相统一的思想,将文化的意识形态属性和它的商品产品属性分开,同时明确文化可以作为产业来发展,提出发展文化产业,繁荣民族文化,建设文化大省的任务。从 2004 年开始,云南大部分文艺创作都将纳入项目化运作的范围中,以项目管理的方式来培育其成长,通过项目运作来推动文化产业的发展。2004 年申报文化产业项目 515 个,总投资 778 亿元,总融资 640 亿元。政府投入少数的启动资金来引导、筛选和开展策划分析与推荐工作,营造良好的市场环境吸引投资商包装制作。2005 年 12 月举办西部文化产业博览会,跟东部沿海地区、西部其他地区以及国外的投资公司,签订关于云南文化产业开发项目资金达 157 个亿。如今,云南已基本形成了以旅游业为龙头,以广播影视、新闻出版、文艺演出、文化娱乐、体育、会展和乡村特色文化为骨干的多层次的文化产业及文化市场。

西部地区经济发展水平相对较低,只有顺应经济文化一体化的历史潮流,利用资源优势,把文化产业培育成新的经济增长点,才能谋求地区经济社会的超常规发展,走出一条独特的发展道路。他们有以下几个方面的做法值得借鉴:

一是政府的引导和支持。要把文化产业培育为新的支柱产业,离不开政府的引导和支持。尤其在市场机制作用不明显的时候，政府的作用更是必不可少。二是项目牵动。项目是文化产业发展的最基本载体，也是发展文化产业最便捷、最有效的切入点。三是品牌带动。通过创立、维护、发展文化品牌，可以对文化产业的发展产生资本聚集、消费导向、产业示范、利润增值等多重效应。四是会展驱动。会展业的发展带来的不仅仅是它自身的壮大，而且能有效地驱动相关文化产业的发展，能够为文化产业发展构建一个宽阔的平台。

4．广西部分文化产业快速发展的个案研究

国家文化产业示范基地《印象·刘三姐》：

《印象·刘三姐》很壮观，是一台融真山真水和民歌为一体的超大型演出。它以桂林阳朔的12座山峰为背景，以流淌的漓江为舞台，600多位演员在漓江中划着竹排，举着渔火，唱着原生态的民歌。

然而，《印象·刘三姐》已超出了一场普通的演艺活动，具备了浓厚的产业形态。它的经营和投资主体都是企业，投资者是原本搞化工的维广集团。《印象·刘三姐》独到的创意和顶级的创作班子让这家企业敢于出手，如今已证明这确是一项有远见的投资。它自2004年3月正式演出至今从未间断，目前观众总计已超百万，票额收入达数千万元。

文化产业的连带性强，社会辐射力显著。《印象·刘三姐》已成为著名的文化品牌，改变了传统漓江的旅游模式，拉动着阳朔旅游业的发展，每年的游人都有20%的增量，阳朔县旅游收入也从2004年的4.06亿元，猛增到2008年的17.9亿元。

《印象·刘三姐》是一个多赢的项目，政府部门满意、艺术家自豪、投资方获利、当地群众得实惠，同时它也为边疆和少数民族地区发展文化产业提供了值得借鉴的新鲜经验。它的成功告诉我们：一是文化产业的成功必须走民族化和国际化相结合的道路，才具有自己的核心竞争力。它创作伊始就汇聚了中国一流的导演，一流的策划，一流的作曲、舞美等，形成具有国际水准的文化精品。二是发挥政府部门对文化产业强有力的组织和引导作用。

声名远播的广西师范大学出版社：

广西师范大学出版社通过走“自我裂变，内涵发展”的道路，在自然成长的基础上形成了独具特色的具有集团雏形的企业，被业界誉为“广西师大社模式”。该社从2003年以来，已经连续三年产值达5亿元，成为广西文化产业领域单一经济实体中经济总量最大的企业，综合实力进入了中国出版百强和大学出版十强，分别位居前50名和第5名。

广西师范大学出版社作为校办产业，产权归学校所有，按“事业单位，企业管理”的模式运行。出版社对人、财、物没有充分的自主权，经营上职责不清。随着社会主义市场经济体制的建立和不断完善，全国出版形势发生了很大的变化，促使出版社领导班子和全体员工开始思考出版社未来的发展之路。“自我裂变，内涵发展，集团化建设”的新思路被列入出版社的“十五”发展规划。根据中央关于文化体制改革的精神，广西师范大学出版社集中群众智慧，在实践中探索，走出了一条符合自身特点的集团化发展道路。

广西师范大学出版社用了5年的时间，从单一的图书出版发展到图书、期刊、电子音像、网络出版、书刊印刷、书刊批发零售、教育培训、设计制作、广告会展等，初步形成了一条完整的文化产业链，并成立了拥有《作文大王》、《英语大王》、《数学大王》、《新营销》、《市民》、《南方文坛》等六种期刊的杂志社以及电子音像出版社、印刷厂、大学书店。该社在北京、上海、广州、南京、南宁等地成立了以“贝贝特”统一命名的文化公司，形成了“一个主体，五个车轮”的发展格局。2009年，广西师大出版社组建为广西师范大学出版社集团，拥有15个下属企业和控股、参股公司。

广西师范大学出版社管理体制的成功表现为：一是在思想观念上的创新，树立市场化配置资源的理念，用市场的办法开发文化资源；二是在培育市场主体上实行投资主体多元化，建立现代企业制度，成为主业突出、原创能力强和具有核心竞争力的文化产业“旗舰”；三是在管理体制上既要增强各个公司的竞争力，又要保证出版社宏观管理的控制力；四是在凸显特色优势上努力打造自身品牌；五是在人才队伍上，牢固树立人才资源是第一文化资源的观念。

三、创新观念，营造良好环境，打造世界性民族特色文化品牌

创新是当今世界最可贵的时代精神，强化创新观念，激发创新热情，是发展先进文化的必然要求。文化产业作为一种新的文明形态，使得文化从精英走向大众、从贵族走向平民由可能变为现实。世界发展到今天，文化竞争成为各国参与国际竞争的有力武器。世界各国均看到了文化的重要性，为此而大举科技创新的旗帜。科技的创新又涉及文化技能、文化体制机制和经营管理的创新，但归根到底是人的观念创新。

在新形势下发展广西的文化产业，繁荣和发展广西先进文化，重要的是观念的创新。观念的创新要着眼于世界文化发展的前沿，发扬民族文化的优秀传统，汲取世界各民族文化的长处，在内容和形式上积极创新，不断增强广西文化的吸引力和感召力。

观念创新表现在对文化产业和文化事业的关系上，要走出二元对立的思维误区，力争双赢。过去过分强调文化经营单位的事业性质及其公益性质，而忽视了文化的产业性质，给文化产业的发展带来思想障碍，出现“事业单位，企业管理”的双重定位，存在着难以克服的矛盾，给规范的企业化管理和运作带来困难。在文化的经济效益和社会效益的关系上，也要走出绝对对立的误区，坚持两者结合。真正好的文化产品，不仅社会影响好，群众满意，而且有好的经济效益，能促进文化产业的高速发展。在文化消费和文化意识的关系上，要走出文化消费“自然论”的误区。要大力宣传，培育国民的文化意识。要克服重物质消费、轻文化消费，满足于一般生存、忽视文化情操等思维惯性。

1. 营造良好的社会人文环境和市场环境，发展广西文化产业

社会人文环境包括社会人文现象、文化氛围、社会舆论和人口环境以及社会政治、经济等，包括政策、政务、法制、文化和教育等，有精神的、物质的以及制度的层面，它影响和制约着社会意识和价值观念。社会意识和价值观念直接影响和制约着文化产业的发展，而文化产业环境又作用于人文环境，二者相互促进，相互补充。

文化产业的发展要求市场环境必须有健全的文化市场体系，完善的

文化市场管理机制，专项治理的办法，消除腐朽的、有害的文化毒品和文化垃圾，打击盗版、造假等侵权行为，保护知识产权，整顿和规范文化产业市场秩序等等。这些对文化产品精神文化功能的实现具有决定性的作用。

广西的文化产业的发展需要良好的社会人文环境和市场环境。要把弘扬和培育民族精神落到实处，就要大力弘扬和培育广西人精神，并将其纳入文化广西建设全过程，以此凝聚人心、振奋精神、激励斗志、焕发活力，构建促进广西加快发展的精神支撑。通过大力弘扬和培育民族精神，引导人们树立中国特色社会主义共同理想，树立正确的世界观、人生观和价值观；通过加强社会主义思想道德建设，引导人们追求更高的思想道德目标，实现广西公民道德素质的全面提高；通过大力发展教育、科技、体育、卫生等各项事业，全面提高人的综合素质。深化文化体制改革，解放和发展文化生产力。加强和改善党对文化工作的领导，理顺政府部门与文化企事业单位的关系，实行党委领导、政府管理、行业自律、企事业单位依法运营的文化管理体制。实行分类指导，加快国有文化企事业单位改革。

大力发展文化产业，要培育新的经济增长点。文化产业是建设和繁荣广西文化的巨大引擎。要加大文化产业结构调整。大力发展新闻出版业、广播影视业、文艺演出业、文化旅游业、广告会展业、文化创意和动漫、网络服务业、文化娱乐业、体育休闲业、文艺培训业等具有比较优势的文化产业。要优化文化产业布局。结合广西特色和城市化进程，构筑以南宁、柳州、桂林为中心的文化产业群体，逐步形成布局合理、各具特色、相对集中、功能互补、覆盖全区的区域文化产业发展格局。要扶持文化骨干企业。加快广西文化企业的资产重组，以产品为龙头，以资本为纽带，培植跨行业、跨地区、跨所有制经营的大型文化企业和企业集团，带动全区文化产业的快速发展。

要认真落实国家有关文化经济政策，整合区市资源，注重地方特色，体现人文内涵，高起点规划建设若干大型文化设施或文化广场、文化街、文化带，着力塑造鲜明的文化形象，为建设文化广西奠定坚实基础。发挥中心城市的文化辐射功能，切实加强农村基层文化基础设施建设。加快文化载体的数字化、网络化改造，推进文化信息化建设。

要加强文化法制建设和文化市场管理。加快广西文化建设相关政策、法律的制定和立法进程，及时清理、修订与世贸组织规则相抵触的地方性文化政策法规，制定和完善文物保护、文化资源开发、知识产权保护、文化产业发展、文化市场管理等相关政策法规，建立与社会主义市场经济相适应的文化政策法规体系。着力培育和规范文化市场，结合机构改革和行政管理体制改革，进一步理顺文化市场管理体制。引入竞争机制，鼓励社会力量参与文化市场开发建设，打破条块分割和市场封锁，加强文化市场的监控和管理，形成统一、开放、竞争、有序的文化市场。积极防范和抵御不良文化的渗透，确保文化安全，切实维护公民的文化权利。

2. 经济全球化环境下的广西文化产业发展战略

面对经济的全球化，党的十六大将积极发展文化事业和文化产业提到全面建设小康社会的国家战略高度，广西要全面建设小康社会，也要从经济全球化角度来思考发展战略，要注意挖掘潜力，融合资本，打造文化产业的实力集团，重点发展出版发行印刷、旅游文化娱乐、影视制作、会展节庆、工艺美术等文化产业；要以市场为先导，加快科技创新；要积极培养复合型高素质人才。

(1)做大做强文化产业集团，是发展文化产业的龙头。随着世贸的发展，国际上各大文化产业集团正加紧准备向我国的市场大规模进军。在经济全球化的环境下，发展文化产业集团，打造文化产业"旗舰"，具有重要的战略意义。

首先，广西政府在政策上要注意扶持优势文化产业集团，创新文化投资体制，引导和鼓励多种所有制经济进入文化产业，特别是民营独资、合资、合作、联营、参股、特许经营等方式进入；鼓励和允许上市公司以资产重组或发行新股的方式进入；进一步优化产业结构、重塑市场秩序；增强融资功能，形成自主经营、自负盈亏、自我发展、自我激励、自我约束的市场运行主体；要打破地区封锁，建立大流通机制。

其次，要努力培育知名的文化产业品牌。文化品牌和文化精品是文化先进省区的重要标志。要充分发掘我区丰富的文化资源，依托有竞争力的企业，通过兼并、联合、重组等方式，逐步形成一批拥有文化品牌的重点文化产业集团，精心打造一批国内和东南亚知名的文化品牌、文化精品，并使之形成产业链，扩大广西文化产品的市场占有率，提高广西文化的知名度，使文化产业成为广西经济增长的新亮点。

(2)遵循市场需求为导向的原则，是发展文化产业的动力。文化产品的价值只有在市场上才能得到实现。市场是衡量文化产品价值的重要标准之一，只有符合市场需要的、受到人们欢迎的文化产品，才会有销路，文化产业的投入者才能得到良好的回报，从而促进文化生产者去生产更多更好的文化产品，促进文化产业发展的良性循环。

广西要主动参与国际文化竞争，充分利用国内国外两种文化资源、两个文化教育市场，多渠道多形式开展文化产品和文化服务的出口。调整文化产业结构，以项目为核心，促进文化艺术与旅游相结合、与现代传媒相结合、与高科技相结合。充分发挥产业园区和产业基地的带动与辐射作用。积极发展具有鲜明地域和民族特色的文化产业，促进我区文化产业加入国际国内文化产业分工体系。通过市场运营，加大与国内外的交流、合作，深入展开省际、省内的资源整合，互动性、互惠性地发展新型文化产业。重点加强与东盟各国的文化交流，积极打造广西民族文化与东盟文化交流的国际平台。要着力培育外向型文化企业，使之成为实施文化"走出去"战略的主体，大力开拓以东盟国家为重点的国际文化市场，打造对外贸易文化品牌，推动广西特色文化走向全国、走向全世界。

要正确处理好打造精品与服务大众的关系。如以市场为导向，满足人民群众旅游需要，充分发挥广西地域优势和山水风光、滨海休闲、民族风情、边境特色和人文底蕴丰富等独特资源优势，拓展旅游业的文化内涵，全面构筑"一个旅游龙头，两条黄金旅游带，两大旅游集散中心，五大旅游特色，六大旅游品牌，八大旅游区，十大精品旅游线路"的广西旅游业发展框架。满足人民群众体育需求，发展一批有时代特征、广西特色的体育产业实体，为群众提供多元化、多层次的体育健身服务体系。满足群众文化娱乐需要，继续做大做强文学艺术的品牌。以“刘三姐”独特品牌为龙头，继续打造广西民族地方戏剧、音乐、舞蹈等舞台艺术特色品牌；以南宁国际民歌艺术节为重点，继续抓好地方特色的节庆文化品牌；以广西民族博物馆为龙头建设广西独特的民族生态博物馆群品牌等等。

要注意培育农村文化市场。运用市场准入、价格调节、财税优惠等政策，引导各类市场主体在出版发行、电影放映、文艺表演、网络服务等领域，积极开发农村文化市场。制定扶持农村文化经营单位和个体经营者的经济政策，简化对农村个体工商户和民营文化企业的登记审核程序。支持农民群众自筹资金、自己组织、自负盈亏、自我管理，培养“民间艺术大师”，兴办农民书社、电影放映队等，扶持民间剧团的发展，鼓励开发具有民族传统和地域特色的剪纸、绘画、陶瓷、泥塑、雕刻、编织等民间工艺项目，支持农村民间工艺美术产业的发展，积极开展“民间艺术之乡”、“特色艺术之乡”活动。

(3)加强文化和科技创新，是文化产业发展的基础。创新是文化产业的生命力。文化产业的精神性、流动性、意识性使它始终处于传统与现代选择性的进程中，新的内容、新的形式、新的风格、新的样式层出不穷，构成了文化产业美丽的风景线，从个体到群体，从昨天到今天，都是与时俱进、开拓创新。

文化产业的发展以文化价值为灵魂，以科学技术为支撑，以现代传播手段为标志。无论是内容创新、形式创新、技术创新、经营模式创新，还是文化体制的创新，都需要我们精心研究，都需要更多地关心和爱护，都需要更多地理解和帮助。把文化变成产业，把创意变成产品，把知识变成物资，核心是创新，没有创新，就没有受众、没有市场，失去了受众与市场，产业也就失去了自身发展的内在动力。

科技创新是文化创新最先进的环节，因为科学技术特别是科技创新的成果，是文化的重要构成要素，是文化得以不断丰富和发展的坚实基础与驱动力量。参与国际竞争，我们越发感到科技创新的重要。特别是在文化生产、文化传播上可以借助网络等先进技术手段，开发新型文化项目。我们要加强国际交流，建设自治区科技文化开发中心，在引进技术的同时，要加强自主研究开发，大力扶持具有民族特色的高技术文化产品。可以借助广西高校科技和文化研究的优势力量，通过运用高新技术和文化研究成果，使文化产业与其他产业形成共栖、融合和衍生的良性互动关系，不断形成新的文化产业发展格局。正如中共广西党的"九大"会议指出的：要"坚持以产品创新为核心，突出引进消化吸收再创新，加强集成创新，鼓励原始创新，提高自主创新能力和科技综合实力，力争在特色优势产业中形成一批拥有自主知识产权的核心技术"。广西在制定"十一五"时期文化发展规划纲要中也指出：要利用先进技术"全面推进广播影视制作、传输、发射、播映、存储、交换以及影视和演艺后产品开发等领域的数字化。推动数字化出版、印刷以及现代物流技术的研发和应用。积极拓展新型文化产品和服务，提升文化产业整体技术水平和竞争实力"。

(4)培养复合型高素质人才，是文化产业持续发展的人力资本。在经济全球化背景下，国际文化企业集团必将运用其资本管理优势，与国内文化企业争夺市场和人才，这将使本来就紧张的文化产业人才队伍受到更大的冲击。文化产业是一个特殊产业，需要由科技人才、法律人才、经营人才、管理人才共同组成团队。因此，造就大批文艺专业素质与市场经济素质兼备的复合型专业管理人才，已经成为当务之急。

广西虽然制订了文化艺术人才的培养工作计划，但缺乏力度和具体的措施。要建立和完善人才选拔机制，规范人才选拔工作。建立和完善人才使用机制，建立文化行业人才库、人才评价体系，促进人才合理配置和有序流动。建立和完善人才管理机制，完善专业技术职务评聘制度和分配激励机制。营造有利于人才脱颖而出的舆论环境、人文环境、生活环境、政策法律环境，构筑广西文化人才小高地。改革劳动人事制度，尽快形成优胜劣汰、能上能下、能进能出，既有竞争激励又有责任约束的用人机制。

广西要充分发挥高等学校在建设先进文化、培养文化人才中的重要作用。要扶持部分高等学校新闻学研究基地，资助一批重点研究课题。鼓励有条件的高等学校整合相关学科资源，集中开展文化事业、文化产业的重大理论和现实问题研究，为先进文化建设服务。

3．**学习外国经验，积极主动参与国际竞争**

(1)在全球化背景下，注意向国外学习，了解国外发展文化产业的先进理念，学习国外文化产业先进的经营管理经验，对于提升广西文化产品的影响力和竞争力，积极推动广西文化面向世界、走向世界具有重要的意义。一些文化产业发展好的国家和公司，都有很多经验值得我们学习和借鉴。

如韩国政府认为，文化产业同国家形象相关联，树立国家形象的产业正是文化产业。因此，韩国政府高度重视文化产业发展的法律制度建设、国家及社会的认识、创造性的内容开发、专门人才的培养、搞活投资、流通步骤、地区文化产业发展及进入外国市场(国际合作)。在法律制度方面，制定政策目标不单纯是维护文化独立性和保护本国产业发展，而是超越这一消极的层次，将其培育成在世界市场上具有竞争力的产业。文化产业既有文化上的重要性，还有着经济上的重要性及提升国家竞争力的意义。因此，政府制定相关法律、政策，进行财政支援，并负责建设一些基础设施。政府还为有创造力的企业和部门提供发挥的平台，认为文化产业要重视头脑和创造力，要以创造力为基础发展文化艺术、信息技术和知识，以推动文化产业的整体发展。关于发展民族文化产业的问题，韩国现在意识到不能为保护国内的产业而失去同国际接轨的机会，政府通过政策上的调整，按照国际标准，让本国产品不断提高水准。

英国政府不干预文化市场的具体运作，但通过多种渠道给予剧团、剧目强有力的资助、扶持，其中艺术委员会是一个最主要的运行机构。英格兰艺术委员会成立于1946年，实行非政府运作，但代表政府辅佐艺术发展。英格兰艺术委员会长期资助的主要艺术团体包括皇家歌剧团、皇家芭蕾舞团、英国国家歌剧院、皇家莎士比亚公司等，并注意扶持和发展传统文化。与流行音乐相比，传统经典剧团在现代演出市场中处于相对劣势，但作为宝贵传统文化的重要组成部分，作为国家文化的品牌，受到政府的特殊扶持，也得到许多民间基金会和剧院之友组织的爱护和支持。但剧院的演出运作仍然是完全市场化的，政府的资助一般不会超过

50%。传统剧目也适应现代观众需要进行创新，如皇家莎士比亚公司为适应现代观众的欣赏习惯，编排了很多现代版的莎剧演出。

日本索尼公司以电子、游戏和娱乐内容为核心业务。索尼公司最强调的一句话是“内容为王”，意思是：如果你能把最适当的内容提供给尽可能多的最需求这种内容的人，你就是真正的赢家。索尼公司认为，内容产品想做一个成功一个的想法不仅不现实，而且也不可能，只有创作出更多的内容产品供选择，才能真正满足各年龄层次、不同文化背景的人们的精神文化需求。“内容为王”包括两个方面：一是质，指创作出质量高、受欢迎的内容产品；二是量，指大量创作优秀的内容产品。而质是建立在量的基础上的，所谓精品，只不过是建立在无数内容产品之上的优秀作品罢了。索尼公司重视文化产业的发展，不仅在于重视文化产业本身，还在于为文化产业的发展创造一个良好的环境，建立一整套完善的产业体系。他们打造“内容产业平台”，以内容为基础建立平台，强调内容产品是否能为更多的受众所接受。索尼公司重视宣传，不仅针对国内，还重视对海外收视的研究。只有根据受众的喜好创作出的作品，才是有生命力、有价值的作品，才是有市场的作品。只有这样，文化产业才能真正健康地发展。

美国百老汇是西方戏剧行业的一个巅峰代表，在戏剧和剧场这个行业代表着最高级别的艺术成就和商业成就。百老汇的公司和企业主要分为三种：第一是剧院经营商，第二是制作商，第三是节目经纪商。对于纽约市及纽约的官员们来说，百老汇是非常重要的一部分。一是到纽约来旅游的人很大一部分是专程来看百老汇戏剧的；二是百老汇给纽约市的经济提供了重要的支柱；三是百老汇给纽约带来了这个城市独有的文化特色，还提供了很多就业机会。美国的剧院可以说欣欣向荣，在美国散布着1300多家剧院，每年创收70多亿美元。在美国，剧院可以分为三类：商业性剧院、非营利性剧院、大学和社区性剧院。为了给当地观众推出受欢迎的剧目，剧院在一个剧目上演之前往往都要做市场调查，通过对当地观众的喜好分析推出恰当的剧目。根据市场调查，这个剧院可以决定现在的剧目、将要上演的剧目、剧目的观众基础，剧目大概的票价以及场次等等。在售票方面有几种方案面对不同的观众。第一种售票方案是套票，套票就是把两次或者更多场次的剧目放在一起出售，这样观众通过一张票可以看到不同场次的演出。一套套票里面往往有一个主打演出节目，套票的销售量主要依靠主打剧目的吸引程度。第二种售票方案是单场票，售票的时间在套票售完之后，也称作预售票。团体票也是售票盈利当中的一部分，它对十人以上的团体出售折扣票。

加拿大伟大艺术家公司总裁约翰·克利普顿在谈到传统文化的交流和创新发展时说，保持以及推动传统艺术形式的发展是非常重要的。许多艺术家的经典作品现在都被人们用实验性的手段加以处理，从而推出很多新的作品。一位艺术家不应当害怕进行艺术创新，他应当不断进行实验，来寻找新的艺术手段，继承并且发扬传统。他认为在中国这样一个有着丰富文化背景的国家，特别是在中国目前正在寻求更大意义上的国际承认的背景下，中国对于文化的推广应当有更充分的支持。我们可以清楚地看到中国的艺术家正在不断地尝试新的艺术品种，并且也在对现有的艺术门类进行发展。我们看到中国传统话剧、实验话剧正在发展，独立制片正在出现。在加拿大和北美，这些艺术门类都可以找到很大的市场。在古典音乐和室内音乐方面，在北美地区和加拿大有很多关于合唱的系列演出和艺术节。他们都非常欢迎中国的艺术家去演出，并且希望听到新的音乐主题，这给中国的创作家们提供了很多新的机会。

(2)重视文化领域的多层次互访，加强友好城市间的文化交流，主动开展对外文化合作。继续做好中外互办文化年，在国外举办中国文化节、文化周、艺术周、电影周、电视周和文物展等工作。

近年来，广西对外文化交流与合作工作有了新的探索，特别是与日韩的文化交流更是有了新的起色，为广西的文化发展作出了贡献。如南宁艺术剧院参加日本爱知国际科博会并主动进行商演活动，以歌会友，演出的民族歌舞受到了日本及其他各国嘉宾的热情赞扬；南宁韩国电影周的成功举办，加强了两国的交流，促进了两国间的文化、旅游、经贸间的合作等等。此外，与新加坡、越南、柬埔寨、马来西亚、印度尼西亚等国的文化交流与合作，初步显示了广西民族文化的国际竞争力。

但是，广西文化贸易仍远远落后于广西对外贸易的总体增幅，特别是文化产品的出口，仍是一个薄弱环节。广西有关部门要更新观念，集中广西的优势资源，优化配置人力物力，以有效的组织形式大力拓展文化交流贸易活动领域，扩大对发达国家、发展中国家特别是东盟各国、日韩和我国港澳台地区的文化交流，扩大广西文化产品在海外文化市场中的份额，提高广西文化竞争力，推动民族文化走向世界。建立政府与民间相结合、文化部门与企业相结合、引进来与走出去相结合的全方位的对外文化交流贸易体系。

发展广西文化产业的"引进来"工作，除了经营管理理念和经验以及技术的引进，还要重视资金的引进。《印象·刘三姐》的全方位引进，是一个成功的例子。如今南宁正在策划由美国威达投资管理公司投资管理的《蓝夜·西雅图》项目，将突出广西的民族文化特色，努力建设成为广西的"民歌新天地"，将民族文化盛宴与经典民族歌舞结合起来，将国际民歌音乐与大众"吧文化"结合起来，将民族文化体验和民族艺术培训结合起来，同时为南宁的文学艺术爱好者提供学习、交流、活动的空间，打造有民族特色的多元文化大本营。

(3)构建国际文化营销网络。互联网因其快速、便捷、开放、互动等特点正日益成为重要的传播媒体。西方发达国家在信息传播领域占有绝对优势，普遍将互联网作为其对外传播信息的有效手段。我们要在对广西文化信息资源进行数字化加工和整合的基础上，充分利用互联网信息量大、覆盖面广的优势，建立不受时空、地域限制的崭新的文化传播通道，系统、全面地介绍广西文化建设新成就，介绍文化产品新成果，及时发布最新文化动态，力争以丰富的信息与高质量的服务，推动广西文化更加快捷地走向世界。

建立文化产品海外营销网络，鼓励和支持广西有条件的文化企业开展与世界文化产业集团的合作，利用市场营销网络和宣传手段，拓展广西文化产品在国外的市场空间。我们可以借鉴国外和省外的一些经验，将着力点放在这几方面：一是组织制造业大企业和文化企业对接会，利用现有货物对外销售渠道，带动文化产品输出；二是在举办海外展会方面，支持文化企业出国参展、办展，建立文化产品展台，实现“一展多用”；三是在境外经济贸易合作区建设中，推动文化产业入驻，在海外建立文化产品生产网络，贴近当地市场销售；四是借助现有海外华人文化传播资源，由龙头企业采取投资、合作、参股等方式，经营各类海外“中国文化城”、“中国音像城”、“中国书城”等，建立文化产品的国际连锁经营网络。

（广西区党委宣传部调研室、广西社科院、广西社科联为本部分的写作提供了大量资料，在此表示衷心的感谢！）

第三章

以马克思主义为指导，努力实施生态广西战略

在当今中国的学术研究和现实生活中，可持续发展、资源节约、环境友好、科学发展观、和谐社会等已是人们耳熟能详的高频词汇或者说主流话语。党的十七大报告更是提出了建设社会主义生态文明，走出一条“生产发展、生活富裕、生态良好的文明发展道路”的目标。面对日益恶化的人类生存环境、不断紧张的人与自然和人与人的矛盾，理论家们在苦苦搜寻着、创造性地建构着能够解释这一切的话语体系，实践家们在积极探索着能解决这一问题的现实路径。人们发现，虽然中西传统文化中不乏闪光的思想元素，现代环境科学和环保运动的发展也提出了不少有一定解释力的学说和一定可行性的对策，但要从根本上揭示环境问题的实质和根源，探索最终解决环境问题的出路，就必须以马克思主义的世界观和方法论为指导，特别是要以马克思主义的生态理论为武器。实施生态广西战略是建设“富裕、文明、和谐新广西”的重要环节和举措，如何运用马克思主义生态理论分析生态广西建设中碰到的新问题，探索解决这些问题的对策，就是摆在理论工作者面前的紧迫任务和历史责任。

第一节　马克思主义生态理论与当代中国生态文明建设

人和自然的关系问题是自人类产生以来随着统一的物质世界的日益分化人们在实践中碰到的最初难题。一直到工业文明以前，人们对自然界只能顶礼膜拜，正如马克思、恩格斯所指出：“自然界起初是作为一种完全异己的、有无限威力的和不可制服的力量与人们对立的，人们同自然界的关系完全像动物同自然界的关系一样，人们就像牲畜一样慑服于自然界。”[①]马克思和恩格斯生活在资本主义上升时期，由于现代自然科学和现代工业的发展，自然被“祛魅”了，成了人的对象，而人成了自然的主人，人们沉浸于摆脱了神的奴仆而成为“万物之灵”和“自然界主宰”的喜悦之中，陶醉于利用理性和科学技术为人类建造“千年王国美梦”的幻想之中，人类实践活动的负面效应、人与自然的紧张冲突还没有充分暴露出来。但马克思和恩格斯凭借其深邃的理论洞察力、强烈的历史使命感及科学的研究方法，从早期对现实的人的生存境遇的人道关注，到中晚期对资本主义条件下人与自然关系的经济学考察和哲学反思，揭露了资本主义社会中存在的生态环境问题，分析了其深层原因，探索了其解决途径，并展望了人与自然真正统一的未来美好社会，形成了以人和自然的和谐共生关系建构为核心内容的生态理论。深入挖掘和系统阐述这一理论，对于我们今天反思人与自然的关系，解决生态环境问题，实施可持续发展战略，建设社会主义生态文明，具有重要指导意义。

一、人“是自然界的一部分”，不仅“直接地是自然存在物”，而且“是人的自然存在物”

马克思指出：“历史本身是自然史的即自然界成为人这一过程的一个现实部分。”[②]恩格斯也强调“人本身是自然界的产物，是在自己所处的环境中并且和这个环境一起发展起来的”[③]。人的一切，包括形体、肉、血和头脑都是“属于自然界，存在于自然界的”，人不在自然界之外，而在自然界之中。

人不仅来源于自然界，而且靠自然界生活。马克思指出，自然界是人的无机身体，“是人为了不致死亡而必须与之不断交往的人的身体。所谓人的肉体生活和精神生活同自然界相联系，也就等于说自然界同自

① 《马克思恩格斯选集》第1卷，人民出版社1995年版，第81—82页。
② 《马克思恩格斯全集》第42卷，人民出版社1979年版，第128页。
③ 《马克思恩格斯选集》第3卷，人民出版社1995年版，第374—375页。

身相联系,因为人是自然界的一部分"[①]。这就是说,人的整个生活,包括物质生活和精神生活,都依靠着自然界的"恩赐",离开了自然界。人一刻也生存不下去。首先,人的肉体生活离不开自然界,它需要自然界提供的阳光、空气、水等"直接的生活资料",还需要人的生产资料,即"人的生命活动的材料、对象和工具",如土地、森林、矿藏等,而且人对这些资料的需要程度远甚于动物,正如马克思所说,"人(和动物一样)靠无机界生活,而人比动物越有普遍性,人赖以生活的无机界的范围就越广阔"[②]。其次,人的精神生活也依赖于自然界。人的生活和动物不同,不仅有物质生活,还有精神生活,因为人是有意识、有目的的存在物。人的精神生活主要是指人的智慧活动、情感意志活动和审美活动,而这些都依赖于大自然的赋予。马克思指出:"植物、动物、石头、空气、光等等,一方面作为自然科学的对象,另一方面作为艺术的对象,都是人的意识的一部分,是人的精神的无机界,是人必须事先进行加工以便享用和消化的精神食粮。"[③]

人不仅是"自然存在物",而且是"人的自然存在物",是"类存在物"。马克思、恩格斯批判了费尔巴哈把人同自然界的联系等同于动物同自然界的联系的错误,强调了人和动物作为自然存在物的区别。他们指出,费尔巴哈的错误在于:"他没有看到,他周围的感性世界绝不是某种开天辟地以来就直接存在的、始终如一的东西,而是工业和社会状况的产物,是历史的产物,是世世代代活动的结果。"[④]这就是说,在马克思那里,现实的自然界是经过人中介过的自然界,是人的劳动的产物、历史的产物,"在人类历史中即在人类社会的产生过程中形成的自然界是人的现实的自然界;因此,通过工业——尽管以异化的形式——形成的自然界,是真正的、人类学的自然界"[⑤]。那种先于人类历史而存在的自然界不是人的现实的自然界。因此,人与自然之间的关系就不像动物那样是完全被动

① 《马克思恩格斯全集》第 42 卷,人民出版社 1979 年版,第 95 页。
② 《马克思恩格斯全集》第 42 卷,人民出版社 1979 年版,第 95 页。
③ 《马克思恩格斯全集》第 42 卷,人民出版社 1979 年版,第 95 页。
④ 《马克斯恩格斯选集》第 1 卷,人民出版社 1995 年版,第 76 页。
⑤ 《马克思恩格斯全集》第 42 卷,人民出版社 1979 年版,第 128 页。

的，而是能动与受动的统一：一方面，人作为“自然的、肉体的、感性的、对象性的”存在物，和动植物一样，是“受动的、受制约的和受限制的”存在物；另一方面，人作为有生命的自然存在物，具有“自然力、生命力”，是“能动的自然存在物”。人虽然是自然大家族中的一员，但他不是为了其他存在物的存在而存在的，而是为了自身的存在而存在的，所以说“人不仅仅是自然存在物，而且是人的自然存在物，也就是说，是为自身而存在着的存在物，因而是类存在物”①。

二、人虽“占有”、“支配”和“再生产”自然界，但人不是自然的“所有者”

受近代以来极端人类中心主义话语的影响，马克思和恩格斯从人道主义和新唯物主义立场出发，充分肯定了人在自然界中的地位，阐述了人借助劳动和科学技术对自然进行“占有”、“统治”、“支配”和“控制”的必要性与合理性。马克思就曾指出，人通过自己的劳动“占有外部世界，感知自然界”、“使自然界受自己的支配”，这是人和动物的区别，“动物只生产自身，而人再生产整个自然界”②，并认为“支配自然”对人来说意义重大，是人的本质得以确证的根据，是一个人成为“真正主体”的标志。恩格斯也和马克思一样，从人与动物相区别的意义上肯定了人对自然的支配，他指出：“动物仅仅利用外部自然界，简单地通过自身的存在在自然界中引起变化；而人则通过他所作出的改变来使自然界为自己的目的服务，来支配自然界。”③据此，一些西方学者特别是生态社会主义者批评马克思和恩格斯，认为他们和资产阶级学者一样陷入了人类中心主义：为了社会的进步不惜“干涉”、“剥削”甚至“牺牲”自然。显然，他们没有注意到无论是马克思还是恩格斯都不是在极端人类中心主义意义上使用“支配”、“统治”概念的。恩格斯就曾指出：“我们统治自然界，绝不像

① 《马克思恩格斯全集》第 42 卷，人民出版社 1979 年版，第 169 页。
② 《马克思恩格斯全集》第 42 卷，人民出版社 1979 年版，第 97 页。
③ 《马克思斯恩格斯选集》第 4 卷，人民出版社 1995 年版，第 383 页。

征服者统治异族人那样，绝不是像站在自然界之外的人似的，——相反地，我们连同我们的肉、血和头脑都是属于自然界和存在于自然之中的；我们对自然界的全部统治力量，就在于我们比其他一切生物强，能够认识和正确运用自然规律。”[①]可见，马克思和恩格斯的“统治自然”意义上的“统治”实际上指的是人对自然界的“认识和正确运用”，是建立在“人与自然一致”基础上的“支配”，它更多的是强调人对自然的责任和义务。马克思始终反对以野蛮的方式对待自然，特别是反对资本（包括资本化的生产力和资本化的社会关系）对自然的剥削和压榨。英国学者克莱夫·庞廷曾对此作了阐述，他指出，在马克思看来，资本对自然的态度就像它对工人的态度一样，“把地球上的资源视为像资金一样——是可以转变为利润来源的资产配置。树木、野生动物、矿产、水和土地都被视为商品，可以卖或者是进一步加工。更为重要的是，他们的价格仅仅是榨取这些资源，把它们转化为市场性的商品的花费而已”[②]。马克思反复强调人要对自然资源和自然力进行“经济的利用”，以符合自然本性和人类本性的方式“合理调节”和“共同控制”，“必须像好家长那样，把土地改良后传给后代”[③]。

为了从根本上阐明人对自然剥削和压榨的非法性、不合理性，马克思还从法权意义上提出了“人不是土地的所有者”的命题。我们知道，近代社会以前，法律肯定了一部分人（统治者）对另一部分人（被统治者）的所有权，所以统治者可以对被统治者任意处置。到了资本主义社会，主张人人生而平等，人对人没有了所有权，却获得了对自然界的所有权，这就是文明社会的法权观念，正是凭借此，人才获得了任意宰制自然的特权。但马克思认为：“从一个较高级的社会经济形态的角度来看，个别人对土地的私有权，和一个人对另一个人的私有权一样，是十分荒谬的。甚至整个社会，一个民族，以至一切同时存在的社会加在一起，都不是土地的所有者。他们只是土地的占有者，土地的利用者。”[④]在马克思看来，

① 《马克思恩格斯选集》第 4 卷，人民出版社 1995 年版，第 383—384 页。

② 克莱夫·庞廷：《绿色世界史》，上海人民出版社 2002 年版，第 175 页。

③ 《马克思恩格斯全集》第 25 卷，人民出版社 1974 年版，第 875 页。

④ 《马克思恩格斯全集》第 25 卷，人民出版社 1974 年版，第 875 页。

未来的社会是一个人和自然界(土地)在法权地位上平等的社会,在那里,人不是自然界的主人,自然也不是人的奴仆,因此人应该尊重、爱护自然,与自然为友。著名生态哲学家萨科塞曾把未来社会的人与自然的关系形象地描述为"从对象到伙伴"①的关系。

三、自然力是生产力的重要组成部分,生产力是自然生产力和社会生产力的统一

自然(条件)是生产力的要素之一。马克思指出:"劳动生产力是由多种情况决定的,其中包括:工人的平均熟练程度,科学的发展水平和它在工艺上应用的程度,生产过程的社会结合,生产资料的规模和效能,以及自然条件。"②在这里,自然条件被马克思列为生产力的基本要素之一。根据马克思的论述,自然条件主要是指"人周围的自然",包括"生活资料的自然资源,例如土壤的肥力,渔产丰富的水等等;劳动资料的自然资源,如奔腾的瀑布、可以航行的河流、森林、金属、煤炭等等"③。

马克思认为,生产力是人的自然力、社会的集体力和自然物的自然力的有机结合。显然,这里的"自然物的自然力"不能理解为传统意义上的生产力——人们征服自然、改造自然、从自然界获得物质资料的能力——而是指在人和人类社会之外的无机界的各种力量的总和,是各种自然因素自身内在的机械运动力、物理运动力、化学运动力和生物运动力。在自然界中,这些机械的、物理的、化学的和生物的自然力自发而有规律地相互作用、相互转换着,进行着物质、能量和信息的交换。马克思把它们称为"单纯的自然力"或"无机界生产力",有时还指人本身的自然力。在他看来,一切生产力都归结为自然力。生产力可以归结为人的要素和物的要素——人与自然界。就作为劳动主体的人来说,人首先属于自然界,然后才属于社会,人既具有自然属性,又具有社会属性,且自然

① [德]汉斯·萨科塞:《生态哲学》,东方出版社 1991 年版,第 33 页。
② 《马克思恩格斯全集》第 23 卷,人民出版社 1972 年版,第 53 页。
③ 《马克思恩格斯全集》第 23 卷,人民出版社 1972 年版,第 560 页。

属性是社会属性的物质基础，作为劳动者的人，既具有自然力，又具有社会劳动力，而且前者是后者的基础。马克思指出，劳动力即“人类的自然力”，“劳动本身不过是一种自然力即人的劳动力的表现”①。由此，马克思和恩格斯批判了把劳动看成是财富的“唯一源泉”的错误观点。马克思指出：“劳动不是一切财富的源泉。自然界同劳动一样也是使用价值（而物质财富就是由使用价值构成的！）的源泉。”②恩格斯也多次强调“劳动和自然界一起”才是一切财富的源泉。在马克思、恩格斯那里，自然是“财富之母”，因此人们应该像对待母亲一样对待自然：尊重、珍惜、爱护、回报自然。

马克思曾指出：“劳动生产力主要应当取决于：首先，劳动的自然条件，如土地的肥沃程度、矿山的丰富程度等；其次，劳动的社会力的日益改进。”③可见，在马克思那里，生产力既包括自然力，也包括社会力。自然力是存在于无机界没有劳动者直接介入的生产力，即“自然生产力”④。他说：“劳动的自然生产力，即劳动在无机界发现的生产力，和劳动的社会生产力一样，表现为资本的生产力。”⑤在这里，马克思不仅将自然生产力同社会生产力并提，而且给了自然生产力一个初步的界定，即在无机界没有劳动者直接介入的生产力。可见，马克思的“自然生产力”指的是“单纯的自然力”，不包括人本身的自然力，这是一种不需要付出代价、“不费分文”的自然力。正是在此意义上，马克思提出了“自然界没有价值”的命题。他指出：“瀑布和土地一样，和一切自然力一样，没有价值，因为它本身中没有任何物化劳动，因而也没有价格，价格通常不外是用货币来表示价值。”⑥在这里马克思是在政治经济学意义上谈自然界的价值问题的，因此这里的“没有价值”不是指自然界没有用、没有使用价值、没有存在发展的权利，而是指自然力是一种自发的、不需要人类付出代

① 《马克思恩格斯选集》第3卷，人民出版社1995年版，第298页。
② 《马克思恩格斯选集》第3卷，人民出版社1995年版，第298页。
③ 《马克思恩格斯选集》第2卷，人民出版社1995年版，第71页。
④ 马克思：《资本论》第3卷，人民出版社1975年版，第726页。
⑤ 《马克思恩格斯全集》第26卷(3)，人民出版社1974年版，第122页。
⑥ 马克思：《资本论》第3卷，人民出版社1975年版，第729页。

价就可以获得的力量，是“自然的馈赠”，当然这种“馈赠”的持续性需要人类对自然力的合理利用。实际上马克思肯定了自然界的外在价值即使用价值，他说：“如果一个使用价值不用劳动也能创造出来，它就不会有交换价值，虽然作为使用价值，它仍然具有它的自然的效用。”[①]马克思也在某种程度上承认了自然的内在价值，他多次强调自然界有其自身的规律，有其独特的发挥作用的方式，自然界有它自身的“美”等。可见那种把马克思解释成极端人类中心主义者的观点是很难站得住脚的。

四、人与自然之间不是一个单向的“支配”过程，而是一个双向的“物质变换过程”

“物质变换”是马克思晚年分析资本主义社会经济结构的一个重要概念，这一概念最早由化学家希格瓦特提出，主要是指动植物为维持生命所进行的物质代谢和生命循环。此后，这一概念广泛运用于自然科学领域，著名化学家李比希用它来分析生命体与外部自然界的复杂关系。马克思则从社会批判的视角使用这一概念。根据日本学者岩佐茂的研究，马克思的“物质代谢”概念有三层含义：“第一，当马克思谈到‘社会的stoffwechsel’时，它是指作为‘商品交换（使用价值）的 stoffwechsel’；第二，当马克思谈到‘自然的 stoffwechsel’时，它是指作为‘化学变化的stoffwechsel’；第三，也就是这里的主题，作为‘人和自然之间的物质代谢的 stoffwechsel’。”[②]“人与自然的物质变换（代谢）”是马克思对资本主义生产中资本剥削自然现象进行批判的理论武器。过去我们只注意到了资本对人的剥削，这不能不说是一个失误。

在马克思看来，劳动就是人与自然的物质变换过程，是劳动者以自身的自然作用于身外的自然，使天然存在的物质财富要素变成适合于人类需要的商品的使用价值的过程。正如他所指出的：“劳动首先是人和自然之间的过程，是人以自身的活动来引起、调整和控制人和自然之间

① 马克思：《资本论》第3卷，人民出版社1975年版，第728页。
② ［日］岩佐茂：《环境的思想》，中央编译出版社1997年，第121页。

的物质变换的过程。”①劳动过程就是把自然资源转化为使用价值(即转化为生产资料和消费资料),又把废弃物(工业废物和生活垃圾)返回给自然的过程,这是“人类生存条件”,是人类生活得以实现的“永恒的自然必然性”。可见,在马克思那里,人与自然之间不是一个单向的人支配自然的过程,还包括自然制约人、人最终回归自然的过程,因此是一个双向交流、双向中介的过程。但资本主义生产的唯利是图本性和无计划性,加剧了资本对人和自然的双重剥夺,从而使这种变换往往不能顺利进行,产生了“无法弥补的裂缝”,造成自然资源和自然力的浪费。如生产的扩大导致人口向城市的集中,造成土地的破坏和浪费。马克思指出:“资本主义生产使它汇集在各大中心的城市人口越来越占优势,这样一来,它一方面聚集着社会的历史动力,另一方面又破坏着人和土地之间的物质变换,也就是使人以衣食形式消费掉的土地的组成部分不能回到土地,从而破坏土地持久肥力的永恒的自然条件。”②

对于这种对“自然力”的破坏,马克思早在《德意志意识形态》中就提出了要进行“社会的”控制、“经济的”利用的主张。这里“社会的”是指社会整体而非某一阶级,是指人与自然真正统一的社会形态,“经济的”是指对自然力的节约。早期的这一思想在《资本论》中得到了进一步阐发。他在寻求人与自然物质变换破坏的解决途径时指出:“社会化的人,联合起来的生产者,将合理地调节他们与自然之间的物质变换,把它置于他们的共同控制之下,而不让它作为盲目的力量来统治自己;靠消耗最小的力量,在最无愧于和最适合于他们的人类本性的条件下来进行这种物质变换。”③马克思在这里强调了三点:第一是“合理调节”和“共同控制”,这是实现人与自然物质变换的途径。第二是“最无愧于和最适合于他们的人类本性”,这是实现人与自然物质变换的前提条件。我们不能忘了人不仅是社会的存在物,也是自然的存在物。因此人应该尊重自然、爱护和馈赠自然,因为“人在生产中只能像自然本身那样发挥作用,就是

① 《马克思恩格斯全集》第23卷,人民出版社1972年,第201—202页。

② 《马克思恩格斯全集》第23卷,人民出版社1972年,第552页。

③ 《马克思恩格斯全集》第25卷,人民出版社1974年,第926—927页。

说，只能改变物质的形态。不仅如此，他在这种改变形态的劳动中还要经常依靠自然力的帮助”①。第三是“消耗最小的力量”，这是实现人与自然物质变换的具体要求。在这里，已经包含了节能减排、构建节约型社会思想的萌芽，实际上马克思在《资本论》中还专门讨论了“生产排泄物的利用”问题，并创造性地提出了依靠科学进步和工艺改进对废物进行再利用的主张和具体措施。

五、“人同自然界的关系直接就是人和人的关系”，人与自然的矛盾（环境危机）的根本解决取决于人与人关系的“和解”

环境危机虽然在马克思、恩格斯时代还不是一个最紧迫的社会问题，但环境恶化已现端倪，如土地肥力的减退、森林的减少、局部的沙漠化、水土流失、空气污染、水资源污染和工作环境的恶化等。面对这些自然界对人类的报复，马克思和恩格斯不断地向人们发出了警告。马克思早在 1844 年就看到了“完全违反自然的荒芜，日益腐败的自然界”②是人的环境，并要求人们按自然的尺度，遵循美的规律来改造环境。恩格斯则从两方面揭示了自然对人类的报复，并向人们发出了警报：一是征服自然力的行为会导致专制主义政治的产生和盛行，他指出：“如果说人靠科学和创造性天才征服了自然力，那么自然力也对人进行报复，按人利用自然力的程度使人服从一种真正的专制，而不管社会组织怎样。”③二是人对自然的胜利最终会导致生态的破坏、环境的恶化，恩格斯警告说：“我们不要过分陶醉于我们人类对自然界的胜利。对于每一次这样的胜利，自然界都对我们进行报复。每一次胜利，起初确实取得了我们预期的结果，但往后和再往后却发生完全不同的、出乎预料的影响，常常把最初的结果又消除了。”④

① 《马克思恩格斯全集》第 23 卷，人民出版社 1972 年，第 56—57 页。
② 《马克思恩格斯全集》第 42 卷，人民出版社 1979 年，第 134 页。
③ 《马克思恩格斯选集》第 3 卷，人民出版社 1995 年版，第 225 页。
④ 《马克思恩格斯选集》第 4 卷，人民出版社 1995 年版，第 383 页。

是什么原因造成了人与自然之间的这种紧张和冲突呢？马克思、恩格斯认为有人类思想素质和认识水平上的原因，比如人们往往停留在对事物的表面现象、近期结果的把握上而忽视了事物的深层本质和长远后果。但是，无论马克思还是恩格斯都认为这不是资本主义条件下环境恶化的根本原因。在他们看来，人与自然的关系同人与人的关系是同一劳动过程的两个方面，人的劳动过程就是人占有和支配自然的过程，同时也是人与人相互斗争和合作的过程，人与人的关系是人与自然关系的中介，不合理的人与人的关系必然导致恶性的人与自然关系，所以资本主义社会人与自然关系恶化的根源在于资本主义社会的人与人的关系，在于资本主义的生产方式。马克思认为资本主义生产有两个致命的弱点：一是追求超额垄断利润，实现价值增值，这是其唯一动机和目的，而且“他的目的也不是取得一次利润，而只是谋取利润的无休止的运动”①，这样，自然就失去了它全部的丰富性，而被抽象化为可以作为资本的商品，成为剥削工人、追逐利润的工具，这必然使人与自然之间形成敌对、异化的关系。二是生产的无序状态。正如马克思所指出的，“资产阶级社会的症结正是在于，对生产自始就不存在有意识的社会调节。合理的东西和自然必需的东西都只是作为盲目起作用的平均数而实现”②，这就必然造成生态环境的极大浪费和严重破坏。资本主义生产是一种重物（即商品、财富）不重人、重个体不重整体、利润至上的生产，在那里，产品就是一切，人是微不足道的，工人仅仅被“当作劳动的动物，当作仅仅有最必要的肉体需要的牲畜”③，自然不过是人的对象、人的“有用物”，而不是一种有着自身存在方式、规律和价值的“自为的力量”，它的存在完全“服从于人的需要”，于是对自然的剥削和巧取豪夺就成为一种普遍而合法的现象。所以马克思说“工业直到现在还处于掠夺战争的状态”④。资本主义农业的任何进步不仅是掠夺劳动者的技巧的进步，而且是掠夺土地肥力持久源泉的进步。总之，资本主义工业和农业虽然发展了社会

---

① 《马克思恩格斯全集》第23卷，人民出版社1972年版，第174—175页。

② 《马克思恩格斯全集》第32卷，人民出版社1975年版，第542页。

③ 《马克思恩格斯全集》第42卷，人民出版社1979年版，第57页。

④ 《马克思恩格斯全集》第42卷，人民出版社1979年版，第60页。

生产过程的技术和结合方式,但同时也破坏了一切财富的源泉——土地和工人,破坏了人与自然的关系,不仅是对人的剥削,更是对自然的剥削,“大工业和按工业方式经营的大农业一起发生作用……前者更多地滥用和破坏劳动力,即人类的自然力,而后者更直接地滥用和破坏土地的自然力”①。正是基于这样的认识,马克思强调任何仅仅出于增加财富的劳动都是“有害的,造孽的”。

资本主义生产是如何实现对自然的掠夺的呢?马克思认为是通过生产力的资本化和社会关系的资本化完成的。我们知道,生产力的各个要素如人力、技术、自然力,如果没有一种中介使之结合,它们就不是现实的生产力,就不能发挥作用。在资本主义条件下充当这种中介的就是“资本”,自然生产力、社会生产力、技术生产力都被资本化,成为资本增值的工具,即成为“资本的生产力”,比如社会生产力即劳动力,无论是“人本身的自然力”(即人的体力和智力)还是“社会劳动的自然力”(即分工协作)最后都不过是资本的生产力,马克思指出:“他们一进入劳动过程,便并入资本。作为协作的人,作为一个工作机体的肢体,他们本身只不过是资本的一种特殊存在方式。因此,工人作为社会工人所发挥的生产力,是资本的生产力。”②再如自然力,也不能幸免于被资本化的命运,因为自然力虽然是没有价格的,但利用这些自然力却需要“极昂贵的和复杂的设备”,这就是说自然力只有借助机器才能被占有,而只有拥有资本的人才拥有机器,自然力经过机器的“中介”而变成了“资本的生产力”。所以马克思说:“由于占有资本,——尤其是机器体系形式上的资本,资本家才能攫取这些无偿的生产力:未开发的自然资源和自然力,以及随着人口的增长和社会的历史发展而发展起来的劳动的全部社会力。”③可见,是资本的逻辑创造出了一个普遍利用自然属性和人的属性的体系,从而也创造出了社会成员“对自然界和社会联系的普遍占有”,而这种占有的后果是“对自然界的真正蔑视和实际贬低”,是对人的漠

① 《马克思恩格斯全集》第25卷,人民出版社1974年版,第917页。

② 马克思:《资本论》第1卷,人民出版社1975年版,第370页。

③ 马克思:《机器、自然力和科学的应用》,人民出版社1978年版,第190页。

视。资本化的生产力体现的是一种社会力量，一种剥削和统治关系，即一部分人对另一部分人的劳动及其产品的支配权。资本从来不是“物”，而是在物的外观掩盖下的“人与人的关系”，是一种物化的人际关系，即资本化的社会关系。资本化的生产力体现了人对自然的支配，资本化的社会关系体现的是人对人的统治，而资本化的社会关系制约着资本化的生产力，人与人的关系制约着人与自然的关系。正如马克思所说，对自然界的这种特定关系是“受社会形式决定的”，“人们对自然界的狭隘的关系决定着他们之间的狭隘的关系，而他们之间的狭隘的关系又决定着他们对自然界的狭隘的关系”。①

既然资本主义社会中人与自然冲突的根源在于资本主义生产方式，在于资本关系对人和自然的统治，因此“人类同自然的和解”离不开“人类本身的和解”②，人与自然矛盾的真正解决取决于人与人矛盾的解决。这就“需要对我们的直到目前为止的生产方式，以及同这种生产方式一起对我们的现今的整个社会制度实行完全的变革”③。这种变革主要有两方面：第一是生产力的变革，即经济增长方式的变革，要“按照总的计划开垦荒地和改良土壤”，合理调节人与自然的物质变换，并指出“只有按照一个统一的大的计划协调地配置自己的生产力的社会，才能使工业在全国分布得最适合于他自身的发展和其他生产要素的保持或发展”④。而这个社会就是社会主义社会。不仅如此，他们还提出了一些具体措施，如节约资源、废物再利用等。第二是生产关系变革，主要是所有制关系和社会结构的变革。马克思、恩格斯认为要彻底解决资本主义生产所造成的环境恶化问题（和人的异化问题），就必须消灭生产资料私有制，实现生产资料的社会占有，即公有制。“生产资料的社会占有，不仅会消除生产的现存的人为障碍，而且还会消除生产力和产品的明显的浪费和破坏，这种浪费和破坏在目前是生产的不可分离的伴侣，并且在危机时期达到顶点。此外，这种占有还由于消除了现存的统治阶级及其政治代

① 《马克思恩格斯选集》第1卷，人民出版社1995年版，第82页页下注。

② 《马克思恩格斯全集》第1卷，人民出版社1956年版，第603页。

③ 《马克思恩格斯选集》第4卷，人民出版社1995年版，第385页。

④ 《马克思恩格斯选集》第3卷，人民出版社1995年版，第646页。

表的穷奢极欲的浪费而为全社会节省出大量的生产资料和产品。”①这里的“消除生产力和商品的明显的浪费和破坏”、“节省出大量的生产资料和产品”就是合理利用自然力、克服环境恶化、维护生态平衡、实现人与自然物质变换的体现，而要实现这一目标，只有消灭私有制。不仅如此，还要进行社会结构的调整，如消除城乡二元对立格局等，这样才能真正实现人与自然的良性互动，形成生态良好的生活环境。马克思指出：“只有通过城市和乡村的融合，现在的空气、水和土地的污染才能排除，只有通过这种融合，才能使目前城市中病弱的大众把粪便用于促进植物的生长，而不是任其引起疾病。”②只有通过这样的变革并实现共产主义，才能真正达成人与自然的和解，实现人的自然主义和自然界的人道主义的统一。“这种共产主义，作为完成了的自然主义，等于人道主义，而作为完成了的人道主义，等于自然主义，它是人和自然之间、人和人之间的矛盾的真正解决。”③

六、马克思主义生态理论对当代中国生态文明建设的指导价值

随着工业文明弊端的日益暴露，特别是全球问题的爆发，正确处理人与自然的关系成为世界人民的共识。1987 年联合国的报告《我们共同的未来》首次提出了“可持续发展”理念，1992 年在里约热内卢召开的联合国环境与发展大会上通过了《21 世纪议程》，明确了人类对环境的责任和义务，提出了解决生态环境问题的全球行动计划和具体策略。1994 年《中国 21 世纪议程》即《中国 21 世纪人口、环境与发展白皮书》通过，从中国的具体国情和环境与发展的总体要求出发，提出了促进中国经济、社会、资源、环境以及人口、教育相互协调、可持续发展的总体战略和措施方案。1995 年中国共产党的十四届五中全会将可持续发展战略纳入“九五”和 2010 年中长期国民经济和社会发展计划，明确提出“必须把社

① 《马克思恩格斯全集》第 19 卷，人民出版社 1963 年版，第 244 页。
② 《马克思恩格斯选集》第 3 卷，人民出版社 1995 年版，第 646—647 页。
③ 《马克思恩格斯全集》第 42 卷，人民出版社 1979 年版，第 120 页。

会全面发展放在重要战略地位，实现经济与社会相互协调和可持续发展”。进入21世纪后，中国共产党和中国政府对可持续发展的认识不断提高，在党的十六大报告中把建设生态良好的文明社会列为全面建设小康社会的四大目标之一；党的十六届三中全会在总结以往经验的基础上又提出了包括统筹人与自然和谐发展在内的科学发展观，使我们对生态文明的认识又上升到一个新的高度；党的十六届五中全会《关于制定国民经济和社会发展第十一个五年规划的建议》提出了“建设资源节约型、环境友好型社会”的任务；党的十七大则明确提出了“建设生态文明”的战略决策和奋斗目标，并把它融入中国特色社会主义道路中，成为落实科学发展观，构建和谐社会，走有中国特色的自主创新道路、新型工业化道路、农业现代化道路、城镇化道路和政治发展道路的内在要求。这一切表明中国共产党作为马克思主义政党秉承和实践着马克思、恩格斯的生态理论遗产，并结合时代的变化和发展要求，与时俱进，创新、发展着马克思主义的生态理论。

生态文明建设战略的提出是对我国改革开放以来特别是“十五”期间经济快速发展的同时暴露出来的生态环境问题深刻反省和对我国未来经济社会发展规律深入探索的结果，也是对马克思、恩格斯的工业文明批判性反思理论与实践的继承。马克思和恩格斯生活在资本主义上升时期，目睹了工业文明的巨大成就，他们对此给予了充分肯定，特别是对工业革命带来的生产力的解放和发展更是给予了高度赞扬。但他们同时也对生产力（一切生产力都归结为资本生产力）和社会关系（社会关系实质上是资本关系）的“资本化”造成对“人”和“自然”的双重剥夺进行了无情揭露和深刻批判。党的十七大报告一方面充分肯定了取得的成绩，包括环境建设方面“能源资源节约和生态环境保护取得新进展”，同时也尖锐地指出了存在的问题，其中首要的问题就是“经济增长的资源环境代价过大”，也就是说我们的经济发展是通过“三高一低”（高投入、高消耗、高污染、低效率）的粗放型增长模式实现的，由此带来的环境问题十分严重：一是资源消耗大，重要资源消耗占世界总量的比重远大于GDP占世界总量的比重，如目前能耗单位实现的GDP仅为世界平均水平的 30%，其他资源的消耗总量远高于世界平均水平，煤炭占全球总量的 32%，钢材占 27%，水泥占 46%，淡水占 15%，化肥占 28%，常用有色金属占 19%，均排在世界第一位[①]。二是资源综合利用率和再回收利用率低，矿产资源总回收仅达 30%（国外先进水平是 50%），废钢利用率 26%（世界平均是 37%），工业用水重复利用率 60%（国外先进水平是 75%以上）[②]。三是污染严重，最为严重的是农村工业污染、城市水污染、大气污染和固体废弃物污染，如目前我国甲烷、氧化亚氮、沙尘和二氧化硫排放量均居世界首位，二氧化氮居第二位。[③] 可以说中国经济的发展遭遇了环境"瓶颈"，未来的发展就取决于我们能否充分认识到人口、经济发展受资源承载力和环境承载力的限制，就在于能否协调经济发展与人口、资源、环境的关系。因此，建设生态文明和资源节约、环境友好型社会是保障我国经济安全，推动我国经济持续发展的重要举措。党的十七大报告明确提出了"坚持生产发展、生活富裕、生态良好的文明发展道路，建设资源节约型、环境友好型社会，实现速度和结构质量效益相统一、经济发展与人口资源环境相协调，使人民在良好生态环境中生产生活，实现经济社会永续发展"[④]的宏伟目标。

面对日益严重的环境问题我们应该如何应对呢？科学的态度是既不能过分乐观，也不能过于悲观，而应该既看到问题的严重性，又充满信心和决心，既开展深入的理论研究，又及时地采取措施进行治理。这才是富有建设性的态度。马克思和恩格斯的探讨为我们提供了丰富的资源和具体指导。首先，转变观念，革新思维方式，牢固树立"生态文明观念"。马克思和恩格斯曾指出，生态环境问题的产生，认识上的落后是一个重要原因。近代以来人们把人与自然的对立看成是天经地义的，认为

---

① 中国科学院可持续发展战略研究组：《2006 中国可持续发展战略报告》，科学出版社 2006 年版，第 10 页。

② 中国科学院可持续发展战略研究组：《2006 中国可持续发展战略报告》，科学出版社 2006 年版，第 10 页。

③ 中国科学院可持续发展战略研究组：《2006 中国可持续发展战略报告》，科学出版社 2006 年版，第 9 页。

④ 胡锦涛：《高举中国特色社会主义伟大旗帜，为夺取全面建设小康社会新胜利而奋斗》，人民出版社 2007 年版，第 16 页。

人就应该是自然的主宰，没有认识到人和自然之间的对象性关系除了改造对象的一面，还有依赖对象的一面，更没有认识到人对自然的榨取、盘剥、虐待会招致自然的报复，所以要解决人与自然的矛盾，就要“一天天地学会更正确地理解自然规律，学会认识我们对自然界的习常过程所作的干预所引起的较近或较远的后果”①，就要培养人的“一切属性”，使之成为“尽可能完整和全面的社会产品”，即成为自由全面发展的人。今天建设生态文明同样需要观念的转变，具体来说，当前要在全社会和全国人民中树立起“以人为本”、“可持续发展”、“人与自然平等、和谐、共生”、“自然有价”、“资源节约、环境友好”、“人是主体不是主宰”、“环境保护人人有责”、“绿色 GDP”、“人与自然是伙伴不是敌人”、“生活要讲品位和质量”等全新观念。为此，要在全国加强以社会主义价值体系为核心的文化建设，积极开展国情教育、环境道德教育、传统美德教育，“明显提高全民族文明素质”。其次，转变经济增长方式，大力发展循环经济。党的十七大提出要“加快转变经济发展方式，推动产业结构优化升级”，“基本形成节约能源资源和保护生态环境的产业结构、增长方式”。马克思和恩格斯曾指出，环境问题产生的根本原因在生产方式及其相应的制度。而经济增长方式即生产模式是生产方式的重要内容。人类生产的发展经历了“原料—产品—废弃物”模式到“原料—产品—废弃物—废弃物治理”模式再到“资源—产品—废弃物—再生资源”模式。对于第一种模式，马克思和恩格斯进行了深入剖析，揭露了已经发生和可能发生的生态“悖论”和危机，如人与自然物质变换的断裂、生态平衡的破坏、生产的自然力的下降、人的工作环境和生活环境的恶化等，提出要进行废弃物、排泄物再利用，使“生产废料再转为同一个产业部门或另一个产业部门的新的生产要素”，使“排泄物就再回到生产从而消费(生产消费或个人消费)的循环中”②，这是今天循环经济思想的最早萌芽。对于第二种模式，人们最初寄予了厚望，然而由此带来的经济发展要求与资源环境限制的矛盾越来越突出，已成为今天经济社会发展的“瓶颈”，尤其是发展

① 《马克思恩格斯选集》第 4 卷，人民出版社 1995 年版，第 384 页。
② 《马克思恩格斯全集》第 46 卷(上)，人民出版社 1979 年版，第 95 页。

中国家更为严重。基于此，中国共产党适时提出了转变经济增长方式的要求，致力于建构生产发展的第三种模式，逐步形成“低投入、低消耗、少排放、能循环、可持续”的经济增长方式。为此，一要进行产业结构调整和优化升级，改变第一产业劳动力过剩，第二产业比重过大，第三产业明显不足，地区产业结构、投资结构不平衡的不合理结构，“促进经济增长由主要依靠投资、出口拉动向依靠消费、投资、出口协调拉动转变，由主要依靠第二产业带动向依靠第一、第二、第三产业协同带动转变，由主要依靠增加物质资源消耗向主要依靠科技进步、劳动者素质提高、管理创新转变”①；二要大力发展循环经济，“开发和推广节约、替代、循环利用的先进适用技术，发展清洁能源和可再生能源，保护土地和水资源，建设科学合理的能源资源利用体系，提高能源资源利用效率。发展环保产业。加大节能环保投入，重点加强水、大气、土壤等污染防治，改善城乡人居环境。加强水利、林业、草原建设，促进生态修复”②，最终走出一条有中国特色的新型工业发展、农业发展、城市发展道路。再次，转变生活方式，倡导文明消费，建立有中国特色的可持续消费方式。关于生活方式、消费方式与生态环境的关系问题，马克思和恩格斯虽没有作过专门的论述，但他们关于资本主义生产和消费、生产资料和生活资料的关系的阐述，关于城市人口的增加带来空气和水的污染、恶劣的生活环境给人造成身心损害的揭露，关于排泄物经生产到个人消费进行循环利用的主张都渗透着正确处理生产、生活（消费）与环境关系的思想。西方发达国家长期以来奉行消费至上的“消费主义”，主张“奢侈型”消费方式，如，根据世界自然基金会等发布的《生命行星报告 2004》，世界 15 个大国的人均生态足迹（Ecological Foot，简称 EF，1996 年 Wackernagel 等人提出的概念，指生态空间占有）中国为 1.5gha（gha 是 global hectare 的缩写），美国 9.5gha 是中国的 6.3 倍，加拿大 6.4gha 是中国的 4.3 倍，澳大利亚 7.7gha是中国的 5.1 倍，英国为 5.4gha 是中国的 3.6 倍，德国 4.8gha 是

① 胡锦涛：《高举中国特色社会主义伟大旗帜，为夺取全面建设小康社会新胜利而奋斗》，人民出版社 2007 年版，第 22 页。

② 胡锦涛：《高举中国特色社会主义伟大旗帜，为夺取全面建设小康社会新胜利而奋斗》，人民出版社 2007 年版，第 24 页。

中国的3.9倍,低于中国的只有印度和印度尼西亚。[①] 正是这种消费主义导致全球消费的迅速增长和生态环境的严重破坏,已成为全球可持续发展的最大障碍之一。联合国早在1992年就提出了“可持续消费”概念,1994年联合国环境署发表了《可持续消费的政策因素》的报告,指出可持续消费是一种全新的消费方式,适用于全球各国各种收入的人们。中国由于人口基数大,人均资源严重不足,生态足迹总量大,因此不能仿效西方消费方式,而应倡导绿色消费,逐步建立起“适度、节俭、公平、科学”的可持续消费方式。早在1994年的《中国21世纪议程》中就提出了克服不可持续的消费形态,逐步确立“合理的消费模式和适度的消费规模”的任务。2007年3月,温家宝总理在第十届全国人民代表大会第五次会议上的《政府工作报告》中大力倡导节约、环保、文明的消费方式。党的十七大则明确提出要基本形成节约能源资源和保护生态环境的消费方式。为此必须在全社会消除奢侈性、污染性消费,形成注重生活质量,积极开展生活废物的回收利用,充分考虑生态自我修复能力,拓展精神消费的良好风气。最后,加强制度建设,健全符合生态文明要求的法律体系、政策机制和社会管理体系。马克思和恩格斯虽然没有为我们制定出环境保护方面的法律,甚至也没有对生态环境问题解决的制度建设作出全面而系统的论述,但从他们早年对资本主义林木盗窃法的批判到《资本论》中对自然力被破坏、环境遭到污染而无人负责现象的谴责,从早年对“社会地控制”自然力的强调到《反杜林论》和《资本论》中提出“按照统一的总计划协调地安排自己的生产力”、联合起来的生产者“合理调节”和“共同控制”人与自然之间的物质变换过程、通过“城市与乡村的融合”排除“空气、水和土地的污毒”等主张,无不体现了他们对制度建设的追求,这些论述是我们今天加强解决生态环境问题的制度建设的重要资源和指导。党的十七大报告提出“必须把建设资源节约型、环境友好型社会放在工业化、现代化发展战略的突出位置,落实到每个单位、每个家庭。要完善有利于节约能源资源和保护生态环境的法律和政策,加快形

---

① 中国科学院可持续发展战略研究组:《2006中国可持续发展战略报告》,科学出版社2006年版,第176－177页。

成可持续发展体制机制。落实节能减排工作责任制”①。这为我们现在和今后一段时期的制度建设明确了方向和任务。一是要加强法制建设，健全法律体系。包括修订和完善已有法律，如《固体废弃物污染环境防治法》、《水污染防治法》、《清洁生产法》等；抓紧制定新的法律，如制定一部统一的《自然资源保护法》等；建立和完善落后工艺、技术和设备的强制淘汰制度，重点耗能产品和新上项目的市场准入制度，生产者的责任延伸制度等；加大执法力度，维护法律的严肃性。二是要促进体制机制创新，完善政策体系。通过政策的制定和执行调控、引导生态文明建设，如通过健全综合决策制度、财政扶持制度、干部问责制度、政绩评估制度等引导人们关心、重视、积极参与生态环境建设；通过发挥市场机制和经济杠杆的作用，深化重要资源性产品价格和排污收费改革，完善资源税收制度，健全矿产资源有偿使用制度，加快建立生态环境补偿机制和节能投资担保机制；通过规范信息发布制度，使生态文明建设步入规范、有序、和谐轨道。三要建立和完善社会管理体系。生态环境问题不仅事关国家政治经济实力和稳定发展大局，更关系到每个人的生存和发展，因此环境问题的解决不仅是政府的事情，也是社会的事情，是每个公民的事情，这就需要加强社会管理，使环境保护的意识和行为深入到社会的每个角落，深入到每个单位、每个家庭，形成环境保护从我做起的良好氛围；同时建立健全各种非政府的民间或社会环保组织，充分发挥其在资料调查、资金支持、宣传教育、区域和国际合作等方面的优势，形成全社会齐抓共管、共同控制的机制。

① 胡锦涛：《高举中国特色社会主义伟大旗帜，为夺取全面建设小康社会新胜利而奋斗》，人民出版社 2007 年版，第 24 页。

第二节　广西的生态（自然）资源及其危机

按照联合国环境规划署(UNEP)的定义,“所谓自然资源是指在一定时间、地点的条件下,能够产生经济价值的,以提高人类当前和将来福利的自然环境因素和条件的总称”。也有学者将其定义为“具有社会有效性和相对稀缺性的自然物质或自然环境的总称”[①]。本节中的自然资源是指包括土地资源、水资源、森林资源、生物资源、矿产资源、海洋资源、农业资源、旅游资源等在内的国土资源。广西地处中国西南边陲,是我国大西南省区之一,也是我国典型的喀斯特地貌省区,地跨热带和亚热带季风气候区,北回归线横贯其中,具有较丰富的自然资源。

一、广西的自然资源及特点

1. 土地资源

广西土地总面积达 23.67 万平方公里,占全国土地总面积的 2.47%,居全国各省、自治区、直辖市第九位。广西是我国喀斯特地貌面积较为集中的省区,区内土地类型丰富多样,主要有山地、石山、丘陵、台地、平原、水面等地型,其中山地(海拔 400 米以上)面积约为 9.42 万平方公里,占全区总面积的 39.7%;石山面积约为 4.68 万平方公里,占全区总面积的 19.7%;丘陵(海拔 200—400 米)面积约为 2.45 万平方公里,占全区总面积的 10.3%;台地(海拔 200 米以下)面积约为 1.5 万平方公里,占全区总面积的 6.3%;平原面积约为 4.89 万平方公里,占全区总面

① 张金纯,李素清主编:《应用生态学》,科学出版社 2003 年版,第 350 页。

积的20.6%；水面面积约0.8万平方公里，占全区总面积的3.4%。按土地特征分类，林地面积为1151.23万公顷，耕地面积约为255.91万公顷，牧草地面积约为75.19万公顷，水域面积约为80.00万公顷。地貌呈四周高中间低特征，四周多被山地、高原环绕，中间为山地、丘陵、台地、平原交错分布，南部临海。①

广西土地开发利用的历史最早可以追溯到一万年前的新石器时代。秦汉时期农耕与果园开发较为兴盛。此后，随着人口的迅速增长，大面积的毁林开荒，耕地面积不断扩张，森林覆盖率迅速下降，到20世纪30年代，耕地面积已占到全区土地总面积的8.64%，森林覆盖率则降到了23.3%。新中国成立后，广西的耕地面积经历了扩大、缩减、恢复、再缩减的过程。1985年以后，政府为加强耕地管理，制定了耕地保护政策，虽然城镇扩大，工业、交通发展及产业结构调整占用了大量耕地，但在水田逐年减少的同时旱地却逐年增加，这使得耕地总面积仍然保持动态平衡。②

从地理位置上看，广西东邻广东，内靠湖南、贵州、云南三省，南临越南和北部湾沿海，直接面对东南亚，不仅是祖国西部与东部、中部经济的结合带，西南往东盟各国的出海口，还是横贯我国西部与东部的大陆通道，具备沿边、沿海、沿江的区位优势。而且广西区属热带和亚热带湿润季风气候区，年平均气温为17—22℃，降水充沛，光照充足，热量丰富，生物多样性特征明显，非常适合农业生产，如果能做到地尽其用，因地制宜，科学保护，合理开发利用，将能发挥巨大的生产潜力。

2.**水资源**

广西地处低纬度地区，属热带—亚热带湿润季风气候，雨量充沛，河流众多，拥有丰富的水资源。年平均降雨量达1500mm左右，是全国年均降雨量的两倍多。境内地表河流发育良好，河流总长3.4万公里，河网密度为0.144公里/平方公里，流域面积覆盖全区。主要河流有红水河、郁江、西江下游区、桂江、南流江、柳江、贺江等，分属珠江、长江、桂南

---

① 广西壮族自治区统计局：《广西统计年鉴》，中国统计出版社2006年版，第6页。

② 广西壮族自治区人民政府网站 http://www.gxzf.gov.cn，2007年7月17日。

独流入海、百都河等四大水系。其中珠江水系是广西最大的水系，流域面积占广西总面积的85.2%，集雨面积50平方公里以上的河流有833条，主干流南盘江—红水河—黔江—浔江—西江自西北折东横贯全境，全长1239公里，出梧州流向广东入南海。长江水系分布于桂东北，流域面积占广西总面积的3.5%，集雨面积50平方公里以上的河流有30条，主要河段有湘江、资江，均属洞庭湖水系上游，经湖南汇入长江。其中湘江在兴安县附近通过秦代开凿的灵渠，沟通了长江和珠江两大水系。独流入海水系主要分布于桂南，流域面积占广西总面积的10.7%，较大河流有南流江、钦江、北仑河等，均注入北部湾。① 经越南入北部湾的百都河水系流域面积占广西总面积的0.6%。全区常年河流年径流量约为1880亿立方米，约占全国地表水总量的6.4%，居各省、市、自治区的第4位；全区水域面积80万公顷，占全区土地面积的3.2%，地表水资源总量为1720.8亿立方米，人均水资源占有量3494立方米；2005年全区年径流量为1720.84亿立方米，水力资源蕴藏量为2133万千瓦，可开发量为1751万千瓦。②

新中国成立50多年来，广西区政府大力开发水利资源，累计投资水利基础设施建设近500亿元，建成各类水电(电力)工程设施30多万座(处)。2005年全区水电能源生产总量为433.75万吨，全区农田有效灌溉面积为151.98万公顷，大小水库共4380座，其中大型水库33座，中型水库183座，小型水库4164座，堤防总长度2759公里。水库总库容252.14亿立方米，水库兴利库容114.0亿立方米，水库有效灌溉面积68.31万公顷。③

此外，广西地势西高东低，四周为山地，降雨丰富，地貌以喀斯特溶岩为主要特征，蕴含着丰富的地下水资源。自治区水利厅统计数据显示，2005年全区地下水资源总量为365.7亿立方米，占全区水资源总量的17.53%。其中碳酸盐岩溶水占全区地下水资源总量的61.5%，基岩

---

① 广西壮族自治区人民政府网站 http://www.gxzf.gov.cn，2007年7月17日。

② 广西壮族自治区统计局：《广西统计年鉴》，中国统计出版社2006年版，第8页。

③ 广西壮族自治区统计局：《广西统计年鉴》，中国统计出版社2006年版，第145页，第308页。

裂隙水占 36.4%，松散岩类孔隙水占 1.4%。[1]

3. **森林资源**

广西植被以热带和热带—亚热带成分为主，特有树种较多，在分布上存在南北和东西差异。植被的次生性质是广西植被的主要特征，大部分地方已不存在原生植被，次生植被主要有灌草丛、灌丛、藤刺灌丛、落叶阔叶林、常绿落叶阔叶混交林等。自北向南有三个植被带：中亚热带常绿阔叶林带、南亚热带常绿季雨林带、北热带季节性林带。全区山地、丘陵面积占土地总面积的 75%左右，有“八山一水一分田”之称，因此广西宜林地面积相对较大。全区有林业用地面积 1506.67 万公顷[2]，占全区土地面积的 63.65%。根据广西森林资源连续清查的第七次复查结果，至 2005 年底，广西森林面积 1252.50 万公顷，居全国第六位，人均森林面积 3.81 亩，其中乔木林面积 894.58 万公顷，占全区森林面积的 71.42%，天然乔木林面积 513.56 万公顷，人工乔木林面积 381.02 万公顷；全区森林覆盖率 52.71%，居全国第四位；活立木总蓄积 51056.78 万立方米，其中森林蓄积 46875.18 万立方米，均居全国第七位；乔木林每公顷蓄积量 58.1 立方米，森林生态功能等级达到中等以上的森林面积占 75%；商品木材年产量 550 多万立方米，占全国商品木材年产量的七分之一。全区有人工林 460 多万公顷，经济林 220 多万公顷，速生丰产用材林 130 多万公顷，均居全国首位。[3]

按林种分，广西森林资源可分为天然林和人工林两大类，其中天然林以棒科、壳斗科等植物为代表的常绿阔叶林为主，同时包括亚热带落叶阔叶林、亚热带针叶阔叶混交林、亚热带针叶林等。在天然林中又分布着诸多珍贵的树种，如柚木、铁力木、格木、母生、红椎、檀香、小叶红豆、苏木、枧木、金丝李、坡垒、桃花心木、降香黄檀等。人工林则以松树、杉树、桉树等用材林和油桐、油茶、八角、肉桂、栲胶等经济林为主。

① 广西壮族自治区统计局:《广西统计年鉴》，中国统计出版社 2006 年版，第 8 页。

② 广西壮族自治区人民政府网站 http://www.gxzf.gov.cn，2006 年 7 月 20 日。

③ 广西壮族自治区林业局网站 http://www.gxly.cn/gxly/default.htm，2007 年 7 月 15 日。

4. **野生生物资源**

广西野生动植物种类繁多，其中有许多都是广西特有的珍稀动植物种类。广西是我国生物资源最丰富的省区之一，仅次于四川、云南。广西特有的野生种类有10属744种，如银杉、资源冷杉、元宝山冷杉、金花茶、瑶山苣苔等。珍稀濒危植物有银杉、资源冷杉、元宝山冷杉、红豆杉、狭叶坡垒、膝柄木、伯乐树、单性木兰、合柱、金莲木、望天树、华南五针松、枧木、金花茶等123种，占全国珍稀濒危植物总种数的32%。国家一级保护树种有金花茶、银杉、桫椤、望天树等4种，占全国一级保护树种的50%；国家二级保护树种有52种，占全国二级保护树种总数的32.5%；国家三级保护树种有67种，占全国三级保护树种总数的30.3%。广西是全国植被类型最丰富且较为完整的少数省区之一，拥有5个自然植被组，14个植被型，301个群系。主要植被类型有典型常绿阔叶林、季风常绿阔叶林、常绿季节性雨林、中山常绿落叶阔叶混交林、中山针阔混交林、次生季节性雨林、亚热带针叶林、亚热带落叶阔叶林、石灰岩常绿季雨林、石灰岩常绿落叶阔叶混交林、红树林、灌丛、草丛等。①

除丰富的植物资源外，广西的野生动物资源也相当丰富。全区已发现的陆栖脊椎野生动物有929种（含亚种），约占全国总数的43.3%。海洋及淡水鱼类700多种，占全国总数的30%以上。在这些动物中，国家重点保护的珍稀物种有150个，约占全国重点保护动物的44.5%。其中属国家一级保护的有26种，占全国的26.8%；二级保护的有124种，占全国的51.7%。此外，属广西重点保护的动物有82种，其中广西特有的动物有18种。脊椎野生动物分为兽类、鸟类、爬行类及两栖类和鱼类等。广西兽类资源丰富，其中属国家一级保护的有10种，二级保护的有16种，其中灵长类动物属国家一级保护的有6种，二级保护的有3种。广西鸟类资源的品种数约占全国鸟类种数的45%，其中属国家一级保护的有9种，二级保护的有78种。广西爬行、两栖类动物属国家一级保护的有4种，属二级保护的有14种。广西野生鱼类属国家一级保护的有3

① 广西壮族自治区人民政府网站 http://www.gxzf.gov.cn，2006年7月20日。

种，二级保护的有16种。此外，在广西宽阔的滩涂和浅海地带还生长着大量浮游生物、潮间带生物和底栖生物。[①]

5.**矿产资源**

矿产资源是分布在地壳表层，蕴藏于水、土壤、石山或岩层中的一种自然资源，是一个国家或地区工业、农业生产生活的重要原料来源。矿产资源贮藏情况对一个地区经济、社会发展有着重要影响。广西矿产资源种类繁多，有色金属矿产丰富，是我国10大重点有色金属产区之一，素有"有色金属之乡"的称号。全区已发现矿种145种(含亚矿种)，占全国探明资源储量矿种的45.7%。探明储量的矿藏有97种，其中储量居全国前10位的有64种，居全国第一的有12种，居全国第2—6位的有25种。广西铝土矿探明储量6.8亿吨，远景储量超10亿吨，且矿藏分布集中、矿石质量佳、易开采，是我国唯一可直接采用纯拜尔法生产优质砂状氧化铝的基地；锰矿保有储量2.28亿吨，占全国保有储量的39%；锡、锑、铟保有储量分别占全国保有储量的28%、33%和32%；铟产量占全世界产量的1/3。广西非金属矿产也十分丰富。石灰岩分布广泛，储量大、质地好，高岭土、滑石、膨润土等非金属矿储量均居全国前列，可建成中国南方最大的水泥生产基地。[②] 广西矿产资源还具有明显的地域差异特点，桂西北主要分布有丰富的有色金属和贵金属以及铁、铌、钽、滑石、重晶石等矿产。桂中主要分布有能源矿产、黑色金属矿产和冶金辅助原料矿产、化工原料矿产、建材以及其他非金属矿产，如煤、石灰岩、白云岩等。桂东南主要分布有黑色金属、有色金属以及部分非金属矿产，如锰、钒、钨、钪、石膏、高岭土、膨润土、花岗岩、大理岩石材等。

6.**海洋资源**

广西有1500多公里的海岸线，北部湾海域面积12.73万平方公里，是全国西部地区唯一一个沿边沿海省区，有沿海滩涂面积1005平方公里，20米水深以内的浅海面积6488平方公里，海水可养殖面积614平方公里。北部湾的浮游生物十分丰富，浮游植物2000个/立方米，浮游动

① 广西壮族自治区人民政府网站 http://www.gxzf.gov.cn，2006年7月17日。

② 广西壮族自治区人民政府网站 http://www.gxzf.gov.cn，2007年6月20日。

物150毫克/立方米，底栖生物143克/立方米，是高生物量的海区，也是中国著名热带渔场。鱼类资源有500多种，虾蟹类220多种。浅海有主要经济鱼类50多种、经济虾类10多种，盛产驰名中外的合浦珍珠。沿海一带拥有红树林10.8万亩，面积居全国第2位。[①] 海洋矿产资源十分丰富，北部湾海底沉积物中含有丰富的砂矿，已知的有28种，主要有钛铁矿、金红石、锆英石、独居石、石英砂等。其中，石英砂矿远景储量10亿吨以上，石膏矿保有储量3亿多吨，石灰石矿保有储量1.5亿吨。此外，钛铁矿比较丰富，沿岸已知产地8处，其中3处经初步勘查估算地质储量近2500万吨。根据远景区分级含量标准，北部湾海域中的矿产资源产地划分为一级远景区的有9个，它们皆分布于水深10～20米的近海区域，开发前景广阔。北部湾盆地油气蕴藏量也十分丰富，在东南部海域已发现北部湾盆地和莺歌海盆地两个海底油气盆地。北部湾油气盆地面积约为3.8万平方公里，沉积厚度近万米，预测油气资源储量为22.59亿吨，极有开发前景。莺歌海盆地主要分布于北部湾湾口区域，已探明含油气面积5.4万平方公里，天然气储量900亿立方米，为中国海陆勘探发现的大气田之一，预测远景石油储量达5.9亿吨。已开发的油气田有涠10—3、涠6— 1、涠11—4。[②] 沿海地区具有较大开发价值的海洋能，主要是潮汐能和波浪能，其中潮汐能开发条件良好，年发电量可达10.8亿千瓦时。[③]

总的来说，广西海洋资源的特点有：一是海洋资源丰富，具有较好的开发前景。广西除与中国广东省、海南省，越南等共同拥有北部湾及南海海域空间资源外，还拥有浅海和滩涂共7493平方公里。广西具有丰富的热带海洋生物资源、自然旅游资源和矿产资源，但就目前来看，广西海洋资源的综合开发利用率还比较低，各类海洋产业发展相对滞后，规模较小，今后还有较大的发展空间。二是港湾众多，具备了建设大西南出海通道的港口条件。广西曲折的海岸线和众多的港湾水道使广西沿

---

① 广西壮族自治区人民政府网站 http://www.gxzf.gov.cn,2007年6月20日。

② 黄焕光:《广西海洋资源及其发展海洋经济的构想》,《南方国土资源》2006年第4期,第35页。

③ 广西壮族自治区人民政府网站 http://www.gxzf.gov.cn,2007年6月20日。

海有天然港群之称。

7. 农业资源

广西是国内水、土、热资源配合较好的地区之一，气候温暖湿润，阳光充足，农业资源丰富多样，主要盛产南亚热带水果、蔬菜、甘蔗、麻类作物、桑蚕、药用作物、香料作物、松脂、桐油、三黄鸡、水牛奶、水产品等。目前，全区水果栽培面积1700多万亩，名列全国前茅，主产荔枝、龙眼、木瓜、凤梨、香蕉、芒果、沙田柚、柑、橙和菠萝蜜等；蔬菜种植以秋冬蔬菜为主，面积达1500多万亩。地方名优蔬菜品种有荔浦芋、玉林大蒜、横县大头菜、博白蕹菜、扶绥黑皮冬瓜、田林八渡笋、覃塘莲藕和长洲慈姑等。广西是世界十大产糖区之一，甘蔗种植面积900万亩左右，单产和糖分均达到巴西等著名产糖国先进水平。全区共有草山草坡9700万亩，可利用面积70%以上，年产鲜草1.6亿吨以上。广西水牛奶别具特色，现有水牛400多万头，占全国水牛总数的1/5。禽畜优良品种有三黄鸡、香猪、三乌鸡、都安山羊、德保矮马和右江鹅。适宜水产养殖的水域面积1300多万亩，对虾、罗非鱼、珍珠、牡蛎等优势和特色产品在海内外占有较大份额。广西是全国最大的松香、松节油产区，松香产量约占全国一半，栲胶、八角、桐油、肉桂等均排全国第一，产量占全国的50%—90%。此外，广西有中草药4623种，居全国第2位，其中少数民族用药1021种，主要有田七、肉桂、罗汉果、绞股蓝、血竭、安息香、砂仁等。饮料作物有六堡茶、白毫茶、甜茶、苦丁茶等。[①]

8. 自然旅游资源

独特的地理位置和气候条件，为广西的旅游业提供了丰富美丽的自然景观，主要有森林、山水溶洞、海滩海岛等。至2004年底已开发的景区、景点有400多处。其中国家级的风景名胜区3个、旅游度假区1个、森林公园11个，省级风景名胜区31处、旅游度假区9个。可将其归纳为三大自然旅游资源系统。一是以森林为依托的森林和珍稀生物为一体的综合生态旅游资源。广西森林资源丰富，覆盖率高，且有大片保持

① 广西壮族自治区人民政府网站 http://www.gxzf.gov.cn,2007年7月20日。

良好的原始森林和次生林，主要分布于十万大山、九万大山、花坪、元宝山、海洋山、猫儿山、大瑶山、大明山和姑婆山等山区及丘陵地带。区内林木种类繁多，以亚热带常绿阔叶林和常绿季雨林为主，森林景观多种多样，不但极具观赏性，而且有较高的科考价值。广大的林区除了丰富的林木资源外，还是各种珍稀生物的聚集地，在各林区、山地分布有白头叶猴、黑叶猴、蜂猴、金钱豹、华南虎、巨蜥等一大批国家级重点保护动物以及金花茶、银杉、桫椤、望天树等国家珍稀濒危植物。美丽的林海和珍贵的生物物种一起构成了广西综合性的森林生态旅游资源。二是以山水溶洞为主要特征的奇特地貌景观。广西属于世界典型的喀斯特地貌区，地形特点是山多洞奇，广泛分布着石山、石林、溶洞、暗河等奇特的岩溶地貌景观。如以山清、水秀、洞奇、石美著称的桂林自然山水风光，素有"桂林山水甲天下"的美称，是广西乃至全国及全世界的著名旅游胜地。除此之外还有以资江八角寨为代表的中国丹霞地貌景观、以百色大天坑群为代表的世界第一大天坑群旅游景观以及南宁的伊岭岩和大化河七百弄等喀斯特溶岩地貌。这些奇特地貌和多姿多彩的山水景观成为广西吸引中外游客的重要自然旅游资源。三是以海滩海岛为主的滨海旅游风光。广西是西部唯一一个沿海的省区，美丽的南国海滨风光是广西旅游资源的一大亮点，北部湾沿海地区包括北海、钦州和防城港，总面积有1万多平方公里，海岸线1500多公里，沿海大小岛屿400多个，拥有一个国家级旅游度假区——北海银滩和一个省级旅游度假区——北海涠洲岛旅游度假区。

二、广西自然资源危机

总的来看广西的自然资源是相当丰富的，无论从资源的种类，还是从资源的产储量来看，在全国都有较明显的优势。丰富的自然资源是广西经济社会发展的重要命脉，但随着经济社会的发展，自然资源的不断开发利用，广西自然资源出现了危机，这不仅是关涉到广西当前的经济社会发展的现实问题，也是关涉到我们子孙后代可持续发展的战略问题。

1. 水土流失严重，土地后备资源不足，人地矛盾突出

广西土地资源分布极不平衡，桂东南与桂西北区域差异大。桂东南多为低山丘陵和盆地、平原，水利条件好，土地肥沃，交通方便，耕作精细，土地生产率和综合利用率相对较高。桂西北山地多，山体高大，坡陡土薄，其间又广泛分布着岩溶地貌，地面崎岖，交通不便，土少石多，易旱易涝，土地适宜性差，土地生产率低，土地综合利用率较低。从全区的土地类型分布来看，山地、丘陵和石山面积共占了69.7%，山多地少是广西土地资源的主要特点。而广西又是我国喀斯特地貌的集中地区，区内喀斯特面积70733.25hm^2，占全区总面积的29.9%，包括峰丛洼地、峰林谷地和残丛平原，主要分布于桂西、桂西南和桂东北。全区碳酸盐类岩石面积8.95万平方公里，占广西土地面积的37.8%，其中裸露碳酸盐岩石面积7.88万平方公里，占广西土地面积的33.4%，主要分布在广西西部、北部、西北部的少数民族地区。全区有57个县市喀斯特面积占该县市土地总面积30%以上，其范围内有人口1000多万，约占广西人口总数的30%。全区喀斯特面积最大的地区是桂林市和忻城县，喀斯特面积分别占其所辖区域总面积的99.5%和98.7%。[①] 喀斯特山区也是生态系统较为脆弱的地区，大多山高坡陡，石多土少，蓄水能力低，不宜农林垦植，且极易造成水土流失。根据广西水土流失遥感调查和实际调查结果，全区现有水土流失面积28122.56平方公里，占全区土地总面积的12%。水土流失按土壤侵蚀强度分为：轻度侵蚀面积8130.11平方公里，中度侵蚀面积1741.03平方公里，强度侵蚀面积513.40平方公里，极强度侵蚀面积82.16平方公里，剧烈侵蚀面积223.79平方公里，另有岩溶石山区毁坏型面积17432.07平方公里。按土壤侵蚀的类型分为：水力侵蚀面积27901.12平方公里，风力侵蚀面积3.54平方公里，重力侵蚀面积42.77平方公里，混合侵蚀面积175.14平方公里。[②] 毫无疑问一方

① 曾艳华主编：《大西南石山区生态保护与农业可持续发展研究》，气象出版社2004年版，第74页。

② 广西壮族自治区人民政府网站 http://www.gxzf.gov.cn，2006年7月7日。

面水土流失日益严重，土地石漠化面积不断扩大，另一方面人口不断增加，土地缺乏后备资源，使得广西人多地少的矛盾将更加突出。随着广西经济社会的发展，工矿用地、建筑用地、交通用地等呈逐年上升趋势，这必将进一步威胁土地的总体生产能力。

2. 水资源分布不平衡，利用率低，污染严重

总的来看广西的水资源是相当丰富的，但在水资源开发利用上也存在诸多的问题。首先，水资源总量丰富，但分布不平衡。广西水资源分布不平衡主要表现在两个方面：一是地区分布不平衡。降水量从东南向西北递减，土山及平原地区水资源丰富，而石山地区则较为匮乏。地表水资源主要集中在桂林、河池、柳州、南宁、梧州、百色等地。二是季节分布不平衡。每年的夏季是丰水期，降水量占了全年总降水量的七八成，由于河道狭窄，地表蓄水能力低，常常在这个时期引发洪涝灾害。而春、秋、冬三季为枯水期，每年的这个时期在全区各地都会出现不同程度的缺水，有的地方甚至还会引发旱灾。因此，常有旱涝灾同年出现，旱涝地区同时并存的现象。其次，用水管理不科学，水资源利用率低，造成大量浪费。地处南方的人们普遍缺乏节约用水的意识和观念，总以为南方雨水丰富，用之不尽，加上对水资源的开发利用没有科学规划和宏观调控，农业灌溉技术传统落后，90%的农田还是使用传统的大水漫灌、浸灌等方式，导致了有水时滥灌，无水时干旱的局面，造成了水资源的大量浪费。再次，水资源污染严重，工业用水的重复利用率低，而废水排放量却一年比一年高。2000 年工业废水排放量为 81571 万吨，2004 年为 122731 万吨，2005 年为 145609 万吨，平均每年以近 20%的速度递增，而 2000 年经过处理达标的废水仅为 30303 万吨，2004 年为 106282 万吨，2005 年为 121873 万吨，2004－2005 年废水处理达标增长率不到 15%，也就意味着 2000 年到 2005 年广西全区每年有 30000 多万吨的工业废水排放是不达标的。[①] 除工业污染外，农业生产对水资源的污染也在逐年扩大，随着农业生产中化学肥料、农药等在使用量和使用

① 广西壮族自治区统计局：《广西统计年鉴》，中国统计出版社 2006 年版，第 250 页。

范围上的扩大以及农村地区环境保护意识的淡薄，不知不觉造成了对水资源的污染，甚至整个农业生态环境都受到了严重威胁。最后，乱开垦导致水土流失严重，地表土壤及植被涵水能力降低。2005 年地表水资源与 2001 年相比减少了 700 多亿立方米，而 2005 年地表水资源总量只有 1700 多亿立方米，短短五年时间全区地表水资源总量就减少了近三分之一。①

3. 森林生态功能减弱，生态环境恶化，生物多样性受到威胁

虽然广西森林覆盖率一年比一年高，2005 年已是 1990 年的近两倍，但广西的森林资源仍然存在脆弱的一面。首先，森林资源分布不平衡。总的来说西北部的森林面积相对较大，东南部相对稀少，而且多是集中在边远的丘陵地带，石山区和水源林区的森林覆盖率仍较低。其次，天然林面积少，用材林多，原生林少，次生林多。20 世纪 70 年代末由于乱砍滥伐，广西森林覆盖率迅速下降。到了 80 年代后，政府加大了对森林保护力度，并实施大面积的封山育林和退耕还林，才使得近年来的森林覆盖率逐渐回升。现有的大量森林均是在已被破坏的基础上恢复的，大片的次生林和新生林又是以防护林和用材林为主，树种单一，林种、树种和林龄结构都不合理，导致森林质量下降，生态功能减弱，森林病虫害增多。广西壮族自治区环境状况公报显示，“2006 年全区林业有害生物发生面积 36.83 万公顷，比上年增长 18.62%，发生面积占全区森林面积的 2.9%。主要林业有害生物种类有：松突圆蚧、马尾松毛虫、湿地松粉蚧、萧氏松茎象、毛竹丛枝病、桉树青枯病等 27 种，其中松突圆蚧、马尾松毛虫、湿地松粉蚧发生面积占林业有害生物发生面积的 89.09%，松树有害生物发生面积占 94.53%，外来有害生物发生面积占 63.34%”②。再次，人—林—地的矛盾没有得到根本解决。森林资源保护的长期性、公益性和林木开发的功利性、短视性一直存在着不可调和的矛盾。作为林区、山区的广大农民祖辈就靠山吃山，现如今一方面要大量退耕还林，保护森林，一方面要大力发展经济脱贫，由于林业投资体制不健全，退耕还林

① 广西壮族自治区统计局：《广西统计年鉴》，中国统计出版社 2006 年版，第 8 页。

② 《广西日报》，2007 年 6 月 5 日第 6 版。

的经济负担被转嫁到农户和当地林业部门头上，因此，如何处理森林资源保护与经济发展之间的矛盾是当前亟待解决的现实问题。最后，林业经营管理体制落后，森林资源利用率低。现有的林木市场由于缺乏科学有效管理，综合利用率低，加工工艺简单，大量加工剩余物如林木的支杆、边皮、木屑等木材边料没有充分利用。

森林生态功能的减弱直接导致森林生态环境的破坏，进而威胁到生物多样性的安全。由于大量自然状态的森林、山地、水域等生态系统受到人为因素的干扰，环境污染以及对动植物资源掠夺式的开发利用，使珍贵的生物资源遭到不同程度的破坏，生物多样性受到了严重的威胁。生物物种生存的空间日渐狭小，有些珍稀物种正在消失或濒临灭绝的境地。广西大瑶山原来存在的大量动物如老虎、金猫等，现在已经绝迹，珍贵动物鳄蜥已极为罕见；原有的 216 种鸟类，已有 54 种灭绝；原有的 2335 种植物，已有 407 种绝迹。驰名中外的大瑶山灵香草，已减少 95%。[①] 因此，加大生态环境的保护力度，维护广西生物多样性，不仅是一项重要的战略任务，也是当前一项迫在眉睫的重要工作。

4. 农业资源危机影响农业可持续发展

农业资源的开发利用离不开农业的可持续发展，而农业的可持续发展又与土地资源、水资源、生物资源、矿产资源等息息相关。目前存在的水土流失、建设用地日增致使农业耕地日减，工矿企业的三废污染、生物多样性的破坏等都严重威胁着农业资源的开发前景。首先，自然条件的不利因素制约了农业资源的开发利用。广西大面积属于喀斯特地貌，山地较多，地表土层比较薄，涵水能力差，容易造成水土流失和土地的石漠化。全区的可耕地面积少，土地后备资源匮乏，人地矛盾突出，自然灾害频繁，这些将在一定时期内影响着广西农业发展。其次，农业生态环境破坏和污染日益严重。广大农村少数民族地区人口综合素质低，发展观念落后，加上缺少科学的规划和管理，长期以来对农业自然资源采取的是原始的开发方式，造成资源浪费；而大量农药、化学肥料的使用又对土

① 翁乾麟：《关于广西生态环境建设与保护的几个问题》，《林业经济》2001 年第 5 期，第 50 页。

壤、水体、农作物等造成了一定程度的污染;同时工业生产过程产生的“三废”污染逐渐威胁到农村的生态环境,如近年来,制糖厂、造纸厂、水泥厂、化工厂等造成的“三废”的排放量大大增加。再次,农业发展资金短缺,大部分山区农业基础设施落后,交通不发达,信息闭塞,影响了农业资源的开发和利用。广西是一个多民族聚居地,又地处祖国边陲,由于历史及地理条件的制约,整体经济发展相对滞后,许多地区属于老少边穷山区,无论是交通、信息,还是文化、教育、卫生等条件都比较落后,而要改善广大山区农业生产基础设施和生产条件,需要投入大量的资金和人力物力,是一项需要长期努力的战略建设工程。

三、广西自然资源危机的成因

对广西自然资源危机形成原因的正确认识和分析,是实施生态广西建设战略的必然要求,也是制定合理开发利用资源政策的重要依据。长期以来,对资源优势认识不足,自然资源开发利用缺乏科学的规划,资源综合利用率低,导致广西自然资源的优势潜力得不到充分发挥,反而使自然资源危机日益凸显。总括起来主要有以下几方面的原因。

1. 环保意识总体不强, 经济发展与自然资源开发利用没有形成良性循环机制

从历史来看,广西区政府一贯注重对广西生态环境的保护和自然资源的合理开发,早在上世纪 80 年代就作出了《关于保护森林发展林业力争十五年基本绿化广西的决定》。近年来,广西的森林覆盖率也迅速提高,远远超过了全国平均水平。但从总体来看广西的自然环境仍然呈现恶化的趋势,许多自然资源遭到掠夺性的开发和破坏,其主要原因在于民众的环保意识普遍不强。广西地处西部偏远山区,长期以来由于历史条件和其他因素的制约,经济总体水平相对较低,相应的教育、文化、科技等发展也滞后,有相当大的一部分地区属于老、少、边、穷山区,人口占全区总人口的 1/4,民众的环保意识薄弱,对自然资源还处在传统农业的掠夺式开发利用水平上,形成了“越垦越穷,越穷越垦”的恶性循环,使不

少地区的自然资源与环境遭到毁灭性的破坏,生态恢复艰难。改革开放以来,人们片面追求经济的高速发展,忽视了资源与环境的承载能力,政府在一定程度上也盲目追求“高速度”,急功近利求“政绩”,重数量轻质量。这些使经济发展与自然资源的开发利用没有形成良性的循环机制,陷入了边发展,边破坏,边治理的困境。然而对于遭受破坏的环境治理又缺乏完善的政策体制和足够的资金投入,对民众或企业的环境破坏、污染行为往往仅以罚代治,以罚代管,没有从根本上建立行之有效的生态保护和环境治理的制约机制。

2. 人口增长过快,对自然环境的压力过大

广西作为大西南石山地区,生态环境本身就较为脆弱,也缺乏与经济发展密切相关的重要资源,如煤、铁、石油等,资源的人口承载能力小,加上广西经济发展水平相对滞后,城镇化水平低,庞大的人口数量及快速的人口增长,不仅严重制约了广西经济社会的发展,也给广西的自然资源及环境带来了巨大的压力。

虽然经过多年的计划生育政策,广西人口增长速度有所减缓,人口数量得到一定控制,但由于人口基数大,广大的农民生育观念落后,广西人口增长速度仍然相对过快。2006 年《广西统计年鉴》显示,2005 年广西人口总数接近 5000 万,人口自然增长率 8.17‰,远高于全国人口自然增长率 5.89‰。① 人口数量的剧增,使广西人地矛盾更为突出,人与自然的关系进一步紧张,为了满足更多人的生产生活需要及经济社会的发展需求,必然会进一步加大对自然资源的开发力度,如为缓解人地矛盾,大规模地毁林开荒,围海造田。同时,随着城镇化的发展,工业、农业建设用地不断增加,这必然导致一系列的生态环境问题。据专家统计分析,2003 年广西的人均生态承载力从 1990 年的 0.8204hm^2 减少到了 0.6537hm^2,减幅达到 20.32%,而广西的人均生态足迹则从 1990 年的 0.6017增加到了 1.1378,增幅达到 89.10%。从生态盈亏的角度看,广西的人均生态足迹已经超过了人均生态承载能力,出现了严重的生态赤

① 广西壮族自治区统计局《广西统计年鉴》,中国统计出版社 2006 年版,第 15 页。

字，说明广西对自然资源的利用程度和释放废弃物的速度已经超过了本地区自然的再生能力和自净能力。[①]

3．产业结构与资源节约和环境保护不相协调

产业结构是影响广西生态环境和自然资源开发利用的一个重要因素。随着改革开放和经济建设的深入，广西的产业结构布局逐渐走向多元化，但就目前而言，广西粗放型经济增长方式尚未得到根本转变，产业结构不合理，第一、二产业所占比重大，第三产业发展缓慢，资源依赖型产业比重大，技术密集型产业比重小。这样的产业结构不仅与我国走新型工业化道路不相符，而且必将制约广西经济社会的可持续发展。

无论是广西的工业还是农业，其经济仍然以增加生产成本和扩大资源开发为基础的传统增长方式为主，如作为经济支柱产业的有色金属冶炼、采矿、制糖、造纸、机械、食品加工等，都是高能耗、高排放的传统产业，这些产业不仅对资源需求大，而且对环境破坏严重，尤其是许多中小企业的生产工艺简单，资源综合利用率低，各类废弃物排放量大，对区内的水质、土壤、空气等生态系统构成严重威胁。而且对产业结构不合理所带来的环境问题，还没有建立有效的生态补偿机制，受益不补偿在采矿、造纸、建材等高污染行业尤为明显，有的地方政府出于局部利益的考虑，对经济产业结构调整往往采取不作为的态度，只要不出重大责任事故就万事大吉，根本不考虑经济社会的可持续发展。近年来广西在经济迅速发展的同时，也在自然环境方面付出了沉重代价。2005 年用于环境污染治理投资 49.14666 亿元，比上一年增长了 17.5%，占广西当年生产总值的 1.2%。[②]

4．自然条件的不利因素影响

自然条件的不利因素对广西自然资源和环境的影响也是一个不可忽视的方面。广西地处祖国南疆，地质形态以喀斯特岩溶地貌为主，境内多山少土，既不像平原地区那样一马平川，也没有两河流域的千里沃

① 吴玉鸣，张燕：《西南岩溶区广西生态安全及资源利用效率》，《生态学报》2007 年第 1 期，第 247 页。

② 广西壮族自治区统计局《广西统计年鉴》，中国统计出版社 2006 年版，第 256 页。

野。全区总面积不小，但大部分是以石灰岩为主的山区，素有“八山一水一分田”之称，而且地质复杂，土壤贫瘠，土层稀薄，含水保肥力差，成片的土地面积小而分散，不利于农业耕种。受广西低纬度地域和喀斯特地形影响，虽然全区年均降水量充沛，雨热同季，但在空间和时间分布上极不均衡，降水强度大而集中，雨旱季明显，加上岩溶石山区水土保持能力差，降水渗透快，地表径流少，大部分地区水资源依然缺乏。“近十几年来，在全球变暖为主要特征的气候背景下，广西持续出现大面积的干旱，多年平均受旱面积占全区总面积的 1/4。干旱不仅引发森林火灾，也导致水资源减少、地表水面收缩、土地沙化、农林病虫害泛滥等一系列的灾害。”①岩溶地质易塌陷、滑坡、渗水，也不利于采矿、建筑以及水利设施修建等，这不仅给广西的自然资源和环境造成极大的破坏，也在很大程度上制约着广西经济的发展。

第三节　合理公正利用生态（自然）资源，实施生态广西战略

所谓生态广西，总的来说，“就是要在科学发展观的指导下，运用可持续发展的理论，以促进经济增长方式的转变和环境质量的改善为前提，抓住产业结构调整这条主线，充分发挥区域生态和资源优势，统筹规划和实施经济建设、社会发展和环境建设，基本适应广西经济社会的可持续发展，造就一个既有发达的生产力，又保持蓝天碧海、山川秀美的广西”②，就是经济社会与生态环境实现协调发展、各个领域达到了可持续

① 叶汝坤：《论生态广西建设亟待解决的环境问题》，《广西社会科学》2006 年第 12 期，第 22 页。

② 曹伯纯：《大力推进富裕广西文化广西生态广西平安广西建设，为实现构建和谐广西历史任务而努力奋斗》，《广西党史》2006 年第 6 期，第 18 页。

发展要求的广西。根据《广西生态省(区)建设规划纲要》,广西生态建设的总体目标是经过15—20年的努力,把广西建设成为经济繁荣、人民富裕、生态良好、环境优美、社会文明的可持续发展省(区)。到2025年,在全区初步形成生态经济体系、可持续利用的资源保障体系、山川秀美的生态环境体系、人与自然和谐共处的人居环境体系、支撑可持续发展的科技与安全能力保障体系、体现现代文明的生态文化体系等六大生态体系。要实现这一战略目标,必须合理开发利用好广西现有的生态自然资源,构建以循环经济为主导的生态工业、农业、牧业、渔业及生态友好型服务业经济体系。

一、土地资源的保护与开发利用

土地是地球上一切生物和非生物的最终载体,无论是动植物的生息繁衍还是人类的生产生活最终都要以土地为依托,土地资源的变化直接影响着整个自然生态环境的变化和人类的生存与发展。因此,合理公正地利用好广西有限的土地资源对于生态广西建设具有重要的战略意义。随着广西经济社会的快速发展,对土地资源的需要将逐步扩大,经济社会发展与土地资源的有限性和稀缺性之间的矛盾也将日益凸显,必须从战略的高度重视土地资源与广西经济社会发展的关系,以科学发展观为指导,科学界定区域土地资源的功能导向,从土地资源的集约和节约利用角度对土地资源进行合理配置。

首先,针对广西人多地少、山多地少、石多土少的土地资源特点,进一步优化土地利用结构与布局,完善土地分区规划和分区使用管制,促进居住向城镇和中心村集中、工业项目向工业园区和工业集中区集聚,合理确定基础设施规模与布局,防止重复建设,推进土地集约利用和节约利用,使区域的经济布局、人口分布与土地承载能力相适应。严格保护现有耕地资源,严禁利用城镇化之名,滥用、占用农耕地,不断完善土地征用补偿制度、基本农田保护制度、非农业建设占用基本农田许可制度,保持耕地占补平衡。同时加大耕地整理力度和矿山废弃土地复垦力度，增加有效耕地面积，改造劣质耕地，提高耕地质量及其生产能力。其次，加强水土保持工程建设。通过退耕还林还草，加强水源区和裸露地的植被绿化。再次，通过建立各类土地保护区加强保护。土地保护区是为了保护重要的土地资源免受破坏和保护生态环境需要而划定的土地区域。如基本农田保护区、自然保护区、生态旅游风景区、国家森林公园等。最后，对未开垦的土地实施适度开发，坚持边开发、边保护、边利用的原则。根据荒地的地形特点、土壤类型、所属地貌等实际情况，在符合生态保护要求的前提下，进行科学合理开发。

二、水资源的保护、节约和开发利用

水是一切生命之源，是人类赖以生存与经济社会发展不可替代的基础性自然资源，与土地、森林、草原、矿产等自然资源不同，它是可再生的动态资源，地表水与地下水相互转换，上下游、干支流、左右岸、水量水质相互关联、相互影响。而且，水资源还具有多功能性和可重复性的特点，可以广泛地用于工业、农业、运输，还可以转换为电力能源，造福于人类。但水资源也有消极脆弱的一面，它能引起旱涝灾害，极大地损害人类的生产生活，如果受到污染还会影响到各个生态系统，导致环境恶化。因此，保护、节约和开发利用水资源，对于广西生态建设具有非常重要的意义。广西境内拥有分属四大水系的七大江河，加上每年充足的降雨量，有着丰富的水资源，相对北方而言属于水资源比较丰富的省区，但由于广西水资源也有诸多自身的不利因素，加上人为和开发利用措施不当，同样面临严重的水资源危机。因此，必须从广西战略发展的高度，科学制定水资源综合开发与保护规划，统筹兼顾和协调地区、行业间的用水，发挥水资源的多种功能，将经济社会发展、城市建设规划与水资源的保护、节约联系起来。要实施水资源的生态保护工程，建立水源林地保护区，完善长效保护机制和补偿制度，将保护责任落实到相关单位甚至个人。

水资源的开发利用还必须严格执行国家和广西的相关法律法规，坚持兴利与除害相结合，兼顾上下游、左右岸和各地区各行业的利益，充分发挥水资源的综合效益。全面建设节水型社会，运用经济手段和价格机制调节水资源供求关系，引导节约用水。首先，加强农田水利基础设施建设，普及推广节水灌溉技术，发展节水农业，提高灌溉用水的利用率；其次，加强工业节水技术改造，推广节水技术和设备，提高工业废水重复利用率；再次，提高公众节水意识，推广节水型用水器具，加强公共建筑设施、生活小区、住宅的节水设施建设，建立节水型服务业体系；最后，建立健全水资源管理制度，完善取水许可制度和水资源有偿使用制度，逐步建立水权分配和交易制度。

三、森林资源的保护和开发利用

森林资源具有保持水土、调节气候的功能，是生态系统的重要载体和维护生态平衡的重要环节。近年来，广西森林覆盖率逐步回升，但对森林资源的保护与开发利用仍不可麻痹大意。保护和利用好广西的森林资源不仅可以大大改善全区的生态环境，还能发挥巨大的经济效益。

1. 要继续实施全民造林工程，进一步提高森林覆盖率。广西宜林地面积相对较大，达到 1506.67 万公顷[①]，占全区土地面积近 63.65%，但现有的林地只占林业用地的三分之二，仍有大量林业用地未得到充分利用，因此在保护好现有森林资源的同时，还需要大量植树造林，提高全区的森林覆盖率和林木蓄积量，进一步改善生态环境，同时为林木的开发利用创造良好条件。

2. 科学制定森林资源保护与开发规划。按不同的林区、林种进行科学保护和开发利用，严格保护原生态林和水源林，规范开发商业经济林、速生林，对商业经济林要加强采伐管理，采伐量不能超过生长量。同时建立森林资源调查、动态监测及评价体系，有计划地开展森林可持续能力评估。

① 广西自治区人民政府网址 http://www.gxzf.gov.cn，2006 年 7 月 20 日。

3. 加强管理，提高森林资源利用率。不断完善林业产业政策，进一步明确市场准入条件，严格限制浪费资源、破坏环境的木材加工、造纸企业的低水平重复建设。发展林业循环经济，延伸林木加工产业链，改进林木加工技术，提高林木加工过程中边料的综合利用率。

4. 优化林种、树种结构，提高森林抵抗自然病虫害能力和生态效应。在植树造林过程中要避免单纯从经济利益角度出发，片面追求速长速生的单一经济林木。要实行多树种混合种植，同时考虑水源林、用材林、防护林、经济林的合理规划和布局。

5. 坚持保护与开发利用并举，实施有保护与合理开发。广西的整体经济发展水平还相对比较低，大部分地区还相对较贫困。许多林区山区的农户祖祖辈辈靠山吃山、靠水吃水，让当地农户无偿甚至通过牺牲一定的经济利益来保护森林资源还不是很现实。应该建立健全林地保护补偿机制，通过对当地退耕还林的农户进行合理补偿，并为其开拓新的经济来源，达到长期保护森林资源的目的。

四、生物资源的保护和合理开发利用

特有的气候条件和地理特征，使得生物资源成为广西自然资源中的一类重要资源，也是具有相对优势的资源，按自然资源的性质划分生物资源属于可再生资源，在一定自然条件是可以重复获取、反复利用的，似乎具有无限性，但是生物资源的再生和更新严格受到外部自然环境和其自身生长特性的限制。因此，生物资源在一定条件下又是一种有限的资源，如果其外部自然环境受到破坏，或者人类对其开发利用的限度超出了生物资源本身的更新速率，则会导致生物资源的枯竭甚至永不复存。长期以来，由于人为因素导致许多生物物种灭绝已是不争的事实。而生物资源的保护和开发利用是一项复杂的系统工程，涉及森林、山地、湿地、海洋等多个生态系统和农、林、牧、渔多个行业领域。广西作为全国生物多样性较为丰富的省区，仅次于云南和四川，合理保护和开发利用好这些资源不仅能为广西的发展带来巨大的社会经济价值，而且对生态广西建设显得尤为重要。

对野生生物资源的保护必须严格执行国家及自治区的相关法律法规，严禁对野生生物资源进行乱采、乱捕、乱杀。同时，要加强对野生生物物种的生活环境、生长特性的科学研究，探明物种的属性和数量，编制生物资源保护利用规划，加强生物资源就地、异地保护和基因库建设，制定科学合理的保护措施和开发政策。实行保护区制度，在一些重要物种生长密集，生态自然环境保护良好的区域设立保护区进行重点保护。运用现代生物技术，广泛开展人工种植、养殖和繁殖，对珍稀濒危和重点保护动植物加强抢救，充分发挥物种的生态效益和经济效益。

五、矿产资源的合理开发和利用

矿产资源与水、森林、生物资源不同，是一种不可再生资源，开采一点就会少一点，开采一处就会少一处，而且矿产的开采需要极高的技术、科学规划、严格管理和政策控制，否则不仅会造成严重的资源浪费，还会导致难以恢复的生态破坏和环境污染。就目前广西矿产资源开发利用的现状来看，2004 年底有矿山 6052 座，国有大中型矿山只占 2.4%，多数为乡镇企业和个体矿山。有学者指出："由于缺乏必要的环保设施及投入，广西每年矿业固体废物排放总量的 90%和废水总量的 53%均出自乡镇企业和个体矿山。同时，采矿点普遍存在采富弃贫、采厚弃薄等现象；采选矿的回收利用率仅有 30%左右，资源的循环利用不足，不少贵重金属随废渣一起被丢弃，造成二次污染。"[①]所以，如何开发利用好广西丰富的矿产资源，推动经济社会更好更快发展，又能保护好矿区生产环境，使人与自然和谐发展，这是全区必须面对和解决的现实问题。合理开发利用好广西现有的丰富矿产资源对于广西经济的可持续发展有重要意义。

广西的有色金属矿藏丰富，采矿利润回报率高，必须严格规范矿产

① 叶汝坤：《论生态广西建设亟待解决的环境问题》，《广西社会科学》2006 年第 12 期，第 23 页。

开采制度，强化管理，坚持做到科学有序、依法开采，使矿产资源的开发利用从设计、施工、管理等方面科学化、制度化，保护矿区的生态环境和经济的可持续发展。严格控制小矿山，逐步减少零星分散开采和露天开采的矿山数量，促进规模化、集约化经营，提高矿产资源的利用率。加强地质勘探等资源研究工作，对矿床的经济、社会和环境效益作出综合评价，对暂不能综合开采或采出后不能综合回收利用的矿产及含有用成分的尾矿要加以妥善处理。力争矿山“三率”（采矿回采率、采矿贫化率、选矿回收率）要达到批准的矿山设计或矿产资源利用方案的要求，重点矿区达到国内先进水平。坚持矿产资源的开采与生态环境保护相结合，加强矿区环境监测和综合治理，贯彻谁开采谁保护、谁破坏谁治理、谁受益谁补偿的原则。

六、海洋资源的保护和开发利用

与陆地相比，海洋具有独特的生态系统，蕴藏着丰富的自然资源，广西是唯一拥有1500多公里海岸线和13万平方公里海域面积的西部省区。然而，随着人类活动范围逐渐从陆地向海洋扩张，人类对海洋生态环境的破坏也日益严重。广西近年来沿海及港口运输业的发展对沿海水质的污染加重，如由于工业污水的排放，出港的轮船、机动船的增多，废油、废水的排放，生活垃圾的倾倒等，对北部湾海域的污染越来越严重。可见，保护和开发利用好北部湾海洋资源已成为广西生态建设的迫切要求，这对于发展广西沿海经济，建设好大西南出海通道有着重要意义。

首先，必须提高人们的海洋环境保护意识。长期以来，人们只强调陆地自然环境的保护，而忽视海洋生态环境保护，以为大海有取之不尽用之不竭的资源。随着人口的增长，人类活动范围的不断扩张，人类对海洋生态系统的干扰和破坏已日益严重，过度的捕捞使得海洋资源锐减。提高海洋环保意识，加强海洋环境保护已刻不容缓。其次，科学制定海洋资源保护及海洋资源开发利用规划，加强对海洋资源的勘查评估，并建立海洋资源保护区，进行区域保护。如在北部湾海域就要严格执行禁渔、休渔制度，禁止使用破坏渔业资源的渔法、渔具，增加渔业增殖放流，建立资源增殖保护区，支持人工鱼礁建设，增殖和恢复渔业资源。再次，要严厉打击破坏海洋生态平衡的滥捕、滥捞等违法行为，对沿岸工业、生活废水排放导致的海洋污染进行综合治理。建立健全海洋环境监测制度，通过更新设备，改进技术，提高海洋环境监测水平，切实保护海洋生态环境。

七、农业资源的开发利用

广西独特的热带、亚热带季风气候，丰富的水、热、光造就了独具特色的农业资源，而且农产品种类繁多，产量也相当可观，例如蔗糖、松香、肉桂、八角、栲胶等，产量均排在全国同类产品的前列。合理开发利用好广西的农业资源，不仅可以带动广西农业经济的繁荣发展，帮助广大农民脱贫致富，而且对广西的农业可持续发展，建设生态广西也具有重要意义。

对广西农业资源的合理开发利用，首先，要坚持走绿色生态农业发展道路，建设高产优质、高效安全的生态农业。根据已有的经验，结合不同地区的实际情况采取相应的生态农业模式，如在丘陵地区推广"猪＋沼＋果(菜、粮、蔗)＋灯＋鱼"、"果＋草＋畜(禽)＋沼"等模式；在平原地区推广"秸秆＋牛＋菇"等农业废弃物资源化利用模式，"稻＋稻＋菌"、"稻＋稻＋鱼"、"稻＋鱼＋菜(果)"轮作模式等。其次，要广泛采用先进实用技术，通过推广和改进排灌技术、生物和物理防治技术促进农业的良性循环和资源的有效利用。加快生物工程、基因工程等农业新技术的开发研究，提高农产品的科技含量。同时，开发和培育具有地方特色和民族特色的优势农产品品牌。通过加强农业选种、育种的科学研究，培育开发名、特、优品种，大力推广优势品种，做到"人无我有，人有我优"，全面提高广西农产品的市场竞争力。再次，要建立相应的政府支持体系，包括政府的政策支持、资金保障和中介服务等。

八、生态旅游资源的保护和开发

生态旅游资源是指“以生态的特征存在于自然界和人类社会，未受到污染，有较好的保护措施，能够沿袭自然秉性发展和净化人们心灵的旅游资源。主要包括良好的绿色旅游资源、森林旅游资源及富含生态人文文化的社会资源”[①]。近年来，广西依托特有的自然旅游资源，大力发展生态旅游、乡村旅游，为广西旅游业发展和经济增长作出了巨大的贡献。但随着自然旅游资源迅速开发，生态旅游业迅猛发展，经济社会发展与生态环境的矛盾日益突出。自然旅游资源的开发在给人们带来经济效益和社会声誉的同时，也给原本宁静和谐造成的自然环境造成了破坏。如对喀斯特地貌资源的开发，使溶洞资源遭到严重破坏，一些风景溶洞资源被作为商品出售，拿不走的钟乳石也横遭毁损。类似的情况也在北海银滩也曾出现，过度破坏树木和填海建造宾馆，改变了当地的生态结构，海浪冲刷沙滩的自净能力变弱，原来洁白的银滩不再名副其实。因此，将生态旅游资源的保护与开发利用结合起来，不仅是广西生态旅游业可持续发展的关键，也是加快发展生态友好型服务业的重要内容。在开发利用生态旅游资源，充分发挥生态旅游资源优势的同时，必须注重对自然、历史文化遗产的保护。

首先，在开发过程中要坚持地方性和民族性相结合、开发与保护并重、可持续发展的原则。按照地域与资源特点，作好科学规划，约束生态旅游资源开发中的不良行为，做到开发一处，成功一处，保护一处，科学合理地利用旅游资源并获得最佳经济效益和社会效益。

其次，充分发挥生态旅游资源优势，坚持旅游开发与自然、历史文化遗产保护同步规划、同步实施。围绕山水、滨海、边关、民族风情、历史文化和红色旅游等特色旅游资源，建设一批重点生态旅游景区和生态休闲度假区，加快景区景点和旅游基础设施建设，完善道路、环保、服务接待等设施，丰富旅游产品，打造一批具有广西特色、竞争力强的生态旅游产

① 凌常荣：《论广西旅游资源的静态性、动态性和生态性》，《经济与社会发展》2003 年第 5 期，第 45 页。

品和若干主题型生态旅游区，把旅游业培育成为重要支柱产业和对外开放形象产业，把广西建成全国旅游强省和旅游主要目的地。

再次，要增强旅游环保意识，寓环保教育、宣传于旅游中，有目的地增强游客的生态环保意识，从而尽可能降低外部人为因素对生态旅游资源的干扰和破坏。

可持续发展是经济、社会与环境的和谐统一，保持经济与环境的协调发展是人类始终追求的目标之一。随着经济社会的快速发展以及人类文明程度的提高，环境问题已经成为人们关注的焦点。然而要从根本上解决环境污染，扭转生态恶化趋势，就必须走新型的可持续发展道路。合理公正地开发利用生态资源，正是广西可持续发展的必然选择。只有切实保护好广西的生态自然环境，合理地开发利用自然资源，实施生态广西战略，加强生态广西建设，实现广西的可持续发展才不会是一句空话。

第四节　生态广西建设的对策和措施

生态广西建设是一项复杂的系统工程，也是一项长期而艰巨的任务，同时，生态广西建设也不是单纯的自然资源利用和生态环境保护问题，而是涵盖了经济社会发展、环境污染防治、生态产业发展、人居环境建设、生态文明建设等多方面内容。因此，它必然涉及广西的各级地方政府与各个部门、各个行业，必须在区党委、区政府的科学领导下，通过行政、法律、经济、科技、教育、宣传等各种手段，调动一切有利于生态广西建设的积极因素，充分发挥全区各族人民的主动性、积极性和创造性，上下齐心，团结一致，全面落实《广西生态省(区)建设规划纲要》提出的各项目标和任务，有计划、有步骤地实施广西生态建设工程。

一、以中国特色社会主义理论为指导，深入贯彻落实科学发展观

广西生态建设规划纲要明确提出，生态广西建设必须以邓小平理论和“三个代表”重要思想为指导，以科学发展观统领经济社会发展全局，坚持可持续发展战略，把广西建设成为人民生活富裕、生态环境良好、人居环境优美舒适、人与自然和谐相处、经济发展步入良性循环、社会文明进步的可持续发展省区。建设生态广西的核心就是要发展循环经济和生态经济，其本质就是要以最小的资源投资和环境代价谋求最大的经济、社会效益，实现资源、能源的可持续利用，形成经济、社会、环境的可持续发展形势。因此，全区上下都必须牢固树立起科学发展观，增强可持续发展意识，并贯彻到各行业、各领域的实际工作当中，全面构建生态经济体系，可持续利用的资源体系，山川秀美的生态环境体系，人与自然和谐相处的人居环境体系，支撑可持续发展的科技与安全能力保障体系和体现现代文明的生态文化体系。

目前，区内许多地方从党政领导干部到一般单位、个人的生态环境保护观念还比较淡薄，在处理人与自然、经济发展与环境保护关系问题时，尚缺乏可持续发展的全局意识，只重眼前不重将来，只顾部分不顾全局，思想还停留在“没有破坏就不治理，没有污染就不着急”的被动落后观念中。因此，在今后的工作中首先要从上至下，转变各级党政干部的发展理念，全面提高领导干部的可持续发展理论水平和社会经济发展的综合决策能力。通过加强各地生态示范区建设，广泛开展环境保护科普教育，推行绿色文明生活和消费方式，在全区全社会形成良好的生态保护舆论氛围，使可持续发展意识深入人心。

二、加强生态法制建设，促进生态建设法制化

虽然国家和自治区在环境保护上均已有相关的立法立规，但随着我国经济体制的转型和我区经济社会的进步与发展，必须结合我区在新时

期生态建设和环境保护工作的实际情况，制定出有利于促进环境保护、资源合理开发利用和实施循环经济发展战略的法律法规，建立相关领域的标准体系，进一步修改完善现有的不适应科学发展观要求的法规和条例，形成具有广西特色和有利于生态省（区）建设的法规体系。如加快制定污染物排放容量总量控制、生物安全、生态环境保护、发展生态经济和循环经济等方面的法律法规和政策体系。

同时，推行行政管理体制改革，创新管理模式，形成有利于转变经济增长方式、促进全面协调可持续发展的管理机制。要把政府职能切实转到经济调节、市场监管、社会管理、公共服务上来，在充分发挥市场配置资源基础作用的同时，强化政府在生态省（区）建设方面的综合协调能力。建立部门职责明确、分工协作的工作机制，切实解决地方保护、部门职能交叉造成政出多门、责任不落实、执法不统一等问题。树立全局意识，淡化行政区划界限，克服部门分割现象，整体谋划、整体投入、整体实施、整体推动，强化区域间经济发展与资源环境保护的联系、合作，促进广西生态建设的制度化。

三、健全生态环境评估体系，完善环境监督体制

为了保证生态广西建设工程的顺利实施，必须建立一套严格的环境评估和监督体制。首先，通过对全区各地环境状况进行科学评估，确立相应的建设目标与保护规划。严格执行《环境影响评价法》，进一步加大建设项目执行环境影响评价制度的监管力度，对土地利用开发规划，区域、流域、海域的开发利用规划，工业、农业、畜牧业、林业、能源、水利、城市建设、旅游、自然资源开发等专项规划，依法实行环境影响评价，充分考虑资源和生态环境的承载能力，从决策和源头上控制环境污染和生态破坏。

其次，建立覆盖全区的气象、环境质量、水土保持、生物资源、地质环境、海洋环境等生态环境监测网络和预警机制，对各地区的环境状况进行严密监测，并指导相关部门制定科学的应对措施和治理方案。

再次，加强对广西生态建设各项工程的监督。按照《广西生态建设规划纲要》的分类，广西生态建设工程包括生态工业、生态农林牧渔业、生态服务、资源保护与利用、环境浸染综合防治、生态保护与建设、减灾防灾、能力保障等一系列工程，其能否顺利实施关系到整个广西生态建设的实效性，必须建立严格的系统监督体制，通过对工程实施前、中、后期的监督管理，保证各项工程按时按质完成。

四、调整产业结构，构建有广西特色的生态经济、循环经济体系

广西目前的产业结构还很不合理，第一产业比重过大，第二、三产业比重小且发展缓慢。广西现有的优势产业，如制糖、采矿、汽车、造纸、机械、建材、医药、食品加工等都是资源依赖型产业，而且生产工艺落后，科技含量低，能源消耗大，污染相对严重，经济增长模式还是粗放型的增长模式。因此，必须按照科技含量高，经济效益好，污染少，绿色安全的生态经济发展要求，加快区内产业结构调整，逐步形成有利于资源节约和环境保护型的生态经济体系。另一方面，要制定和实施资源能源利用效率和污染物排放限制等方面的准入制度，严格限制资源能源利用效率低、污染物排放强度高的产业发展，坚决淘汰技术落后、浪费资源、污染严重的产业、企业和产品，防止区外落后生产技术、设备和高污染企业向我区转移。

1. 建立以重点产业为主体的工业循环经济发展模式，发展循环经济。循环经济是我国正在兴起的可持续的新经济发展模式，其"本质是一种生态经济，即要求按照生态规律组织整个生产、消费和废物处理过程"[①]。所以，当前的任务是研究并提出广西循环经济发展的战略目标和规划，加快循环经济的法律法规体系和政策体系建设，明确发展循环经济的意义、方向和途径，鼓励企业循环利用资源，提倡绿色消费，引导民间社会资金投向循环经济领域，兴办循环利用资源和资源再生产业，提

① 广西社会科学院：《广西社会发展报告》，广西人民出版社 2005 年版，第 26 页。

高资源利用率和循环经济覆盖领域。

2.建立生态农、林、牧、渔、加工业的农业循环经济发展模式。依托广西农业资源、生物资源和气候资源优势，通过农业特色开发区、特色生态产业示范区、生态乡镇的试点，逐步推广循环经济模式，最后实现良性循环的生态效益型产业体系。

3.大力发展第三产业，如现代物流、商贸和餐饮、生产生活服务、生态旅游、生态文化等服务业。培育和发展环保产业，有计划地推进工业废水、城市生活污水、城市固体废物处理、工业“三废”和生活废物的资源化利用、烟气脱硫除尘和机动车尾气净化等领域的产业化进程。整合优势资源，培育一批有实力、竞争力强的环保企业和企业集团。引导环保服务业的发展，加快推行环保设施运营的市场化、社会化、企业化和专业化。

五、加强宏观调控，合理规划生态建设的人力、财力、物力投入使用

广西生态建设离不开大量资金与人力物力的投入，政府必须在建设过程中加强宏观调控，发挥好政策主导作用，科学合理地规划生态建设的人力、财力、物力的投入使用。通过行政、经济、科技、教育等各种政策体系，为广西生态建设各项工程项目的实施提供良好的政策环境。

在财政上，各级政府可以按照公共财政要求，调整财政支出结构和投入方式，保证生态建设工程的资金投入。在公共财政预算安排上，优先考虑义务教育、减少贫困、计划生育、公共安全、环境保护、资源管理、生产节能等领域，通过税收调节机制和价格机制引导资源的合理配置，鼓励和支持生态环保型产业的发展。建立能够有效推进企业保护环境的激励政策和减少污染排放的约束机制，逐步提高工业企业排污收费标准，全面实施城镇污水处理和生活垃圾处理的收费政策。完善生态补偿政策，建立生态补偿机制。积极争取国家高新技术重大产业在广西布局以及相关领域的专项资金支持，并运用市场化手段，建立多元化的投融

资机制，鼓励和支持社会资金投向生态省(区)建设。对于一些生态建设的重点产业项目，如生态工业、生态农业、生态服务业等，还可以考虑申请世界银行贷款和企业上市融资等多种形式来筹集资金。鼓励不同经济成分和各类投资主体，以独资、合资、承包、租赁、股份制、股份合作制等不同形式参与生态广西的建设。

人力资源也是广西生态建设的重要保障条件，广西生态建设最终要靠人去完成，没有良好的人力资源生态建设就不会有什么大的作为。因此，各级政府要充分调动和发挥现有的专业技术人员的积极性、创造性，并加强生态环境、绿色产业、循环经济等重点学科建设，加快生态建设人才培养，造就适应生态广西建设的高层次专门人才。

六、控制人口增长，提高人口素质，构建和谐的人居环境

生态广西建设要始终坚持以人为本的原则，但也要坚决执行国家计划生育政策，控制人口增长，减轻资源环境的压力，优化城、乡、镇、村的规划布局，实现人与自然和谐相处。具体要求有：

1．控制人口增长，提高人口素质

严格实行人口和计划生育目标管理责任制，有效控制人口增长速度，建立健全农村医疗、养老、保险等社会保障制度，配合国家计划生育政策的顺利实施。各级政府要在提高广大农村人口综合素质上起主导作用，坚持发展义务教育，大力发展农村科技文化普及教育，提高人民的文化水平和环境保护意识。

2．优化城镇建设布局

科学合理地规划城镇建设布局，对城镇建设的规模、用地布局、开发建设方式作出科学安排，明确各服务功能区范围和发展方向，形成合理的城镇发展空间形态。统筹城镇建设、经济发展、环境保护之间的结构关系，强化城市主城区及其与周边卫星城镇间的功能分工，优化城市功能区域布局。严格推进工业区、住宅区、文教区、商业区等不同城镇功能区的分离，建立功能区之间的绿化隔离带，解决污染企业和居住区交错

布局造成的城市生态环境问题。

3. 进一步实施城乡清洁工程，改善城乡人居环境

全区自实施城乡清洁工程以来，各地区的城乡卫生环境得到了较大的改观，城乡清洁工程的实施不仅能改善人居环境，同时也改变了过去人们的各种生活陋习，提高了环境保护的意识，应当继续实施，并形成长效的管理监督机制。以创建富裕、卫生、文明、和谐城乡和建设社会主义新农村为目标，逐步完善城乡基础设施建设，尤其是加快城乡的交通、能源、供水等基础设施的建设，改善城乡生产生活条件，提高城乡污水和生活垃圾处理率、绿地率和绿化覆盖率。

七、加强环境污染综合治理，切实保护自然环境

环境污染综合治理主要包括重要河流或水域的水污染综合整治、大气污染及酸雨防治、城市污水和城市生产生活垃圾处理、医疗废物和危险废物处理、海洋环境的污染综合治理、农业农村的废弃物及有毒有害物质污染的综合治理等。针对现已出现的工业、农业、城市、乡村等各类环境污染问题，区政府相关部门应进行严格的综合治理，重点加强大水污染、大气污染、固体废物污染及农业农村环境污染的整治力度，该罚的罚，该关停的关停，绝不能因为一时的经济利益而姑息。建立健全环境影响评价制度和排放达标制度，从根源上和制度上防治环境污染和人为破坏，切实保护自然环境。建立自然保护区，加强对外来有害物种的防治和生物管理及资源开发的生态监管，保障我区自然生态安全。

1. 水污染综合整治。在全区水资源开发利用总体规划的基础上，对各地区的水资源以防为主，标本兼治，采取强硬的防治措施，加大水资源保护的行政和执法力度，确保生产生活用水安全。重点加强大江大河的水污染防治，建立水污染应急机制，提高水污染反应能力，综合利用行政、法律、经济、科技等手段防治水污染，保护水质。各级政府要制定污染控制规划，加大区内工矿企业的废水治理力度，严格限制高污染产业的发展，坚决淘汰落后的生产工艺、设备，关停污染重、治理难、效益差的

企业。对广西的传统重点企业如制糖、酒精、淀粉、造纸、化工、制药、采矿等严格执行排放达标要求,同时强化监督管理,鼓励采用先进生产工艺和设备,提高节能和减排水平。加快城乡生产生活污水处理设施建设,大力实施城乡节水工程,提高水资源的综合利用率。

2. 大气污染及酸雨防治。严格控制区内有害气体及大气污染物排放,重点抓好一些大型排污企业如火力发电厂、化工厂、水泥厂等的监督与管理,通过引进和改造相关排污设施,推广节能减排先进技术,有效控制和减少二氧化硫、烟尘、工业粉尘及有毒有害气体的排放量,使其降低到国家标准以内,并通过扩大生产生活区内绿化面积净化空气,减轻酸雨危害。逐步淘汰现有的高能耗、重污染、效益差的各类小型企业。优先发展绿色公共交通,严格执行国家机动车尾气排放标准,鼓励发展和使用节能环保型汽车,坚绝淘汰超标排污老旧车辆,减轻机动车尾气污染。

3. 固体废弃物的污染防治。严格按照国家标准和要求,加强各类固体废弃物控制和管理,尤其加强对工矿企业的废渣废物、化学药品、医疗废物、城镇生产生活垃圾等有害固体废弃物的处理。积极运用先进的设备和技术,提高对化工和有色冶炼废渣、尾矿以及农业和农产品加工废弃物的资源化利用。

4. 农业和农村环境污染防治。加大农村环境保护力度,提高广大农民的环境保护意识,引导农民科学施肥、用药,有效控制农业环境污染。实施全区无公害生态农业示范工程,推广先进农业技术,走可持续发展的农业之路。在全区开展农村环境卫生综合治理,因地制宜地妥善处理生活垃圾和污水,彻底改善农村人居环境。

八、加强对外交流与合作,广泛吸取生态建设先进经验

广西生态建设必须坚持对外开放的政策,广泛开展与国内外、区内外的交流与合作。一是针对广西经济发展水平低,建设资金相对短缺的实际情况,提高利用外资的质量和水平。加强与东部发达地区或国际基

金组织、金融机构的合作。通过招商引资、项目合作等各种方式吸引投资，参与广西的生态建设，尤其对广西生态建设的一些重点工程，可以“采取引进来和走出去相结合的办法，在生态城市建设、生态工业园区建设、科学运作生态资本、强化环境管理等方面广泛开展国际交流与合作，借鉴国外的先进技术和管理经验。通过交流与合作，优化资源配置，拓宽生态建设领域，促进生态建设健康发展”①。在引进外资的同时，注意引导监督外资的投向和使用，鼓励外资投向高技术产业和生态环保型产业。坚决抵制各类高能耗、高污染的企业向区内转移。二是充分利用东盟自由贸易区、泛珠江三角区、泛北部湾开发区、大湄公河次区域经济合作组织的发展机遇和有利条件，实现生态资源和技术的优势互补，全面推进广西生态建设工程。随着我国改革开放的日益深入，广西作为我国大西南的出海口和联结东盟自由贸易区的纽带，有着良好的区位优势，正面临着前所未有的发展机遇。只有通过积极发展对外贸易与技术交流合作，充分利用好区内外和国内外的有利条件，才能使广西生态建设更好更快地发展。

广西生态建设是功在当代利在后人的重要战略工程，是广西经济社会可持续发展的必然要求，也是与我国坚持科学发展的要求完全一致的。在 21 世纪头 20 年，在我国全面建设小康社会的条件下，广西作为我国五个少数民族地区之一，同时也是我国相对不发达的西部省份之一，广西的经济社会要获得一个新的更大的发展，跟上乃至超越时代发展的步伐，必须充分发挥自身优势，形成特色。2006 年 1 月广西第十届人民代表大会第四次会议通过的《广西国民经济和社会发展第十一个五年规划纲要》中，明确将生态广西建设作为和谐广西建设的重要内容，并于同年制定了《广西生态省(区)建设规划纲要》，广西生态建设战略的决策和实施不仅是坚持科学发展观的具体体现，也是与广西经济社会发展实际完全相符的，是充分发挥广西自身特色和优势，增强广西综合实力和竞争力，实现广西可持续发展的必然选择，对加快富民兴桂，全面建设小康社会，构建和谐广西具有重大而深远的意义。

① 秦文凯:《落实科学发展观，推进生态广西建设》，《广西党史》2006 年第 2 期，第 49 页。

第四章

以马克思主义为指导，努力实施富裕广西战略

经济基础和上层建筑是马克思主义哲学的一对基本范畴。马克思主义认为，经济是基础，政治、法律和文化等上层建筑都建立在经济基础之上。经济基础会影响生产关系的变革，生产关系的性质决定了政治、法律和文化等上层建筑的性质。因此，马克思主义政党历来重视经济发展，承担发展经济、提高人民群众物质和文化生活水平的责任。马克思主义经典著作中也包含了丰富的经济利益思想，革命导师们在这方面有很多精辟的论述。各国的马克思主义政党更是以马克思主义经济利益理论为指导，展开了波澜壮阔的经济实践。马克思对共产主义社会生产力水平的论述，邓小平在新的历史条件下提出的“三个有利于”标准等，都体现了马克思主义对经济建设的终极关怀。实践证明，我国的经济发展必须以马克思主义为指导，广西的经济发展就更离不开马克思主义。我们必须始终以马克思主义为指南，抓住历史机遇，结合广西客观的社会经济状况，制定符合广西实际情况的经济对策，全面实施富裕广西的发展战略。

第一节　马克思主义经济理论及其在当代中国的发展

生产力决定生产关系、经济基础决定上层建筑是马克思历史唯物主义的一个基本命题。经济利益理论是贯穿于全部马克思主义理论的一根红线。马克思主义的经典文献中有很多关于经济利益的阐述，我们必须深入把握马克思主义的精髓，正确、完整地理解马克思主义的经济思想。在马克思主义的许多著作中，物质利益被赋予了与经济利益相同的内涵。“马克思主义利益范畴的一般内涵实质上是指物质生活条件。”①过去，由于我国理论界过度强调人们的政治热情和精神信仰，照搬了苏联哲学家特别是斯大林等人对马克思主义的误读，导致我国在很长时期内忽视了物质利益，忽视了经济建设。为此，我们也付出了惨重的代价。在新的历史时期，中国很多先哲和政治领袖，敢于打破理论禁区，把马克思主义基本理论和当代中国经济实践结合起来，以利益理论为核心范畴，关注民生、关心人民生活、关注全国经济发展。在新的历史条件下，他们重新解读马克思主义，发展了马克思主义，以马克思主义作为我们新时期经济建设的理论指导。

其实，马克思非常重视物质利益问题，我们甚至可以认为，马克思主义是随着利益理论的发展而发展的。在马克思由唯心主义者向唯物主义者的转变过程中，有两条重要的红线，都与物质利益有关：其一，第六届莱茵省议会关于林木盗窃法的争论，它是促使马克思去关心和研究经济问题的最初动因，马克思从纯粹的理论研究走上了理论与实践相统一的道路。其二，对市民社会问题的关注。市民社会是指与公共利益相对应的私人利益的物质交往，是私人利益关系的总和，而这一总和的核心内容是私人物质利益关系②。可见，利益范畴是马克思主义的核心范畴，它是市民社会和政治国家之间统一的前提和基础，是历史唯物主义萌芽和发展过程的原初范畴。

在市民社会，经济利益指的是私人利益，而社会主义经济利益的含义又是什么呢？马克思在《神圣家族》中第一次把经济利益概念与社会主义和共产主义相联系。马克思肯定了18世纪法国唯物主义关于经济利益概念的合理思想，并阐述了它们与社会主义利益概念的内在联系。“既然正确理解的利益是整个道德的基础，那就必须使个别人的私人利益符合全人类的利益。”③经济利益是由生产活动创造出来的物质条件，是社会生产力。马克思在指明人类社会的发展历程时，明确提出了丰富

① 谭培文：《马克思主义的利益理论》序言，人民出版社2002年11月版，第2页。
② 俞可平：《马克思的市民社会理论及其历史地位》，载《中国社会科学》，1993年第4期。
③ 《马克思恩格斯全集》第2卷，人民出版社1957年版，第167页。

的物质财富是由社会主义社会过渡到共产主义社会的三大基本条件之一。

晚年，马克思对股份制这一新型的生产关系表现出浓厚的兴趣，认为股份制能促进社会生产力的极大发展，“这是在资本主义体系本身的基础上对私人资本主义产业的扬弃”，是转变生产关系和改变社会关系的一种重要途径①。“在股份制公司内部，职能已经同资本所有权相分离，因而劳动也已经完全同生产资料的所有权和剩余劳动的所有权相分离。资本主义生产极度发展的这个结果，是资本再转化为生产者的财产所必需的过渡点，不过这种财产不再是各个相互分离的生产者的私有财产，而是联合起来的生产者的财产，即直接的社会财产。”“资本主义股份制企业，应当被看着是由资本主义生产方式转化为联合的生产方式的过渡形式。”②在马克思看来，股份制是一种新型生产关系。历史证明，股份制是经济发展的最为有效的途径之一。目前，世界各国国有企业的改制，股份制是首选途径之一。

列宁创造性地发展了马克思主义经济利益的思想，肯定了经济利益对上层建筑的决定作用，并首次运用马克思主义利益理论指导俄国社会主义建设。在严峻的政治形势危及新生的苏维埃政权时，列宁领导俄国人民实行了战时共产主义政策和新经济政策，挽救了新生的苏维埃政权，是运用“经济基础”保卫“上层建筑”（新生的苏维埃政权）的成功典范。1921年，列宁又写下了《论粮食税（新政策）的意义及条件》，提出经济政策要根据客观条件的变化而变化，认为只有按客观经济规律办事才能发展经济，把发展经济作为苏维埃政权生存的必要条件。由于列宁及其后继者发展并运用马克思主义经济思想，新生的苏维埃政权迅速强大，社会主义成为越来越多革命者的信仰和追求。

毛泽东在长期的革命生涯中，继承和发展了马克思主义的利益理论和经济思想。早年在湖南考察时，毛泽东就写下了《中国社会各阶级的分析》和《湖南农民运动考察报告》等经典文章，以中国社会各阶级的地

---

① 《马克思恩格斯全集》第25卷，人民出版社1974年版，第494—496页。

② 《马克思恩格斯全集》第25卷，人民出版社1974年版，第494页。

位为基础,全面分析了他们基于各自的经济利益而抱有的革命态度,明确地分清了敌、友和中间派,确立了建立统一战线的对象,有力地指导了中国的革命实践。1956年,毛泽东写下了《论十大关系》,提出调动一切力量为社会主义现代化建设服务。这十大关系中,有四大关系论及了经济建设问题。[①] 60年代,中国开始整顿经济,提出"调整、巩固、充实、提高"的八字指导方针,把发展经济作为我党工作的重点。

邓小平理论是我国改革开放路线的产物,是马克思主义在当代中国的发展。贯穿于邓小平理论的一根主线就是发展经济。在拨乱反正时,邓小平就提出了以经济建设为中心,认为"经济建设有关国计民生,这就是今后主要的政治。离开了这个主要的内容,政治就变成了空头政治,就离开了党和人民的根本利益"[②]。邓小平提出有步骤、分阶段的发展理论,完全符合中国人民的近期、中期和远期利益,为中国的经济发展描绘了一幅蓝图。邓小平把"三个有利于"作为衡量我国当前一切工作成败的标准[③],由此拉开了我国轰轰烈烈的经济建设的序幕,从农村经济体制改革发展到城市经济体制改革;对外开放,发展沿海开放城市和经济特区。1992年,面对国内存在的迷茫思想和严峻的国际形势,邓小平顶住了国内外巨大的压力,凭着极大的政治勇气和政治智慧,以88岁的高龄亲临南方视察,发表了著名的南方讲话;提出了我们的根本任务是解放生产力、发展生产力,确立了"一个中心、两个基本点"的方针,把共同富裕作为全国人民的奋斗目标。[④] 邓小平还创造性地发展了马克思主义,认为计划和市场只是分配资源的手段,不能把它们与社会政治制度对应起来,认为资本主义也有计划,社会主义也有市场,提出了建设有中国特色的社会主义市场经济理论,把马克思主义的利益理论提升到一个崭新阶段。

中国共产党的第三代领导集体继承了马克思主义的经济利益思想,

① 《毛泽东文选》第7卷,人民出版社1999年版,第24—44页。

② 《邓小平文选》第2卷,人民出版社1994年版,第150页。

③ 《邓小平文选》第3卷,人民出版社1994年版,第372页。

④ 《在武昌、深圳、珠海、上海等地的谈话要点》,见《邓小平文选》第3卷,人民出版社1994年版,第370—383页。

把“三个代表”重要思想作为新时期工作的指导思想，以解放生产力、发展生产力，提高人民群众的生活水平作为党的根本宗旨。[①] 为了协调经济发展，在开放沿海地区的基础上，党中央立足全局，作出了中部崛起、振兴东北老工业基地的战略部署，实施西部大开发战略。以胡锦涛为核心的新一代领导集体更是把建设社会主义新农村、构建和谐社会作为本届政府的工作中心。新农村建设的首要内涵是发展农村经济，特别是西部地区农村的经济，解决“三农”问题，增加农民的经济收入，提高农民的生活水平。和谐社会应该是一个公正的社会。但和谐社会的公正不是原始的贫穷的公正，而是建立在高度发展的生产力基础之上的社会公正，是以生产力的发展为核心内涵的社会公正。这与马克思主义的利益理论是一脉相承的。

20 世纪后期以来，世界上兴起了区域一体化和经济全球化的浪潮。[②] 伴随着交通、通信和科学技术的日益发展，世界正日益变为一个地球村。新的世界经济形势为我国的经济发展提供了前所未有的机遇，也带来了极大的挑战。中国政府经过 8 年的艰苦谈判，于 2001 年 11 月加入世界贸易组织，标志着我国融入了经济全球化的进程。经济全球化使世界演变为一个大市场，各成员方在资金、技术、劳动力等领域的合作大大加强。任何一个国家都不可以脱离世界而发展。但是，经济全球化又是一场经济博弈，我国能否在这场游戏中维护国家利益取决于自身的经济战略。在这种新的经济形势之下，我们更要以马克思主义作为我们经济工作的指南，早日实现经济大国的愿望。

① 江泽民：《在庆祝中国共产党成立八十周年大会上的讲话》，人民出版社 2001 年，第 12—25 页。

② 其实，马克思早在 19 世纪就看到了经济全球化现象以及给全球经济带来的影响。马克思在分析资本跨国输出时就分析了经济全球化是一个趋势。

第二节　广西经济发展现状

一切从实际出发是马克思主义的根本宗旨。实施富裕广西发展战略一定要牢牢把握广西客观社会经济状况,因为它是我们制定正确政策的前提。广西是一个地处祖国西部的边陲省份,又是一个民族自治区。历史、地理位置、文化传统和经济基础等各方面原因,决定了它有着自己的社会经济特点。就经济总体水平而言,广西目前经济处于全国中等水平。[①] 就产业结构和产业布局而言,广西是一个交通比较落后的农业省区,工业基础比较薄弱,工业布局也不尽合理,某些地方的经济在很长一段时期以来以旅游业作为主要增长点。

一、广西工业发展状况

无工不富,无商不活。工业是国民经济的支柱产业,也是一个地区经济发展水平的重要标志。广西是一个传统的农业省份,而且地处我国西部边疆,工业基础一向比较薄弱。广西壮族自治区党委、自治区人民政府已经深刻地认识到工业的重要性,把发展工业摆到更加突出的位置,提出了"工业兴桂"的发展战略。近年来,广西结合本地的实际状况,以加快工业发展为主题,以优化结构调整和工业布局为主线,突出抓好企业改革、技术改造和安全生产,使广西工业增强了自我发展能力,开拓了区内外市场,提高了政府宏观调控能力,结束了徘徊不前的局面,工业有了长足发展。近年来,自治区党委和政府作出了加快工业化进程的重

① 全国经济总体排名中广西居第 18 位,见 http://www.sohu.com,2006 年 3 月 14 日。

大决策，坚持走新型工业化的道路，全面实施“工业兴桂”战略，“十五”期间工业发展成就显著，工业化取得较大进展。主要表现在①：

工业经济快速发展。2005 年工业增加值达到 1265 亿元，比 2000 年翻了一番，“十五”期间，工业增加值年均增长速度达到 13.9%，高于生产总值增长速度 3.2 个百分点；投资规模迅猛增加。“十五”期间累计完成工业投资 1641 亿元，技术改造投资 808 亿元，均比“九五”增长一倍以上；2004 年和 2005 年规模以上工业企业实现净利润均超过 100 亿元。

2006 年全区年销售收入超过 30 亿元的企业达到 14 家，其中超过 100 亿元的达到 6 家。重点产业实力增强。由于气候原因，广西有着丰富的蔗糖原料，制糖业在全中国具有举足轻重的地位。目前，全区糖业国内市场占有率 60%以上。

汽车工业是广西正在着力培育壮大的支柱产业。广西汽车产量居国内第六位，微型汽车产销量位居国内第二。中国一汽、上汽、东风三大国内汽车集团，以及美国通用、法国雷诺等国际汽车大公司都已在广西建立生产基地，为广西汽车业的发展提供了一个大舞台。以柳州、玉林、南宁、桂林市为中心的汽配工业正在逐步形成。2006 年广西已实现汽车产量 60 万辆，规模生产已经形成。

特色产业历来在经济发展中起着重要作用。特色产业的形成与自然资源分布密切相关。资源的稀缺性是经济学研究的一个重要问题。资源的不可再生性决定了特色产业的重要性。由于气候原因，各地资源千差万别。各地资源的特色性也导致了产业的特殊性。广西有丰富的铝资源，铝工业是广西最具发展潜力和优势的支柱产业，产业基地较多。目前，平果铝业已形成规模，桂西氧化铝已经启动，铝材加工已有相当的基础。预计到 2010 年，广西将形成年产 500 万吨氧化铝、150 万吨电解铝、120 万吨铝材加工的生产规模，成为全国乃至亚洲重要的铝工业基地。

机械行业是广西的强项。广西目前已培育形成了一批有实力的企业，玉柴机器是全国最大的车用内燃机生产企业，柳州建筑机械总厂是

① 相关数据来自《广西壮族自治区工业化十一五发展规划》。

全国最大的预应力机器生产企业，柳州工程机械是全国装载机行业的龙头企业。空气压缩机、机床、农业机械也有相当规模。这些全国性的龙头企业一定要进一步保持和发展。

工业的发展离不开诸如交通状况、电力的供应等一些必需的条件。为了促进经济发展，广西在交通方面下了很大功夫，基础设施日趋完善。目前，广西高速公路通车总里程已达 1800 多公里，黎湛、枝柳、南昆、湘桂四条铁路干线，总营运里程 3236 公里；南宁、桂林、北海、柳州、梧州五大航空港开通航线 100 多条；全区海、陆、空立体交通网络基本建成。电力是工业发展的必需动力。近年来，广西电力工业发展较快，正逐步建设成为国家“西电东送”的重要基地。以红水河流域水电资源开发为代表的水电建设已取得较大成效，正在建设的龙滩水电站总装机 630 万千瓦，是目前国内在建的仅次于长江三峡电站的特大型水电工程。以沿海大型火电厂为代表的火电建设也在加紧进行。到 2010 年，广西电力装机容量将达到 2560 万千瓦，2020 年将达到 5000 万千瓦。

“十五”时期，广西工业对全区经济增长的贡献率超过 45%，工业主导经济发展的格局基本形成，有力推动了经济结构优化升级。2006 年工业在广西国民经济中的比重达到 34%，二、三产业从业人员占全部从业人员的比重达到 45%左右，人均生产总值突破 1000 美元，城镇化率达到 33.6%，按照国际通行评价标准衡量，广西目前已进入工业化初级阶段。

与全国其他地区特别是与沿海发达省份相比，广西经济还存在很多不足之处。当前，我国已进入工业化中级阶段。全国各地都在为实现全面建设小康社会目标竞相发展，东部发达地区率先领跑，正向工业化成熟阶段迈进。东北老工业基地加快振兴，中部地区加速崛起，西部地区发展提速。而广西仍处在工业化初级阶段，突出表现为：经济增长方式比较粗放，工业经济总量不大，产业集中度不高，产业链不长，产业优势不够突出；工业企业数量偏少，大型企业不多，中小型企业专业化程度不高，自主创新能力不强；产品附加值低，知名品牌不多。工业增加值占生产总值比重、工业化率、工业从业人员比重远低于全国平均水平，总体经济发展水平较低。这些状况的存在，制约了广西经济的进一步发展。

二、广西国有企业改革现状

目前，广西国有企业的比重还过高，民营经济的比重过低。民营经济的活力及其在国民经济中的主体地位还没有很好表现出来。广西的国有企业必须加快改革进程，尽快从竞争性行业退出，让位于民营企业，促进民营企业快速发展。

与全国其他地方一样，广西国有大中型企业的改革沿着放权让利、利改税、承包经营、制度创新、探索产权多元化改革的路径，不断向纵深推进。党的十六大以来，广西加大国有企业改革力度，以产权制度改革为核心，积极稳妥、全面地推进国有企业改制工作。

截至 2006 年上半年，广西 836 家规模以上国有企业，完成改制的有 693 家，占总数的 82.89%。目前，梧州、钦州、防城港 3 市基本完成规模以上国有企业改制任务，柳州、北海、贵港、来宾、河池、崇左等市规模以上国有企业改制面均达到 90%以上。广西各级国资委积极推进广西上市公司股权分置改革。截至目前，广西有 14 家上市公司完成股份制改制，两家上市公司进入股改程序，广西完成股改和进入股改程序的上市公司达到 16 家，占广西上市公司总数的 72.7%，市值占 83.3%。在今后一段时间内，广西国有企业改革将依托广西地方产业优势和资源优势，以资产重组的手段，打造一批年销售收入超 100 亿元的大企业、大集团。

通过改制，广西国有企业状况有了明显好转。国有企业改革与结构调整相结合，经济结构得到优化；国有企业改革与引进外资相结合，实现企业产权多元化；国有企业改革与企业上市相结合，融资渠道进一步拓宽；国有企业改革与促进企业发展相结合，整体经济实力不断增强；国有企业改革与建立社会保障体制相结合，正确处理好企业改制中劳动和社会保险的关系，进一步减轻了企业社会负担。

但广西的国有企业还存在一些问题，主要表现在以下方面：

其一，国有股过大。自治区直属企业几乎全是国有独资的产权结构，其控股的子公司中国有股也占很高比例；改制企业法人治理结构不规范，现代企业制度尚未完全建立。已改制的大中型工业企业大部分是国有独资或国有控股公司，占改制企业总数的 19.6%；国有股权比例平均在 60%以上，国有股“一股独大”的现象比较普遍。

其二，改制后的国有控股公司管理仍然缺位，国有资产监管体系不完善。广西国有资产管理存在资产质量不高、运营效率较低、产权转让不规范、资产流失严重等问题，存在国资委虚设、资产经营公司越位和错位、企业内部由人控制等弊病。由于资本所有者缺位，监管国有资产的职能实际分散在多个政府部门，权利、义务和职责不统一，管资产和管人、管事相脱节，难以有效地落实国有资产保值增值的责任。在人事方面，没有严格按照《公司法》实施。市一级国有资产运营公司及国有资产授权的企业董事会成员、监事会人员及产权代表，仍按照现行干部管理权限和程序，由组织部门负责考核、任命，行政色彩浓厚。

其三，资产运营公司的职权落实也不到位。按照我国《企业国有资产监督管理条例》，国有资产运营公司对授权的国有资产全面行使资产收益、重大决策、选择经营者等出资人权利。但方案实施以来，一些主要权利，如授权国有资产收益、选择授权企业经营者等，都没落实到位。另外，目前三个层次的国有资产管理体制，在如何履行出资人职责、规范操作、将行政管理转为股东管理、将分割管理转为统一管理等方面，在实际操作中仍有困难，走不出“管资产的管不了人，管人的又管不了资产”的怪圈。

三、广西农业发展现状

广西是一个西部内陆省区，农业人口众多，气候条件较好，农作物丰富，形成了广西农业大省的地位。但另一方面，广西农业生产水平不高，产业化不够。

就有利条件而言，广西农业的发展已具备较好的基础条件。广西具有独特的自然资源和气候条件资源优势。广西属于亚热带地区，气候、光照、温度等优势明显。无论是植物种类数量，还是种养的成本，都具备国内其他大多数地区所不具备的优势。近年来，广西优势资源进一步得到开发利用，发展新兴产业前景广阔。比如，花卉、蚕茧、中药材、奶业等具有很大的发展潜力，新的增长点不断形成，农业结构也不断改善。

广西独特的区位优势带动了广西农业的发展。广西是大西南出海最便捷的通道，有利于农产品的出口，对广西物流业的发展极为有利。每年在南宁召开一次的“中国—东盟”博览会，打通了一条绿色通道，极大地促进广西与国际间的农业科技交流合作、应用和产品流通，加快农业生产按照优质、高效、卫生、安全的标准化生产，促进广西提高农业对外开放水平。目前，广西农业呈现较好的发展态势。2006 年，广西农业发展的主要指标在全国排位都居于前列。粮食总产量排在 12 位，糖料第 1 位，蔬菜面积第 8 位(产量第 10 位)，水果第 5 位，肉类及水产品产量均为第 8 位。第一产业增加值位于第 12 位。与 2000 年相比，多数主要产品排位基本稳定，有的还提升了 1—2 位。

农业产业化进一步挖掘了农业发展的潜力。农业产业化水平的提高，有利于转变农业的生产经营方式，提高农业的发展水平。特别是在 2002 年，我国出台了新的农村土地政策。新土地法在总结以往我国土地政策的基础上，对家庭联产责任承包制进行了进一步发展。《中华人民共和国农村土地承包法》第 32 条规定了土地承包经营权流转的法律制度，这对广西农业产业化发展有极大的促进作用。与先进的省份相比，广西的农业产业化程度仍较低，产业链不长。但近年来，各地加快产业化经营，加大农业招商引资力度，国内外的公司进入广西参与农业开发呈加快之势，带动农业产业化经营，将使广西农业发展出现新的变化。

当然，广西的农业也存在一些问题。如：农业发展的基础仍不牢固，基础设施严重老化，自然灾害以及病害对农业的稳步发展影响仍不可忽视；农业投入不足，自我发展能力总体较弱；农业产业化水平较低，在国内外市场中竞争力不够强；农业效益增长慢，农民增收的环节少；农业生产安全、优质、标准化发展推进缓慢，不利于国内外农产品市场的进入；农村二、三产业发展滞后，农民就业及收入渠道单一，增收的基础仍不牢固，收入增长缓慢；农民素质普遍不高，农业生产技术科技含量低；等等。

这些都在某种程度上制约了广西农业的进一步发展。

四、广西旅游业发展状况

广西是世界上岩溶地形分布最广的地区，形成了广西独特的自然风光。长期以来，旅游业已成为广西国民经济中发展速度最快、最具活力的新兴产业之一。有些地方，旅游业收入占了总收入的很大比例，人称“旅游经济”。近10年，政府把法定长假集中，假日出游的人数激增，对我国的经济增长和内需的拉动起到了推动作用。经济学界称之为“假日经济”。“旅游经济”和“假日经济”对广西经济的影响很大。

改革开放为旅游业的发展提供了契机。1978年，广西壮族自治区旅行游览事业管理局正式成立，广西旅游业进入了规范化管理。目前，全区拥有南宁、桂林、北海、梧州、玉林、柳州六个中国优秀旅游城市；国家级旅游度假区1个，自治区级旅游度假区9个；国家级风景名胜区3个，自治区级风景名胜区30个；国家级森林公园11个，自治区级森林公园8个；国家级文物保护单位14个，自治区级文物保护单位221个。此外，还有9个国家级和多处自治区级自然保护区以及一大批名贵珍稀动植物。全区旅游发展“四区一带一龙头”的产业布局已初步形成，即以桂林为龙头，以桂林—柳州—南宁—北海/防城港高速公路旅游带为重点，逐步建成桂北、桂南、桂东、桂西四大旅游经济区。

目前，广西已基本开发出五条精品旅游线路，即桂林山水民俗旅游线、环北部湾滨海边境旅游线、南国边关风情旅游线、桂东历史文化宗教名胜旅游线和南昆铁路奇山秀水生态风情旅游线。五大线路串联着全区十大旅游精品：桂林山水风光游、北海银滩休闲游、南国边关览胜游、壮乡文化风情游、瑶苗侗乡采风游、金田名胜古迹游、百色小平足迹游和巴马寿乡探秘游。作为广西旅游龙头的桂林市得到了进一步完善和提升，发挥了桂林对广西旅游业发展的龙头辐射和带动作用。两条黄金旅游带，即“桂林/贺州—柳州/河池—来宾—南宁—钦州、防城港（东兴）—北海”和“梧州—玉林—贵港—南宁—百色/崇左”南北、东西两条黄金旅游带，也得以建设和完善。

广西的旅游业，突出了四大旅游特色，即突出自然山水、滨海休闲、边关览胜和民族风情四大旅游特色；打造了桂林山水、德天瀑布、北海银滩、百色天坑、民族风情五大旅游品牌。在发展旅游业的同时，以旅游业促进商业的发展，改造和完善桂林市、南宁市两大旅游集散中心，使两地的商业发展有了一个更好的平台。

五、经济发展布局已初步形成

经济结构（产业结构）和经济布局是经济整体发展的关键，也是经济学研究的重要内容。经济学有很多分支学科，其中就包括产业经济学和区域经济学，专门研究经济结构和布局问题。要发展经济，必须做到全区一盘棋，统筹规划，建立完善的经济格局。只有这样，资源才能得到最大限度的配置和流通。

目前，广西工业发展已经形成了比较科学的布局，建立了按"三点一面一走廊"的发展格局。所谓"三点"是指柳州来宾工业经济区域、桂林工业经济区域、百色河池崇左工业经济区域；"一面"是指南（宁）北（海）钦（州）防（城港）沿海工业经济区域；"一走廊"是指包括玉林、贵港、梧州、贺州在内的"桂东经济走廊"。

在"三点一面一走廊"的基础上，"干"字形工业布局已基本形成。"干"字形工业布局是指北海—钦州—防城港—崇左沿海沿边横向工业经济带、梧州—贺州—玉林—贵港—河池—百色东西横向工业经济带、南宁—来宾—柳州—桂林南北纵向工业经济带，以点带线，以线带面，形成两横一纵的"干"字形工业发展新格局。"北海—钦州—防城港—崇左工业经济带"充分利用沿海沿边和开放前沿的优势，重点发展石化、电力、钢铁锰业、糖业、高新技术等产业，这一区域将建成新兴的重化工业基地和高新技术产业基地；"梧州—贺州—玉林—贵港—河池—百色工业经济带"充分利用资源和区位优势，优先发展有色金属、机械、电力、锰业，加快发展建材、医药、食品、茧丝绸等产业，将建设成为资源型加工制造基地，特别是玉林、贵港、梧州，充分利用南广高速公路干线，加大接纳东部产业转移的力度，将建设成为承接东部产业转移的外向型工业基地；“南宁—来宾—柳州—桂林工业经济带”充分发挥南宁、柳州、桂林三大区域中心城市的核心带动作用，依托工业基础好、教育科研资源集中和交通条件便利的优势，优先发展以汽车为主的机械装备制造业、钢铁锰业、有色金属、高新技术、糖业等产业，将建设成为装备制造业基地和高新技术产业基地。

在工业布局基础上，工业园区建设也已基本定格。工业园区有利于产业集聚、集群发展。广西根据优化工业布局的要求，建设了国家和自治区级工业园区，加快发展各市、县工业集中区，推进园区内部合理布局，重点建设了几类工业园区：高新技术产业开发区、国家级经济技术开发区、临海工业开发区、特色产业工业园区、边境工业园区、县域工业集中区。高新技术产业开发区充分利用南宁、柳州、桂林、北海高新技术产业基础较好、科研机构集中的优势，重点建设了南宁高新技术产业开发区、柳州高新技术产业开发区、桂林高新技术产业开发区、北海高新技术产业开发区；国家级经济技术开发区重点在建设南宁经济技术开发区、北海出口加工区，带动周边地区工业发展，成为工业发展的主要载体和领头羊；临海工业开发区充分利用北海、钦州、防城港临海临港的优势，大力发展临海工业开发区，重点在建设北海工业园、铁山港临海工业园、合浦工业园、钦州港经济技术开发区、钦州市河东工业园、防城港市企沙·东湾工业园区、玉林龙潭临海工业区；特色产业工业园区充分利用了资源优势和产业优势，重点在建设中国—东盟经济园、扶绥中国—东盟青年产业园、南宁六景工业园、广西明阳工业园、广西良庆经济技术开发区、桂林西城经济技术开发区、桂林八里街经济技术开发区、柳州阳和工业新区、鹿寨经济开发区、柳州新兴工业园区、来宾市工业区、崇左市城市工业区、大新县下雷锰谷工业园、天等县东平锰工业园、梧州工业园区、梧州对外出口加工区、苍梧工业园、贺州旺高工业区、西湾（平桂）工业基地、信都工业基地、玉林经济开发区、玉柴工业园、北流出口陶瓷工业园、容县侨乡经济开发区、贵港江南工业园、百色市工业园、平果县工业园区、河池·宜州工业园区、河池·南丹有色金属新材料工业园区、河池·环江工业园区；边境工业园区充分利用防城港、崇左、百色市毗邻东盟的区位优势，大力发展边境（跨境）工业园区，重点建设东兴边境经济合作区、凭祥边境经济合作区、靖西边境经济合作区；县域工业集中区因地制宜，发挥优势，以县城为中心，以县乡公路为纽带，依托农产品生产基地和特色资源富集地，重点建设各具特色的县域工业集中区，积极发展劳动密集型工业，形成"一县多业"、"一县多品"的产业发展格局。

第三节　广西经济发展的内在保证

经济的腾飞需要一定的基础和起点，坚挺的经济基础是经济腾飞的保证。我国的浙江、江苏等省的经济发展与其经济基础是分不开的，也是广西经济发展的借鉴。广西经济发展必须转变观念，坚实经济基础。

一、进一步转变观念

思路决定出路。广西要实现经济腾飞，必须进一步转变观念。特别是外向型经济观念、经济合作观念、市场经济观念等。

1. 外向型经济观念

广西地处祖国边陲，思想和观念一向比较封闭，体现了典型的农耕文化特点。在经济日益全球化的今天，广西的观念必须彻底改变。

外向型经济就是要发展对外经济。广西要发展，首先要解决资金问题，招商引资就是外向型经济的重要部分。广西利用外资具有总量小、规模少以及各地发展水平不平衡的特点。[1] 广西经济发展与先进省市的最大差距，是对外开放范围小、领域窄、层次低、质量差，招商引资工作没有大的起色。内资与外资的不足，严重制约了广西经济快速健康发展。近年来，广西招商引资不尽如人意，原因很多，其中最重要是招商引资软环境建设滞后。[2] 比如：政府职能转变不到位，服务跟不上；政府信用缺失，导致政策落实不到位；审批环节依然过多；收费项目和收费标准仍然过多过高；司法仍有不公，外商合法权益得不到有效保护；等等。现在最重要的是要切实建立软环境建设评价制度，要以项目为载体，抓好招商引资质量。每年定期或不定期地开展检查评价，对做得好的给予表彰奖励，对做得差的视实际情况给予通报批评、诫勉、责令相关人员辞职等。总之，要采取一切手段，切实加强招商引资软环境建设，努力使招商引资取得突破性进展。

广西经济发展必须确立以沿海经济为主导，进一步扩大对外开放和优先发展沿海经济是广西经济加快发展的需要和必然选择。[3] 广西现在面临着极其良好的机遇，只要对策正确，措施有力，广西的对外开放将会出现一个新的局面。在对外开放中，要坚持和贯彻科学发展观，解放思想，转变观念，统筹广西区内发展和对外开放，全面提高对外开放水平。要把加快广西经济发展和扩大内需作为长期战略方针和经济发展立足点。要全方位实施对外开放，除国家明令禁止的极少数领域外，其他领域一律对国内外投资者开放，凡是符合国家和自治区产业政策的项目都可以引进。

外向型经济的重要一环是主动融入泛珠江三角经济区，积极承接珠三角地区的产业转移。经过近三十年的发展，珠三角地区土地、劳力、生产成本逐步提高，劳动密集型产业的竞争力逐渐丧失，急需向土地、原料和劳动力成本低的内地转移。一些高科技产业则在升级换代，也寻求转移。广西不仅土地、原料和劳动力成本低，而且与广东山水相连、人缘相

① 熊维强：《以科学发展观为指导，提升广西对外开放效能》，载《改革与战略》，2005 年 12 期。
② 张瑞枝：《关于进一步扩大对外开放的思考》，载《改革与战略》，2004 年第 10 期。
③ 覃合：《广西沿海经济发展思路》，载《改革与战略》，2005 年第 3 期。

亲、文化相近，客观上是珠三角地区产业转移的理想首选地之一。实际上，近年来，广东已有不少工业项目转移到广西，对广西经济发展起到了一定的促进作用。2005年2月下旬，广西党政代表团赴粤学习考察，与广东方面签订了100多个合作项目，其中工业项目75个，合同金额409.77亿元，占总额的88.34%，形势很好。只要认真抓好项目跟踪落实，并不断开拓领域，广东产业转移将对推动广西工业化进程起到巨大的积极作用。

2．树立市场观念

现代市场经济是世界各国普遍采用的经济体制模式。我国现代化建设的实践证明，市场经济是一种配置社会资源的良好模式。在我国沿海地区，市场经济模式有了较大发展，市场经济观念也深入了人心。

要发展广西经济，必须培养市场经济观念。坚持以市场为纽带，建立统一、开放的市场体系，把区域协作上升到产业协同调整的高度，借对外开放和区域合作之机，促进整个广西产业的整合与调整，形成产业一体化发展的新局面。企业是现代市场经济的主体，在企业的发展过程中，严格按照现代治理结构来发展企业，在市场中优胜劣汰。政府的主要精力应放在营造环境、加强规划和信息引导服务上；要按照市场规则配置资源，创造一定的市场空间，企业通过市场运作来赢利，从而使企业有一个很好的发展环境。

自由市场与垄断是格格不入的。广西经济要实现持续快速增长，达到追赶发达地区的目标，还必须打破行政性垄断的藩篱，突破行政壁垒和狭隘的地方保护主义的观念，鼓励与外地的经济实行公平竞争。实践证明，越是落后地区，行政性垄断越强烈。就广西而言，外地的商品进入广西要受到很多限制。比如，广西的香烟市场，清一色的甲天下、真龙牌。必须按照市场经济的内在联系和经济一体化的要求，建立统一、协调的发展机制，避免行政区域间各自为政、孤立发展而造成的资源浪费乃至恶性竞争的冲突和矛盾。在基础设施建设配套、功能定位、产业布局、重大项目布局等方面统筹安排，以达到资源共享、功能互补、相互促进、协同发展，形成区域一体化的发展合力。

要完善市场体系，特别要完善金融市场、技术市场和人才市场。在金融市场方面，大力推进多层次金融市场体系建设，进一步完善多元化的银行组织体系，优化银行分支机构布局，创造条件吸引外资银行在我区组建分行或代表处。整合现有地方商业银行资源，引入战略机构投资者。培育区域性产权交易市场，形成与华东、华南接轨的资本和产权交易市场体系，推动大中型企业在主板市场上市融资，扶持和引导中小企业特别是高新技术企业在中小企业板上市融资，拓宽融资渠道。努力推进金融产品和服务创新。稳步推进资产证券化、信托、不良资产处置及信贷二级交易等新的金融产品，积极发展电子金融产品。设立产业投资基金和风险投资基金，构建以创业投资机构为核心，产权交易所、信用担保机构、商业银行和信托公司共同参与，以政府投资为引导，创业投资、证券融资和银行贷款、信托投资等多种方式相互协同，链条完整的产业投融资支持和促进体系。在技术市场方面，制定与国内外技术市场信息传递规则接轨的标准，建立技术市场交易信息发布制度和交易信息共享制度，创造技术市场主体平等获得信息和公平竞争的条件，加强技术市场与资本、产权和人才市场的结合，构建功能全、服务好的技术交易平台。在人才市场方面，重点建设高层次人才市场，加强各级各类人才市场建设，大力发展技术、管理等各类专业人才市场，加强与国内外的人才市场合作，建立广泛的人才合作与交流平台，构建覆盖城乡、服务各类人才的多层次人才市场体系。

3. 加强合作观念

经济合作有利于释放经济的效力。要发展经济，还必须有合作观念。近年来，广西区域合作进一步密切，环渤海湾经济圈在“奥运效应”的带动下，发展步伐加快。合作能够取长补短，形成统一的大市场。我国经济近年来在国际经济总体不景气的情况下“一枝独秀”地保持着稳健快速的增长态势，其中一个主要原因是省际区域经济合作日益活跃，从而有力地拉动了内需。广西在今后的发展中，必须统筹国内发展和对外开放，进一步推进区域经济合作。①

(1)建立广西沿海发展的协作机制。建立广西沿海发展的协作机制是推进沿海经济一体化协调发展的重要保障。目前，长三角经济圈、环渤海经济圈以及珠江三角经济圈，都已按照区域经济一体化要求建立了市长联席会议的协作机制，以推进经济一体化，促进区域经济的协同发展。广西作为一个行政区域内的沿海经济区，更应该建立起一体化发展的协作机制，尤其是广西沿海经济区尚处于起步阶段，这种协作发展的要求和作用更加明显。

(2)完善沿海经济区各主要城市的功能定位，形成功能互补、互相支撑、协作一致的沿海经济城市群。建成以南宁为中心城市、以南宁—北海—玉林为轴线，以钦州、防城港、崇左、贵港为支撑，加快粤桂经济走廊及南宁—谅山—河内—海防—广宁经济走廊的建设和对接，加快环北部湾经济圈的规划、协调，同时带动和发展一批沿线卫星工业城镇，形成三级城市群构架。

(3)积极参与区域经济合作。广西沿海经济区应把参与区域经济合作作为战略重点，以新思路、新举措把区域合作上升到新的水平。对内，要进一步培育沿海城市群的发展，以新型的产业关联为纽带，形成依托沿海港口的统一、协调、高效的经济发展中心；对外，充分发挥地缘优势，在促进大珠三角经济板块与大西南经济板块的对接互动中，全面融入珠三角，成为泛珠江三角经济增长极。同时，依托泛珠江三角经济区，充分利用中国—东盟博览会这个重要平台，拓展与东盟各国的全面经济合作，通过“经济走廊”沟通中国经济圈特别是珠三角经济圈、长三角经济圈与东盟经济圈的互动，融入国际经济发展潮流之中。

另外，要有人才观念，大力实施人才强桂战略，抓好人才培养、引进、使用三个环节，实现人才总量扩大和人才结构优化。加快培养科技领军人才。建立首席科学家、首席专家、首席教授制度，在重点产业、优势产业以及科技、教育等领域，重点培养一批掌握世界前沿知识、具有国内领先水平的专家学者，对有发展潜力、创新意识强的高层次人才给予重点

① 曹伯纯：《全面落实科学发展观，实现富民兴桂新跨越》，载《求是杂志》，2005年第19期。

培养和支持。培养企业领军人才。通过重要岗位锻炼、国内外知名院校学习、企业培训等方式，重点培养一批熟悉国际惯例、具有战略眼光、善于驾驭市场的优秀企业家。加大人才引进力度，吸引海外高层次人才。加大留学人员创业园建设，建立留学人员创业基金，构建留学人员创业平台，对具有自主知识产权、发展潜力大，特别是具有世界领先水平的项目，给予重点扶持。培养企业经营管理人才。制定企业经营管理人才培训计划，建立企业经营管理人才培训基地，培养一批在生产经营、资本运作等方面具有较高水平的企业经营管理人才。

中国—东盟博览会落户南宁后，外向型人才的需求扩大。要依托区内外及国外高等院校，建设外向型人才培养基地，加快培养一大批熟悉国际经贸业务、精通外语的复合型人才。重点培养适应参与“一轴两翼”多区域经贸合作交流的各类紧缺专业人才。

二、深化国有企业改革

国有企业改革是世界性难题。上个世纪 80 年代末，从英国开始掀起了私有化高潮。但是，私有化并没有把国有企业全部化掉。国有企业是国家调节经济的重要方式，是对市场调节的补充[①]。国有企业也有自身的缺陷，那就是因为出资属于国家所有，容易产生代理成本过高问题，影响国有企业的经营效率，导致国有资产的流失。这也是目前世界各国设计国有企业改革方案的关键所在。

股份制改革是目前各国国有企业改革的主要选择。股份制改革能够较好地解决所有权和经营权问题，引进公司治理结构，提高国有企业效率和防止国有资产流失。

在国有企业改革方面，其他省市提供了一些借鉴。比如，山东省的方案是实施国有资产大规模“战略性退出”，明确要求国有企业特别是大型国有企业，要把从原来高级管理、职工参股和买断国有股权变为寻求

① 漆多俊：《经济法基础理论》(第三版)，武汉大学出版社 2000 年 1 月版，第 21 页。

国外同行业跨国公司作为战略合作伙伴的最佳选择，将全面推开通过利用外资嫁接等方式进行国有企业改组改造。黑龙江省为了打赢国有企业改革的攻坚战，把国有企业产权改革与开放式招商引资紧密结合。目前该省 32 户改制试点企业已顺利转入企业产权置换阶段。长春市推出“购售式重组”的国有企业债务重组方案，即从那些陷入严重债务困境的国有企业里，把具有赢利能力的有效资产剥离出来。深圳市对属于社会公用事业领域的企业如深圳机场集团公司、国际信托投资公司等企业进行改革，并授权经营。企业在授权范围内独立行使重大决策权、人事管理权、资产收益权和资产处置权，可根据市场情况，对所属企业进行资产重组和产权转让。政府对国有企业通过国际招标引进战略投资者，引进新的机制、管理、技术及国际市场运作经验，创造了政府决策、中介机构参与和企业运作为主体的国际招标模式。

目前，广西国有企业改革有一定进展，但国有股一枝独秀的现象依然存在。借鉴其他省市经验，可以从以下几方面入手：

1. 优化国有资本结构

继续完善国有资本有进有退、合理流动的机制，引导国有资本向核心竞争力强的大企业集中，向重点和优势产业集中，向国有及国有控股企业的主业集中，提升国有经济控制力、影响力和带动力。

国有大中型企业股份制改造不是变卖国有资产，而是要建立完善的国有资本有进有退、合理流动的机制。应当分门别类地采取控股、相对控股、参股或完全退出等形式进行资产重组和改造。可以按三种形式进行重组改造：一是关系到国计民生的重要骨干企业，或已经形成自然垄断的国有大型企业，可采取国有独资公司或由几个国有资本机构持股的股份制公司形式进行改制，这种形式应控制在极少数的范围之内。二是国有资本机构相对控股或相对参股，引入多个非国有的股东成员组成的混合所有制企业。这是发展股份制的主要形式，要大面积地推行。三是没有国有资本机构参股的公众持股（直接持股和间接持股）中小型企业。这类企业中的大多数是国有资本完全退出的国有企业，通过职工买断或市场化拍卖方式改造而成。通过以上三种形式的重组改造，大力引进多种所有制成分的资本，尤其要积极引进战略投资者，实现投资多元化，使各类资本在市场流动中不断实现优化配置。

鼓励企业职工持股。具备条件的企业，可以拿出一部分资产折成股份，采取员工持股的方式实现产权多元化。员工股份既可以通过增资扩股方式设置，也可以通过产权转让方式设置。要推进股权适度集中，实现经营者持股控股。促进民营经济发展，加大资金投入，对民营企业实行梯度扶持和重点培育。大力扶持民营企业发展，运用多种金融手段加大对民营企业融资的扶持力度，鼓励扶持民营企业开展自主创新和实施名牌战略，大力推动外向型民营企业快速发展。发挥民营经济的主体作用。

2．建立自治区国有企业改革专项资金

建议设立“企业改革专项资金”专户。据统计，自治区直属需要改制的国有工商企业有200多家，涉及身份转换的职工约15万人。按偿还内债及转换身份的经济补偿金每人3.5万元作粗略测算，所需资金60多亿元。自治区国有企业改革专项资金主要来源：一是企业国有产权转让（含土地出让）的收益；二是国有资产营运的收益；三是自治区财政安排。专项资金主要用于：一方面对职工身份置换给予经济补偿金、社会保险费、欠发工资、医疗费等；另一方面配合债权银行处理不良贷款，支持自治区及市级的各类投资公司、资产经营公司回购金融资产处置公司处置的不良资产。通过债务缩水处置、降低负债率、回购资产等方式，增加企业净资产的总值，减少企业债务负担，为下一步引进战略投资者、开展国有企业股份制改造夯实基础。

积极推进企业办社会分离和辅业改制分流。分离企业办社会职能和主辅分离、辅业改制工作是国有企业股份制改造一项必不可缺的重要内容。国有企业在进行股份制改造过程中，必须对生产经营性资产和非经营性资产进行剥离或分立。按照国家主辅分离、辅业改制、带资分流的政策，通过以下途径实施：一是把剥离出来的非经营性资产交给当地政府，如学校交给教育局，医院交给卫生局，职工宿舍交给房管部门等。剥离出去的非经营性资产与改为股份制的生产企业不再有资产联系或行政隶属关系。二是以剥离出来的事业单位资产组成独立的法人实体，独立经营，交由政府部门管理，如发生亏损，则由当地财政酌情补贴或固定补贴。三是以剥离出来的资产组成独立的法人实体，产权归属国有资产监管部门的，由国有资产监管部门委托国有资产运营机构代管。

3．从转变机制着手，营造有利于国有大中型企业股份制改革的发展环境

建立规范的公司法人治理制度，是推行国有大中型企业股份制改造，实现产权多元化的基础和保证。要按照"产权明晰、权责明确、政企分开、管理科学"的要求，规范公司股东会、董事会、监事会和高级管理层的权责架构，完善企业领导人的聘任制度，建立权责明确、有效制衡的运行机制。国内外推行股份制的成功实践证明，只有建立和规范公司法人治理结构，依靠投资多元主体的股东权力制衡，特别是非国有股东的制衡，才能有效抵制某些行政机关不正当的干预，防止法人腐败犯罪，促进政企分开，使企业的目标和精力都集中到市场竞争中去，追求经济效益的最大化。

4．建立完善有效的国有资产管理、监督和营运体制

实行国有大中型企业股份制改革，必须与国有资产监管体制改革同步进行。要严格按照《企业国有资产监督管理暂行条例》要求，通过理顺国有资产管理、监督和营运关系，落实好权利、义务和责任相统一，管资产和管事、管人相关联，实现政府社会经济管理职能与国有资产所有者相分离、国有资产管理者与国有资产经营者相分离、出资人所有权与企业法人财产权相分离的"三分离"，建立"归属明晰"、"政资分开"和"政企分开"的国有资产管理体制，建立"权责明确"的出资人制度，从根本上消除阻碍国有产权流动的体制性障碍。

5．建立完善、规范、高效的产权交易市场

国有经济布局和结构调整，关键是要让产权有序地流动起来，需要建立规范的产权交易市场。广西要尽快建立产权交易的信息平台，理顺区内现有的市场关系，构建以自治区级产权交易市场为中心，连接若干城市产权交易场所的市场体系。同时，与北京、上海、广东等发达地区共同构建信息共享、交易互动、高效快捷的产权交易网络，营造国有产权(股权)流转顺畅的绿色通道和市场环境。国有产权(股权)通过市场拍卖，可以体现国有资产价值的真实性，获得更好的收益，有利于降低改革成本，减少财政负担和避免暗箱操作，杜绝企业自卖自买，制止国有资产流失。

三、加快广西工业发展

近年来，广西非常重视工业发展。① 发展工业是推进工业化的核心内容，坚持工业化带动城镇化，形成工业化与城镇化互为依托，工业、农业产业化和现代服务业协调发展。广西工业的发展虽然受到诸多不利因素的制约，但是，只要坚持科学的发展观，大力推进工业化进程，找准工业发展的着力点，采取有效的措施解决好存在的问题，就一定能够实现跨越式的发展。

1. 继续加大投资力度，不断增强工业发展后劲

对工业保持较大的投入力度，不断提高工业的生产能力和技术水平，是发达地区工业取得快速增长的一条重要经验。1989—2003 年，广东、江苏、浙江和福建的基本建设和更新改造投资合计中，工业累计投资所占的比重分别达到 42%、49%、39.2%和 46.5%，而广西仅为 28.5%。近年来广西工业增长的逐年加快，也是得益于工业投资的逐年增大，特别是一些重大技改项目的完成并开始发挥作用，对工业的发展产生了积极的影响。因此，广西工业要加快发展，必须继续加大投入，使工业投资在整个投资中保持一定的比例，以增强工业发展的后劲。同时，还要突出重点，保证工业投资结构的合理性，有效地促进工业的协调发展。

广西的某些特色资源可以发展特色产业。要充分利用特色资源，以特色资源开发为重点，实现重大工业项目建设新突破。应尽快启动工华银铝业氧化铝一期工程、平果铝氧化铝三期工程、钦州金桂浆纸业一期

① 广西除了制定“广西壮族自治区国民经济和社会发展第十一个五年规划纲要”之外，还制定了“广西壮族自治区工业化十一五发展规划”，这便是明证。

工程等重大项目，开工建设来宾、崇左锰系列产品深加工和广西农垦集团木薯变性淀粉等项目。依托区位和资源优势，加快推进北海林浆纸一体化工程、沿海大型石化基地、防城港企沙千万吨级大型钢铁厂、铝材深加工等项目的前期工作。

项目的科技含量是关键，必须加快重大技术改造项目建设。重点推进钢铁、汽车、制糖、水泥、有色、化工、制药、食品等优势产业和骨干企业技术改造。应尽快开启建设玉柴轻型柴油机一期工程、上汽通用五菱新型发动机、桂林海螺水泥二期工程等项目。加快柳钢结构调整、贵港华润和北流虎邦水泥生产线、东风柳汽乘用车以及南宁糖业、来宾东糖中高档文化纸等项目的建设。

加强城市工业区建设。根据资源匹配条件和现有工业基础，按照区位、市场和产业分工的要求，加快中国—东盟经济园、柳州阳和、南宁六景、桂林苏桥、沿海三市和梧州、玉林、贵港、百色、河池、贺州、来宾、崇左等城市工业区基础设施和服务体系建设，明确功能分区和产业定位。

2．做强做大现有产业，延长产业链

发达地区的经验告诉我们，只有支柱产业的规模不断壮大，才能有力地推动工业增长。比如，2003 年，在 40 个规模行业中，广东居前 3 位的行业实现工业总产值分别达到 5932 亿元、2160 亿元、1141 亿元；江苏居前 3 位的行业实现工业总产值分别达到 1540 亿元、1419 亿元、1360 亿元；浙江居前 3 位的行业实现工业总产值分别达到 1750 亿元、1100 亿元、848 亿元；福建居前 3 位的行业实现工业总产值分别达到 901 亿元、283 亿元、278 亿元。而广西居前 3 位的行业实现工业总产值仅分别为 242 亿元、227 亿元、108 亿元。广西支柱产业与发达地区相比，存在着明显的差距。在今后的发展中，要不断壮大企业规模。做大、做强那些符合国家产业政策、有发展前景的行业和重点企业。如柳州钢铁(集团)公司、广西电网有限公司、广西玉柴机器集团公司、上汽通用五菱汽车股份公司、东风柳州汽车有限公司、广西柳工集团有限公司、广西卷烟总厂、中国铝业股份有限公司广西分公司、柳州五菱汽车有限责任公司、大海粮油工业有限公司、南宁糖业股份有限公司等。努力打造重点优势行业和企业。要充分利用泛珠三角经济区的构建和中国—东盟自由贸易区的建立等有利时机，加大招商引资力度，采用合资或合作等多种方式，培育发展广西的糖业、铝业、汽车和工程机械、林浆纸和林产林化、钢铁、锰业、石化、中医药、食品、建材等十大优势产业。

产业链的建设有利用提高产业的效率，必须加快产业链的构造和建设。一是优化资源配置，振兴以柳州为主的制造业老工业基地，加快形成以桂林为主的高新技术产业基地，做强、做大以百色为主的铝工业基地，发展以沿海的南（宁）北（海）钦（州）防（城港）为主的钢铁、石化和林纸浆等重化工基地，大力促进梧州、玉林、贵港、贺州的食品工业及轻工业等优势加工业和外向型加工业。二是力求在发展优势区域中取得新突破。必须以市场为导向，立足资源优势，以大企业为主体，以产品为龙头，将广西具有相对优势的产品，组成若干个名牌或拳头产品产业链。[①]同时，加强下游产品的研究开发，特别是对铝、糖等支柱产品，更加注重研发产品的深加工和原料的综合利用，提高资源的利用率和产品附加值，注重延伸产业链，将整个产业整合起来，并鼓励和引导中小企业进入产业链条。三是着力培育一批“专、精、特、新”的中小企业群。如桂林腐乳、梧州新华牌电池、梧州冰泉豆浆、柳州两面针牙膏、北流陶瓷等。通过各种途径，打造强有力的产业链群。

3．大力发展高新技术产业，实现工业经济的跨越式发展

科学技术是第一生产力。现代化建设的关键是产业的科技含量。产业层次低、高新技术产业起步晚、科技成果转化率低等因素是影响广西工业快速发展的一个重要原因。广西在今后的工业发展中，必须采取相应的措施，尽快提高科技成果转化率。学习、借鉴发达国家和发达地区高新技术产业的成功经验，加快市场经济体制的建设步伐，提高金融机构、资本市场、民营资本、风险投资与广西高新技术产业合作的水平，拓宽高新技术产业发展的融资渠道。

政府和企业要坚持走新型工业化道路，大力推进企业信息化，加强

① 廖廷弼：《广西工业发展的主要障碍及其对策》，载《战略与改革》，2005年第3期。

对 IT 产业、生物科学和新材料等技术含量高的行业的科技投入。政府要加大专项投入力度，充分发挥引导作用。政府要从资金投入上贯彻落实科技是第一生产力的思想，按照有关法律法规的精神，增加科技投入总量，提高科技经费支出占财政支出的比重。尤其是有条件的企业，要建立企业研发中心，形成有效调动科研人员研发创新的激励机制，努力加大对新产品和核心技术的开发与研究；要主动与跨国公司开展多种形式的技术研发合作与交流，把先进技术的引进和吸收、消化、创新更好地结合起来，努力掌握核心技术和关键技术，加快培育自主创新能力，大力开发拥有自主知识产权的拳头产品，打造知名品牌，促进企业发展和增强企业的核心竞争力。

积极发展高新技术产业群。加快建立以中小企业和非公有制企业为主体，大型企业为支撑，中央项目为强动力的高新技术企业群，增强全区高新技术产业的发展活力。当前，要着重引入三种力量。其一是创造优质环境，促进中小型高新技术企业的培育和引进。其二是通过制度创新培育本土的大型高新技术企业，快速做大做强高新技术产业。以制度创新促进技术创新，健全企业技术创新激励机制。要构筑科学的企业组织制度，提高企业管理水平。要安排合理的企业利益分配制度，将收益分配和贡献大小紧密联系起来，充分调动企业家、科技人员及全体员工创业和创新的积极性。三是加大高新技术产业化基地建设的力度，优化发展环境，重点引进大型高新技术企业。创新高新开发区建设模式，提高市场化程度，增强高新开发区建设的投入能力和管理营运能力。

要加大科研投入，提高科技成果转化率。要引导企业增加科技经费投入，促使企业成为科技投入的主体。制定有力的财政、税收、金融政策，引导和支持高新技术企业增加科技投入，增强企业技术创新能力，提高产品和服务的竞争力，逐步建立起以企业为主体的科技经费投入机制。一方面，政府科研管理部门要进一步做好科研成果推荐的工作，为科研成果转化为实际的生产力提供牵线搭桥的优质服务；另一方面，各个工业企业在注重自身科研开发的同时，要根据企业自身的需要，加强生产科研成果的引进工作，特别是要加强对高新技术和适用技术的大力引进，为开发新产品和提高产品的技术含量、增加科技成果转化率创造条件。

另外，要加快能源基础设施建设，缓解能源对工业发展的制约。深度开发水电资源，加快发展水电，积极发展火电。围绕国家“西电东送”重要基地建设，着眼于缓解电力供需矛盾和长远发展需要，重点开工防城港电厂、来宾电厂和永福电厂扩建、钦州电厂、贵港电厂、桥巩水电站以及一批条件成熟的中小水电项目；加快龙滩水电站、长洲水利枢纽等在建项目建设；确保北海电厂 2 号机组、田东电厂改扩建工程 2 号机组、百色水利枢纽 1 台机组、平班水电站 2 台机组和乐滩水电站 3 台机组建成投产。大力开发新能源。加快推进大藤峡、瓦村等水电项目，南宁电厂、环江电厂等火电项目，以及核电、液化天然气利用、风电、抽水蓄能等项目前期工作。继续抓好区内重点矿井建设和改造，努力增加区内煤炭产量，积极探索和开辟新的煤源渠道。重点推进与贵州等省合作开发煤炭资源，建设坑口电厂，加快云（南）电送桂前期工作。抓紧开展与越南煤电合作的相关工作。同时，还要走开源节能并举之路。

四、大力发展中小企业

中小企业是调节经济的安全阀。[①] 广西的中小企业在推动广西国民经济适度增长、缓解就业压力、完善市场结构、吸引民间投资、实现科技创新与成果转化、服务社会、促进地区经济协调发展等方面发挥了重要作用。可以说，广西中小企业发展的成功与否在很大程度上决定了广西总体经济的前景。广西中小企业发展战略的选择，必须建立在广西工业化定位的基础上。依目前广西的各项条件，决定了中小企业只能是处于从属的地位。

广西的中小企业市场观念不强，技术含量不高。广西中小企业的发展受到广西地区经济发展水平的限制以及地理位置和传统观念的影响，

① 史际春、王先林：《中小企业法论纲》，载《中国法学》，2001 年第 2 期。

总体水平不高。据广西2003年统计年鉴资料，截至2002年11月，广西国有工业及产品销售收入500万元以上非国有工业企业总计3155个，工业总产值1003.23亿元，从业人员91.25万人。其中，中小企业数2967个，占93.72%；中小企业工业总产值535.29亿元，占3.36%；中小企业固定就业人员60.18万人，占65.95%；中小企业固守资产616.45亿元，占47.56%；利润总额47.27亿元，占36.98%。

中小企业要做大做强，首先要解决的是战略选择问题。广西要充分利用自身优势。一是资源优势。广西属于"自然资源综合优势"较优的省份，拥有丰富的资源。其中矿产资源、水资源、动植物资源、海洋资源、旅游资源都相当丰富。由于资源的分散及地理特征的因素决定了大型企业不可能包揽所有资源，其中就存在着大量的机会等待中小企业去挖掘。二是区位优势。广西位于中国内地沿海地区的西南端，面向东南亚，背靠大西南，处于中国东南沿海地区和中国大西南地区的交会地带，是我国西南最便捷的出海通道。广西既是华南通向西南的枢纽，又是沿海、沿江、沿边的省份。广西成为全国唯一的具有沿海、沿江、沿边优势的少数民族自治区。这为广西中小企业的发展提供了便利。

广西的中小企业应当在普遍原则的基础上，结合自身的行业特点、产品特色、所在区位、企业文化、组织机制，特别是广西特殊的区位特点，制定出适合自身发展的战略。

1.发展广西资源优势产业战略。广西也有基础良好、在全国乃至世界有较强竞争力的特色资源优势产业，特别是林产林化、烟草、制药、轻工、旅游、滨海养殖等产业，这些产业相当部分也是以中小企业为主。广西的发展不要平均主义，客观上要保持合适的梯度，既要有区域上的梯度，也要有产业上的梯度。

2.退出发展高、新、精、尖产业战略。可以说，这是与东南沿海地区中小企业相背离的战略选择，但也是符合广西中小企业实际的战略。因为高、新、精、尖产业不符合广西的比较优势，最主要的制约因素在于人才和信息方面。比如，广西人才总量规模小（据统计，广西大专以上文化人数占人口总数比例0.12%），人才结构也不合理，经营管理、外经外贸、高新技术、风险投资等人才缺乏。同时，由于缺乏就业机制和有利于人才成长的制度环境，人才浪费、闲置和流失现象严重，大量的优秀人才沉淀在国有企业和政府部门；过分热衷于高学历，但是没有针对性，没有以市场指标来评价人才，而是倾向于以行政的做法来衡量人才的作用。

3.为“第二梯队”战略。[①] 广西中小企业要发展首先要摆正自己的位置。一方面，既然中小企业没有条件与大型企业特别是国有大型企业正面竞争，那么为何不选择合作呢？随着企业规模的扩大和专业化的不断提高，大型企业为中小企业的发展提供了最大的机会。通过与大企业建立垂直系列的专业化分工，最终形成广西中小企业与大企业在产业技术关联上的多层次关系。在广西，这种情况突出表现在柳州和玉林地区。比如柳州通用五菱、玉柴，都需要从市场上采购大量的配件，这些都是中小企业发展的机会。另一方面，广东许多老产业正在升级和转移，新一轮的产业结构调整恰恰是广西中小企业的机会，广西中小企业应未雨绸缪，作好准备。我们能否参考浙江温州模式，发展产业集群的优势，在工业的底端有所作为，这在广西东部地区，比如玉林，优势更大。

4.积极参与分享物流利润。物流业称为企业“第三利润源泉”，物流水平的系统性提高被视为企业成功的金钥匙。物流的发展也直接关系着一个地区经济发展水平和工业化程度。广西由于其特殊的地理区位，大力发展物流业成为必然。广西目前的物流业相对其所处的区位优势而言还很不发达，物流费用在GDP中的比重相对很高，从事物流的企业也形形色色，物流市场也极不规范。正因为如此，广西中小企业才有了抢占物流行业利润的可能。

广西中小企业做物流业可从以下几个方面进行[②]：一是以承包、租赁、参股、合作的方式从物流中心（第三方物流）获得业务，比如经营短线物资配送等。二是从事与物流业相关的电子商务活动，为物流中心提供信息支持。三是在物流中心之间的空隙中寻找生存空间，比如专门从事

① 阳正义、蒋太才：《新形势下广西中小企业发展战略的思考》，载《东南亚纵横》，2005年第4期。

② 彭福庆：《物流、通道、发展》，载《东南亚纵横》，2006年第1期。

边远地区或山区物流业务。

五、做强做大县域经济

县是沟通城、乡的桥梁，是全省经济网上的结点。经济网能否形成和是否有张力，关键要看结点是否有力。发达的县域经济是省域经济的有力支撑，能提供广阔的市场和经济动力。强大的县域经济是全区经济协调发展的关键。它有利于统一大市场的形成，有利于社会就业，也有利于提高公共设施和公共福利水平。我国的东南沿海省份，特别是浙江和江苏等省，其综合经济实力的增强与强大的县域经济是分不开的。[①] 2005 年广西 89 个县域单位工业增加值占全区工业增加值的 55.6%，规模以上工业实现利润、上缴税金分别占全区的 46.3%、30.8%。2005 年县域工业增加值在 GDP 中比重只有 25.1%，比全区平均水平低 4.7 个百分点，与东部发达地区的差距更大。没有县域工业的发展壮大，广西的工业就难以做大做强。因此，必须把县域工业作为发展的重点，采取有效措施推进县域工业的发展。

1. 科学布局，发挥珠江三角洲、城市工业和大项目对县域工业的辐射带动作用

在桂东南地区，要充分发挥靠近粤港澳的区位优势和劳动力资源丰富的优势，大力发展面向粤港澳的农副产品加工业；积极接纳珠江三角洲的经济辐射和产业转移，加快发展外向型企业和劳动密集型产业，有选择地重点培育发展几个承接广东产业转移的示范县，形成产品聚集和示范作用。柳州、南宁、桂林等工业基础较好的城市，在城市改造企业搬迁中，要有重点地将搬迁企业往周边县市转移。城市周边县要积极与大企业寻求合作，依托大企业在资金、技术、产品、市场和管理等方面的优

① 从地区分布来看，百强县中有 46 个县属于长三角地区，15 个县属于珠三角地区，21 个县属于环渤海地区，百强县主要集中在长三角、珠三角以及环渤海三大经济圈的格局保持不变。浙江、山东、江苏三省的百强县个数占全国三分之二以上。其中，浙江 30 个，山东 20 个，江苏 18 个。全国百强县(市)前十名为：江苏拥有 6 个，广东 2 个，浙江 2 个。

势，甘当配角，为大企业做好配套服务，通过发展配套产业来发展和壮大自己。在桂西北，具有资源优势的县，则要以矿产资源开发为依托，力争上大项目，通过大项目带动，发展特色工业。今后，全区农业资源、矿产资源、特产资源开发利用项目，应主要安排在县域建设。农产品加工型龙头企业也主要向县域布局。

2. 以工业园区为依托，实施“飞地工业”发展战略

由于县域的基础设施条件有限，不是每个乡镇都有发展工业的条件，发展县域工业不能走“乡乡建园区、村村冒烟囱”的老路子，因为这样不但招不来项目，也难以形成产业集聚效应。县域工业的发展必须以工业园区为依托，充分发挥工业园区在发展县域工业中的“筑巢引凤”的作用。为了最大限度提高工业用地、基础设施和资源的利用率，形成产业聚集，避免在引进项目中的竞相压价，同时充分调动各乡镇发展工业的积极性。对于没有工业园区的乡镇，可以打破区域界限，发展“飞地工业”。即各个乡镇都可把工业和招商引资项目放到园区中，但所产生的产值、税收可以为其所有，使少数人的积极性变成全县人的积极性，使局部优势变成全县的整体优势，带动县域工业的发展。

“飞地工业”的突破口是实施品牌战略，大力发展农副产品加工业。在当前日趋激烈的市场竞争中，品牌是企业提升产品竞争力的锐利武器。县域工业的发展必须充分认识和提高实施品牌战略的意义，借助品牌的带动功能和扩散效应，促使企业增总量、上规模、促发展。发展农副产品加工业是广西县域经济的最大优势所在，特别是广西水果、独具特色的林产品、绿色食品、无毒无污染食品、精深加工食品等特色优势产业，要通过不断提高产品加工率，提高产品的附加值，形成小产品、大产业的经济发展格局，带动农民致富，增加财政收入，形成品牌，扩大市场占有率。

3. 加大招商引资力度，大力发展民营经济

大力发展民营经济，是全面建设小康社会的必然选择，也是发展县域经济的必然要求。党的十六大报告和“十一五”规划都指出：“必须毫不动摇地鼓励、支持和引导非公有制经济发展”，“充分发挥个体、私营等非公有制经济促进经济增长、扩大就业和活跃市场等方面的重要作用”。

实践证明，民营经济发展好了，县域经济才可能有活力，经济规模才可能有活力，经济规模才可能得到较快增长。浙江温州市在发展县域经济过程中，始终把工作的着力点放在壮大民营经济上，使得该市民营企业蓬勃发展，民营企业成为当地经济的主体，大大促进了当地县域经济的发展。目前民营经济在江苏、浙江等省的县域中占80%以上，而广西的民营经济只占60%左右，其发展是远远不足的。发展民营经济，首先要解决观念问题。各县市领导要充分认清形势，转变思想观念，切实把民营经济作为县域经济的主体来定位。要进一步消除阻碍发展的各种机制弊端，通过体制创新、管理创新、科技人才创新，充分调动民资、集中民智、激发民力，把民营经济做活、做大、做强、做优。其次，要解决民营企业经营环境问题。要发展民营经济，就必须为民营企业在当地的生存、发展、壮大创造良好的环境。各级政府要树立蓄水养鱼和藏富于民的思想观念，除了政策规定必须缴纳的税款及有关费用外，不应以任何理由向民营企业征收各种名目的收费。[①] 地方政府及其有关部门除了确保企业不违法经营外，应尽量少干预企业的日常经营活动，放手让其发展壮大。

发展县域工业仅仅依靠本县自身力量是不够的，特别是数量众多的山区县，没有区位优势，交通不便，资金、人才、技术都缺乏。因此，必须加大招商引资的力度，想方设法将县域外的“商”和“资”为我所用。通过引进外来企业来带动本地企业，激发本地民间资金投资办厂。同时，把发展民营经济作为发展县域工业的着力点，将国有企业改革与发展民营经济有机地结合起来，鼓励民营经济嫁接改造现有的国有和集体企业；不断改善和优化投资软环境，引导民营企业上规模、上水平、上档次，使民营经济成为推动工业发展的主力军。

4. 小城镇化发展战略

小城镇是我国城市化体系中最基础的层次，它是联系城市和乡村的

① 赵瑞娟：《通过财政贴息刺激广西非公有制企业的发展》，载《改革与战略》，2004年第6期。

纽带，也是农村工业化、农村城市化的有效切入点。可以说，没有繁荣的小城镇，就不可能有农村经济的富裕，也不可能有县域经济的发展。

在推进城镇化发展过程中，首先要抓好县城和重点镇建设，加快推进县城城镇化建设步伐。要以新思路、新办法筹措城镇建设资金，特别要注意面向市场，利用市场机制广泛吸引各方面的社会资本共同参与小城镇建设，加快小城镇的建设步伐。要树立经营城镇的理念，对城镇具有商业价值和经营价值的土地、设施资本化运作，鼓励民间资本和外资以独资、合资、合作、联营、项目融资、特许经营等方式参与城镇基础设施和公用事业建设。必须明确城区及镇区的经济分工及布局，有针对性地规划小城镇的经济增长点，并根据经济增长点来规划小城镇，诸如区分为工矿服务型小城镇、交通功能型小城镇、旅港开发型小城镇，等等，并以这些明确的功能定位刺激城镇经济的增长。要通过小城镇的建设，带动周边农村经济的发展，构筑"县(市)、中心镇、一般镇、集村镇"相互联结的以城带乡、以乡促城、相互支撑、相互促进的城乡一体化城镇发展体系。小城镇建设的过程中，要加大城市化进程，大力吸引农民向城镇转移，使之成为小城镇建设的主体，促进他们生活水准的提高和城镇经济的发展繁荣。

六、特色农业和农业化战略

农业是国民经济的基础。广西的农产品有自身特点，决定了广西可以走特色农业发展道路。

1. 培育农业加工企业

广西是一个农业大省。广西全区基本属于亚热带气候区，水、光、热等资源充足，生长着颇具特色的农产品和水产品，如蔗糖、茶叶、果蔬、中药材、香糯、瘦肉猪、巴马香猪、都安山羊、三黄鸡、北部湾海产、荔枝、龙眼、芒果、柑橙、沙田柚、灌阳梨、恭城月柿、高山白毛茶、高山野菜、八渡笋、玉桂、八角、山葡萄，等等，表现出很强的地方特色和地域性优势。这些特产要充分利用，可以发展加工业。目前，市场上很少有"广西产"的农产品和小食品。而台湾省、广东省的自然条件和广西相近，但是他们的农产品、小食品到处可见，为什么广西就没有呢？原因就是农业加工业不发达。农民生产了原料，但是没有企业加工成产品。所以，要发展现代农业就要发展农业加工企业，要走农业化的道路，把大量农产品加工成更有价值、科技含量又不高的商品新形式。通过这种形式，可以发展一批起龙头作用的农业中小企业，比如，烟草加工业、茧丝绸产业、粮油食品加工业、果蔬加工业、畜禽产品加工业、水产加工业、香料加工业、特色农产品加工业等加工业。

2. 完善特色农业体系

通过整合资源，突出重点，大力发展特色农业、绿色食品以及农产品、畜产品、水产品的加工业，逐步建立起地方特色农业体系。要充分发挥资源优势，突出特色，在优势明显的农产品和特色农产品上面下功夫。要以特色资源为基础，以特色产业为重点，形成特色资源、特色产品、特色产业、特色经济的可持续发展格局。同时，按照市场需求调整产品结构，加快开发名、特、新产品；扩大生产量，开拓市场面，带动整个农村经济由粗放经营向集约经营发展。要抓好农产品生产基地的建设，形成有较大规模的农产品生产基地，保证农产品、畜产品、水产品的批量供应，提高市场占有率。要根据市场经济的规律，按照生产产业化、布局区域化、经营一体化、服务社会化、管理企业化的要求发展农业产业，并通过将农业的产前、产中、产后诸环节联结成一个产业系统，提高农业增值能力和比较效益，形成自我积累、自我扩张与发展的良性循环机制。发展龙头农业企业，发挥龙头的带动作用。要探索和完善利益联结机制，扶持和壮大龙头企业，形成抓好一个龙头企业、牵手一个特色产业、建设一片基地、带动一批农民致富的农业产业化经营格局。

3. 培育壮大农村经纪人队伍

农民经纪人是农产品销售流通的重要主体，是活跃农业经济不可缺少的中介人员，为调整农业种植结构作出了很大贡献。要制定必要的规章制度，着力培育、管理、支持农村经纪人，在经济上给奖励、政治上给地位，及时为其解决难题，促使其不断发展壮大。积极引导发展农业产品产销协会。运用市场机制,按产业和经济流向,坚持群众自愿的原则、因地制宜的原则、全面覆盖的原则,引导组建以农村能人牵头的各类农副产品产销协会,带动农副产品精深加工和销售,提高农产品的附加值,为农村经济服务。

第四节 抓住机遇，实施富裕广西战略

机遇是经济发展的大环境,任何国家和地区的经济发展都离不开一定的机遇。机遇稍纵即逝。如果抓住了机遇,就赶上了世界经济发展的列车;有些机遇可能只有一次,如果错过了机遇,就再也不会出现。上个世纪的80年代,历史给了广西一次机遇。广西被列入东部沿海的开放省份,北海被列为东部沿海的14个开放城市之一。可是广西错过了这次机遇。但广西是幸运的,目前广西可谓遇上了千载难逢的发展机遇。广西是享受全国最多的优惠政策的省份,同时享有东部沿海政策、中国—东盟自由贸易区政策、西部地区政策和少数民族地区政策。这在全国是独一无二的。广西必须抓住这次空前的机遇,制定自身的经济增长战略,以发达地区经济发展状况为标杆,通过高于发达地区经济增长的方式,逐步缩小与发达地区的经济差距。

一、西部大开发的地区倾斜政策

西部大开发是促进区域经济协调发展的重要举措,是我国在东部沿海经济比较发达的基础上实施的全国经济均衡发展方略。也就是说,我国的西部开发有东部的经济发展作为后盾。从政策角度而言,它是我国沿海开放政策的内地延续,是实现共同富裕的重要举措;从经济角度而

言，它有利于东部地区劳动力、技术的转移，有利于形成全国统一的大市场，有利于东、中、西部资源和产业优势互补，促进良性互动的区域协调发展机制形成。由于经济基础、自然资源、地理位置等原因，各地的经济不可能同步发展。世界上很多国家都有开发西部或落后地区的历史，比如，美国的西部大开发（即美国19世纪的西进运动）、日本的北海道开发、苏联的东西伯利亚开发等。各国在开发落后地区过程中，有一个共同特点，那就是中央政府会提供许多优惠政策。能否用足、用活政策直接关系到开发地区的发展。

广西地处我国东、中、西三个地速成的结合部，并有沿江、沿海、沿边的“三沿”优势。按地理位置，广西属于东部沿海地区。考虑到广西特殊的地理位置和历史原因，国家在实施西部大开发战略中，把广西列为“10＋2”西部省区，享受和其他西部省区同等的政策和优惠。

西部开发的先期工作是加强基础设施建设，通路、通电、通航，改善投资环境。这部分资金是国家通过财政转移支付来实现的，大大地减轻了西部地区的财政压力。目前西部计划在广西已取得了一些效果，广西与东部地区的差异已有所缩小。由于广西是西部地区，广西可以享受国家开发西部的政策倾斜，诸如西部地区补贴、税收优惠政策、外资引进政策、人才引进政策、中央财政转移支付政策等。

由于广西地处我国东西部的结合点，广西同时又是大西南的出海通道，也是东部西进之途。大西南的大开发，必定产生更大的出海经济需求，而东西部经济结构的大调整，东部，特别是广东以及港澳的产业、产品、资金、技术、人才西进也要经过广西，从而为广西的发展开辟了更为广大的市场。西部政策和独特的地理位置相结合，会促进广西独特的“地理经济”的发展。

广西不仅属于西部地区，还是少数民族地区、革命老区。在我国的“十一五”规划中，给西部地区、革命老区、民族地区和边疆地区开出了许多优惠政策，在公共设施、基础教育、改善农村的医疗环境等方面有许多政策，以扶持西部地区、少数民族地区、革命老区的经济发展。以前广西在利用政策方面还不到位。比如，广西是民族自治区，根据我国宪法的规定，可以制定自治条例。但是，到目前为止，自治条例的制定工作还没有完成。广西目前的主要任务是充分利用政策。利用各项财政税收优惠政策，合理制定和实施区域经济优惠政策。如广西中小企业的发展，也要充分利用西部政策。国家为促进西部地区中小企业的发展，在《政府采购法》第 9 条中也作了专门规定，国家采购应当首先照顾西部地区的中小企业。目前，广西是全国享有优惠政策最多的省份，广西必须把政策和法律用足、用活。

二、环北部湾加大开放力度

进一步加大对外开放力度是我国经济建设的一项基本政策，对我国实施“引进来”和“走出去”的战略有重大意义。广西在地理位置上是东部沿海省区。目前，环北部湾成为我国外向型经济的前沿。环北部湾包括两国四方（广西、广东、海南和越南北部），港湾众多，有广西的防城、钦州、北海，海南的海口、洋浦、三亚，广东的湛江和越南的鸿基、海防等港口，成为我国目前对外开放的主要阵地。“十一五”规划把防城港作为重点建设工程项目（见“十一五”规划第四篇），成为我国对外开放、发展外向型经济的战略要塞。

沿海地区的经济发展总是具有先天的优势。沿海不仅是一个地理范畴，更是一个经济范畴，从本质上讲，沿海经济就是开放型经济，是利用沿海的开放优势、整合各种外部资源的开放型经济。广西沿海经济发展状况直接影响和决定了广西经济未来的发展状况和水平。

广西经济发展必须确立以沿海经济为主导，彻底扭转沿海经济的弱势状态，围绕沿海经济发展调整广西经济布局，推动区内外资源向沿海经济区聚集，推进重大项目向沿海经济发展战略。确立以沿海经济为主导的经济形态，以沿海经济的突破发展带动和促进全区经济发展的意义重大。

广西的沿海地区作为我国沿海岸线上最南端的一个沿海三角地区，经济发展依然处于未开发状态，不仅在发展程度上无法与上述地区相提并论，即便就区内而言，也是海弱陆强，出现海陆倒挂。2004 年广西沿海三市 GDP 总量仅为 420 亿元左右，占全区 GDP 的 18%，把南宁、玉林、贵港、崇左全部加进来，其 GDP 总量亦不到 1600 亿。目前，广西的沿海经济发展被推到国家层面对外开放、区域合作和均衡协调发展的中心位置，顺应这一历史的机遇，把握和推进广西沿海经济的发展进程，是广西内外发展环境所决定、所需求的。

确立以沿海经济的主导地位，必须转变广西经济均衡发展的观念和布局。广西经济整体落后，资源、能力有限，实现广西经济的后起勃发和跨越式发展，不可能面面俱到、全面推进，只能借助沿海经济的发展。把沿海的北海、钦州、防城港（东兴），沿边的崇左（凭祥），濒临广东的玉林、贵港及作为中心功能城市的南宁统一纳入沿海经济的范畴加以统筹规划，建立以南宁—北海—玉林为轴线，以南（宁）北（海）钦（州）防（城港）为中心区，玉林、贵港及崇左（凭祥）为两翼的一体化的沿海经济区。同时必须突破南（宁）北（海）钦（州）防（城港）的地理局限性，整合区内的区域资源及区位资源，把沿海、沿边、临近广东的关联区域统一整合在沿海经济区的范畴加以统筹协调发展。

实现广西沿海经济区的持续快速发展，在实施上可分为两个步骤：第一步，2005—2010 年，这一阶段以强化沿海基础设施为契机，进一步完善重大项目布局，做好重大项目前期及建设工作，建立协调发展机制。第二步，2010—2020 年，在第一步基础上，实施沿海腾飞战略。将广西沿海经济区建设成为具有区域竞争力的经济区，进入东部沿海发达地区之列，成为中国—东盟自由贸易区体系下的核心区域，实现具备对外向东盟辐射、对内向西南地区乃至整个西部地区辐射的战略目标。

三、两廊一圈：左右逢源的独特优势

2004 年 10 月 8 日，温家宝总理和越南潘文凯总理在北京会谈时达成共识。中、越两国政府发表了联合公告，同意两国政府在中国—东盟自由贸易区合作框架下成立专家组，积极探讨组建“两廊一圈”经济合作区的可行性。“两廊一圈”即指“昆明—老街—河内—海防—广宁”、“南宁—谅山—河内—海防—广宁”两经济走廊和“环北部湾经济圈”，涉及我国云南、广西、广东、海南4省区和越南北部省市，投资空间巨大。其中广西占据了一廊一圈，这说明了广西在中、越两国组建“两廊一圈”中占有非常重要的位置。因此，积极探讨广西“东引”和“南进”的投资重点，激活广西经济，将对“两廊一圈”合作的深化具有重要意义。①

按照大两廊一圈的模式，广西的小一廊一圈在基础上及实际操作上可能更优于大两廊一圈。小一廊一圈具备更好的条件和基础，获得大两廊一圈的先机。环北部湾包含大、中、小三个层次：一是广西沿海金三角，防城港、钦州、北海；二是环北部湾中三角，广西北（海）钦（州）防（城港）、雷州半岛、海南岛；三是环北部湾国际三角，洋浦、北（海）钦（州）防（城港）。

目前，“两廊一圈”内呈现三级产业分工特点，珠三角已经形成了发达的产业优势，与广西、云南、海南为第二梯度以及以越南为第三梯度的产业互补性明显。珠三角的电子及通信设备制造业、家用电器、电器机械及专用设备制造业和第三产业中服务业已具相当的规模和竞争力，产业比较优势向资本和技术密集型产业转移。另一方面，劳动密集型和资源密集型产业逐渐向广西、云南和海南等第二阶梯转移。这种局面将进一步提升广西、云南和海南相对落后的经济工业竞争力。相对来说，越南产业处于较落后阶段，但其自然资源丰富，矿藏主要有石油、煤、铁、铬、锡、磷灰石，其次是铜、锌、镍、钨、铝、铅等。为此，五地可以在比较优势的基础上加强互补性投资合作，共同提升地区经济竞争力。

广西与处于产业第一梯度的广东、处于第三梯度的越南相互之间的经贸联系一直处于紧密状态。据不完全统计。1997年至2004年，两广共签订合作项目近2100项，实施1500多项，协议投资达400亿元，广东到位资金达90亿元。其中，2004年签订经贸合作项目500多项，80%的项目已经开始实施，合同引进广东资金近250亿元，广东方到位资金达

① 蓝小林：《“两廊一圈”：广西“东引”和“南进”》，载《改革与战略》，2006年第2期；《泛珠三角的构建为两广合作提供新的契机》，《人民日报——华南新闻》，2004年4月22日。

41亿元。广西在"两廊一圈"中无论是"东引"还是"南进"都将游刃有余，经济投资空间巨大。[①]

在"东引"方面，基建项目的投资，吸引广东等珠江三角地区建设投资资金参与广西的基础设施建设，如港口项目的建设。由于广东等珠江三角地区电子及通信设备制造业、家用电器、电器机械及专用设备制造业和第三产业中服务业已具相当的规模和竞争力，因此可以加大电子及通信设备制造业、家用电器、电器机械及专用设备制造业方面"东引"的力度，优化自身的产业结构，提高工业化水平。在进行"两廊一圈"经济投资合作时，应该把金融领域的投资合作作为广西区域"东引"投资的重点。因为广西处于"两廊一圈"经济合作区的核心区位，如果没有完备的金融服务体系的支撑，是难以真正发挥其作用的。加大"东引"资金是要尽量改造传统优势产业，提高支柱产业的竞争力。

在"南进"方面，发挥广西的产业优势和得天独厚的区位优势，积极开展与越南的经济合作。在矿产能源方面，积极投资越南高平省铝土资源开发，为桂西氧化铝业的发展提供充足的原料。在农产品领域的投资方面，投资越南建立农产品、林产品、海产品、矿产品加工及水果保鲜工业。金融业的投资重点，重点投资广西、越南在人民币与越南盾上的结算系统的建设，其中最重要的、最急需的就是结算信息系统的建设。目前与越南合作的重点，主要还是在基础设施上。确定基础设施上的投资重点，要结合目前的实际。在广西东线通道基础设施方面，实现中国沿海铁路网与越南沿海铁路对接，进而形成和完善环北部湾的铁路通道；在广西中线通道基础设施方面，主要重点投资推进南宁—友谊关—河内高速公路大通道建设，形成南宁至河内的铁路通道，进而成为沟通中国—东盟自由贸易区的骨干通道；加快西江干线和左江支流整治，畅通水运通道。在广西西线通道基础设施方面，重点投资建设百色—德保—靖西—龙邦—高平高速公路，加强与云、贵、川等省的经济联系，促进越南北部与我国西南地区的资源整合与开发，同时加强双方港口基础设施建设，等等。通过"南进"，实现广西经济向南部地区渗透。

① 《泛珠三角的构建为两广合作提供新的契机》，《人民日报—华南新闻》，2004年4月22日。

四、融入珠三角，发展沿海经济

广西经济必须融入珠江经济圈，打破小富即安的思想束缚，才能从整体上提升经济水平。[①] 广西的经济应该以此为平台，向东挺进，融入珠江三角洲经济圈，搭上广东这趟经济快速列车。目前，泛珠江经济圈已形成，即“9＋2”经济圈[广东、福建、江西、广西、海南、湖南、四川、云南、贵州和澳门、香港(珠江水系)]，按照“优势互补、市场运作、共同开发、利益共享”的原则，建立泛珠江经济圈内各地政府间的合作机构、经常性的联系制度和磋商机制。合作机构设在各省区发展改革委员会，就共同投资、优势资源开发、贸易、经济技术合作、对外开放、重大项目推进等重大问题，加强沟通和交流；协商促进共同发展的计划、措施和途径，把泛珠江三角洲经济圈的联合与协作向深层次、全方位、多领域推进。

融入珠三角，必须有新的战略定位。两广合作从历史来看是逐步发展变化的。20 世纪 80 年代中期以前，强调东西部的关系；80 年代中期以后提出“借粤兴桂”的概念，到 80 年代末 90 年代初期，提出了“梯度理论”，认为广东为第一梯度，广西为第二梯度，云南、贵州为第三梯度；在梯度理论的基础上又得出了“过渡带”理论；90 年代后期和现在提出“东引西联”的理论。从理论上说，以上定位都存在缺陷，对实际工作是不利的，需要重新定位，即广西是珠江三角洲经济圈的一个重要组成部分，广西经济要围绕珠江三角洲经济的发展而发展。

与珠三角成员加强经济合作是融入珠三角的重要步骤。在经济一体化趋势下，近几年来，区域经济合作已逐渐为各方所重视，合作意识进一步增强，合作领域不断拓宽，区域经济联系日益密切。2004 年，广西把加强两广合作作为参与泛珠江三角区域合作的重点，签署了全面加强两省区合作协议，双方共签订 105 个有代表性的经贸合作项目，总投资额 498.6 亿元。目前在广西投资的广东企业有 500 多家，涉及房地产、建

① 蒋升涌：《广西融入珠江经济圈若干思考》，载《改革与战略》，2005 年第 4 期。

筑、农副产品等多个领域，经贸合作在广西正由点到面逐步向全区拓展。南(宁)贵(阳)昆(明)区域经济合作在优势资源开发、基础设施建设、区域规划制定等方面也取得积极进展，西南出海、出边大通道建设，实现该区域经济圈加强区域合作，是加快广西发展的重大抉择。

在新形势下，泛珠江经济圈的合作要有新的发展观。按照党中央、国务院提出的“发展要有新思路，改革要有新突破，开放要有新局面，工作要有新举措”的要求，在合作机制上要有新的创新，合作内容上要有新的突破，合作方式上要有新的形式，从而形成分工明确、互惠互利、共同发展的良性格局。既是大规模、全方位、多层次、宽领域的合作，又是更规范、质量和水平更高的合作，进一步拓展合作领域、提升合作层次、丰富合作内容、提高合作成效。重点是要在合作中树立全局观和共赢观。全局观要求我们站在区域、全国乃至全球的经济发展的全局的高度来考虑自己的经济发展战略，明确各自在全球、全国市场和产业链条的定位，打破原有的画地为牢、各自为政的狭隘观念，促进商品和生产要素的合理流动。共赢观要求实现双方的经济利益。任何一个地区的经济，都有其优势和劣势。区际经济合作是以合作各方的优劣互补为前提而建立起来的，一方的劣势能够得到其他方优势的弥补。由于合作是建立在互有需要的基础上，因此实行合作的任何一方，必须在技术、资金、资源、生产能力、场地、经营销售诸方面中有一技之长，只有这样才能吸引与之合作的伙伴。在区域经济合作中，合作各方都是相对独立的经济利益主体，任何一方如果只是作出贡献，而得不到实惠，合作本身就没有吸引力。只有风险共担，利益均沾，才能同舟共济，形成合作良性循环机制。各成员要共同研究制定泛珠江经济圈合作规划。泛珠江经济圈间行业结构、资源结构、市场结构方面各有优势，我们要从中找出有共性的或具备互补性的方面，共同制定产业或行业发展规划，发挥比较优势，运用市场手段，辅以必要的行政推动，建立合理的利益机制，打破省际界限，推动企业大规模联手开发，引导和发展重点行业的对接合作，逐步实现上、下游产业，资源粗、深加工，重、轻工业的对接，加速实现资源更大范围的优化重组，促进泛珠江经济圈特色产业和优势产业的互补，达到共赢效果，提升泛珠江经济圈的整体经济实力。

泛珠江经济圈之间的合作，不仅仅是政府间或政府部门间的合作，更重要的是推进企业等经济主体之间的合作，共同推进民间团体和各类经济组织的合作与交流。作为政府或政府的宏观经济管理部门要发挥组织引导作用，通过推动相关行业协会间的联系与沟通，通过组织行业性的经济技术合作洽谈会、商贸洽谈会等形式，帮助建立起各省区行业组织之间、经济主体之间的交流、对话机制，促进泛珠江经济圈的民间交流与投资发展，加强与我国港澳台地区、东盟各国相关组织的交流与合作。

五、通过“中国—东盟自由贸易区”走向世界

中国—东盟自由贸易区是继欧盟、北美自由贸易区之后的又一个重要的世界贸易区。中国—东盟自由贸易区的建立是广西走向世界的桥梁。2003 年 10 月，温家宝总理在印尼巴厘岛举行的第七次中国与东盟领导人会议上提议，从 2004 年起每年在中国的南宁举办一次中国—东盟博览会。中国—东盟博览会落户南宁，广西的经济开始走出国门，走向世界。这在广西经济发展史上具有里程碑的意义。

东盟各国总人口 5.3 亿，资源丰富。中国和东盟各国在资源、资本、技术和市场上有很大的互补性。东盟各国可以享受关税减让、开发服务贸易、投资自由化、信息通信产品贸易自由化，形成统一的大市场。通过优势互补，可以优化配置各国的资源、技术和劳动力，促进各国经济发展和产业结构的升级。除贸易外，中国和东盟各国的合作扩大到金融、旅游、投资、农业、人力资源开发、中小企业、产业合作、知识产权、环境保护、林业及其产品、能源及次区域开发等领域，合作领域非常广泛。[①]

中国—东盟自由贸易区的建立，大大地促进了中国贸易的增大，促进了双方投资。广西地处中国—东盟自由贸易区的中心位置，由以前的

① 古小松主编：《中国—东盟知识读本》，广西师范大学出版社 2004 年版，第 212—213 页。

边陲省份变为国际通道和枢纽。广西目前是中国华南经济圈、西南经济圈和东盟经济圈的结合部，背靠国内广阔腹地，面向东盟十国，是中国西南地区最便捷的出海通道，是中国唯一与东盟既有陆地接壤又有海上通道的省区，区位优势明显，战略地位突出。广西目前的战略位置为广西扩大出口和增加进口创造了条件。广西与东南亚的贸易包括边贸和国家贸易，东南亚商人到广西投资增多。广西企业家也越来越多走出去，利用自身甚至外省的财力、设备、技术到东南亚去投资开办企业，开发当地的资源，拓宽当地的市场，吸收东南亚各国的投资，引进他们的设备。东南亚各国有很多自身的项目及外国投资和援助的项目，拓宽了广西投资、承包工程、输出劳务的途径，拓宽了境外就业。广西既可以充分利用国内的资源，也可以利用东南亚的资源，既可以拓宽国内市场，也可以进入东南亚市场。中国—东盟自由贸易区成为广西走向世界的平台。[①]

① 见中国—东盟博览会网 http://www.caexo.org。

第五章

以马克思主义为指导，努力实施和谐广西战略

“和谐”，指的是协调、融洽、合作、共进的意思。“和谐社会”，指的是社会内部各种关系处于一种相互协调、融洽共处的状态，社会各阶层、各民族利益协调、和谐相处，政治、经济、文化等各种社会资源得到合理统筹并协调健康发展的社会。社会主义和谐社会指的是在中国特色社会主义道路上，中国共产党领导全体人民共同建设、共同享有的和谐社会，是“民主法治、公平正义、诚信友爱、充满活力、安定有序、人与自然和谐相处”的社会。2002年，党的十六大报告确立本世纪头20年全面建设小康社会的发展目标时，提出了“社会更加和谐”的奋斗目标。十六届三中全会上，党中央提出了科学发展观，要求通过“五个统筹”实现更好更快的协调发展。2004年，十六届四中全会通过的《中共中央关于加强党的执政能力建设的决定》，进一步明确了构建社会主义和谐社会的任务，并将之作为全党要不断提高的“五个方面的能力”之一。2006年党的十六届六中全会通过的《中共中央关于构建社会主义和谐社会若干重大问题的决定》明确指出：“社会和谐是中国特色社会主义的本质属性，是国家富强、民族振兴、人民幸福的重要保证。”

2005年，中国共产党广西壮族自治区第八届委员会第六次全体会议审议通过了《中共广西壮族自治区委员会关于制定国民经济和社会发展第十一个五年规划的建议》。全会指出，制定“十一五”规划，必须坚持以加快工业化、城镇化、农业产业化和市场化为重点，以提高人民生活水平和促进人的全面发展为根本出发点和归宿，全面推进以富裕广西、文化广西、生态广西、平安广西为中心内容的和谐广西建设。构建和谐广西是构建社会主义和谐社会在广西的具体构想和实践。

第一节　马克思主义和谐社会理论与当代中国

构建社会主义和谐社会是我们党顺应历史发展变化，为推进中国特色社会主义伟大事业作出的重大战略举措，是我国处于体制转轨、社会转型这一特殊历史时期经济社会发展的必然要求，是满足人民群众不断增长的物质文化需要的必然要求，是巩固党执政的社会基础、实现党执政的历史任务的必然要求，是全面落实科学发展观、实现全面建设小康社会奋斗目标的必然要求。构建社会主义和谐社会，对于贯彻落实科学发展观、实现全面建设小康社会的宏伟目标，对于巩固党执政的社会基础和实现党执政的历史使命，都具有重大的现实意义和深远的历史意义。

一、马克思主义和谐社会理论的形成与发展

1. 马克思主义经典作家关于和谐社会理论

追求美好幸福生活，使社会变得更加和谐，一直是人们孜孜以求的理想目标，也是人类的社会本性和所追求的基本价值。在中国传统文化中，有关“和谐”的思想源远流长。从孔子的“和为贵”、“和而不同”，到墨子的“兼相爱”、“爱无差等”，再到孟子的“老吾老以及人之老，幼吾幼以及人之幼”等等，都表达了社会和谐的主张。在西方思想史上，从古希腊哲学家毕达哥拉斯的“整个天是一个和谐”、柏拉图的“理想国”，到空想社会主义者傅立叶的“全世界和谐”、欧文的“新和谐公社”等，也都反映了人们对和谐美好社会的憧憬。这些都反映了人们对美好和谐社会的向往与追求这一共同的价值目标。

虽然马克思、恩格斯、列宁等经典作家并没有明确提出过“和谐社会”的概念，但马克思、恩格斯在《共产党宣言》中明确提出，提倡社会和谐是关于未来社会的积极主张。马克思主义经典作家关于社会和谐的学说，包括以下基本思想：第一，马克思主义经典作家首先运用唯物史观和剩余价值学说，揭示了资产阶级生产方式的本质及其发展规律，论证了资本主义必然灭亡、社会主义必然胜利的历史必然性，从而使社会主义由空想变为了科学，揭示了实现社会和谐的历史前提。第二，马克思主义经典作家通过对共产主义社会的描述，探讨了未来和谐社会的基本特征。马克思设想未来社会是自由人的“联合体”社会。在这个社会中，生产力得到极大发展，物质财富涌流，生产资料和劳动产品归全社会公共所有，分配上实行各尽所能，按需分配的原则，消灭了阶级和阶级差别，城乡之间、工农之间、脑力劳动与体力劳动之间的差别也将消失，劳动已经成为人们生活的第一需要，而不仅是谋生的手段，作为阶级统治工具的国家也将完全消亡，虽然存在管理公共事务的机构，但其社会职能已经失去其阶级性质。第三，关于实现理想社会的力量和途径。马克思、恩格斯指出，生产力和生产关系、经济基础和上层建筑的矛盾运动是社会发展的根本动力，无产阶级和广大人民群众是实现社会变革的伟大力量。马克思、恩格斯还指明了无产阶级争取解放的正确道路，即夺取政权，建立无产阶级的统治，以社会主义代替资本主义。第四，从人的本质的高度探讨了社会的和谐关系。马克思认为人不是一种抽象的孤立的存在物，人的本质是社会关系的总和。人的发展与社会发展是统一的，社会发展的目的是为了实现人的全面而自由的发展。在人与社会发展过程中，人作为社会实践的主体要正确处理好人与自然、人与社会、人与人的和谐关系，只有这样才能真正实现和谐。

2．中国共产党关于构建社会主义和谐社会理论的发展历程

中国共产党关于构建社会主义和谐社会的思想，从萌芽到初步定型，大体经历了提出问题、明确任务地位和初步建构体系三个基本阶段。

在中国共产党历史上，专门思考和探索社会主义社会和谐问题开始于党的十六大。党的十六大第一次把实现“社会更加和谐”，作为我们党需要研究的一个重大问题和需要为之奋斗的一个重要目标明确提出来，并且提出了实现“社会更加和谐”目标的两大任务：一是从人与人相互关系角度，强调要“努力形成全体人民各尽其能、各得其所而又和谐相处的局面”；二是从政治关系格局角度，强调要“巩固和发展民主团结、生动活泼、安定和谐的政治局面”。这两大任务实际上构成了我们党日后系统揭示的“社会主义和谐社会”基本特征的重要内容。这在我们党历次代表大会报告中是没有先例的。实现“社会更加和谐”命题的提出，实际上已经具备把和谐社会建设作为现代化建设格局新的重要组成部分思想的萌芽。

2003 年上半年突如其来的“非典”等重大社会公共突发事件的爆发，集中暴露了我国经济建设与社会发展之间、经济社会与自然之间、人与自然之间诸方面多年积累下来的严重不协调问题，既对党应对重大社会风险能力提出了严峻考验，也给我们党提供了一个重要契机来认真审视我们的发展理念。

2004 年 9 月，党的十六届四中全会通过的《中共中央关于加强党的执政能力建设的决定》明确提出了构建社会主义和谐社会的重大任务，标志着党对构建社会主义和谐社会问题的认识开始步入自觉阶段。在党的历史上，第一次明确提出了“社会主义和谐社会”的科学概念；第一次明确把领导构建社会主义和谐社会的要求作为党执政能力建设的一个专门方面独立出来加以考量；第一次明确把构建社会主义和谐社会的要求作为社会主义现代化建设的一个专门方面独立出来加以考量，明确了社会主义和谐社会建设在整个社会主义现代化建设格局中的战略定位，使“中国特色社会主义事业的总体布局，由社会主义经济建设、政治建设、文化建设三位一体发展为社会主义经济建设、政治建设、文化建设、和谐社会建设四位一体”；第一次明确了构建社会主义和谐社会的重点和基本内容——“注重激发社会活力，促进社会公平和正义，增强全社会的法律意识和诚信意识，维护社会安定团结”，初步概括了社会主义和谐社会的基本特征。

2005 年 2 月 19 日，胡锦涛同志在省部级主要领导干部提高构建社会主义和谐社会能力专题研讨班上发表的重要讲话，对上述一系列基本问题进一步作出了全面系统的回答。在讲话中，胡锦涛同志系统阐明构建社会主义和谐社会的历史背景，科学界定社会主义和谐社会概念的基本内涵，系统阐明社会主义和谐社会的基本特征，指出社会主义和谐社会概念的基本含义就是“民主法治、公平正义、诚信友爱、充满活力、安定有序、人与自然和谐相处的社会”，并且还提出了构建社会主义和谐社会的指导原则、主要工作和领导体制，指出党要从激发社会创造活力、管理社会事务、协调利益关系、处理人民内部矛盾、开展群众工作、维护社会稳定诸方面入手，不断提高构建社会主义和谐社会的本领，明确了党在构建社会主义和谐社会领域加强执政能力建设的基本任务，具有很强的指导性和可操作性，深刻地体现了马克思主义社会主义和谐社会学说理论和实践相统一的鲜明特征。

二、“和谐社会”命题提出的时代背景

构建社会主义和谐社会是我们党顺应历史发展变化，为推进中国特色社会主义伟大事业作出的重大战略决策，是我国处于体制转轨、社会转型这一特殊历史时期经济社会发展的必然要求，是满足人民群众不断增长的物质文化需要的必然要求，是巩固党执政的社会基础、实现党执政的历史任务的必然要求，是全面落实科学发展观、抓住和用好重要战略机遇期、实现全面建设小康社会奋斗目标的必然要求，也是我们把握复杂多变的国际形势、有力应对来自国际环境的各种挑战和风险的必然要求。

1. 构建社会主义和谐社会理论的提出是新中国成立以来特别是改革开放以来对社会主义建设经验教训的深刻总结。社会主义初级阶段的国情决定了在建设社会主义的历史过程中我们的主要精力必须集中在经济建设上。改革开放后，我国经济迅猛发展，经济总量在 2000 年就已位居世界第六位。然而，经济的增长并没有给我们带来同步的和谐发展。在 GDP 崇拜下，一方面是我国的经济飞速增长，另一方面基尼系

数过大、贪污腐败屡屡发生、社会治安形势严峻、社会保障缺口很大等社会和谐问题凸显出来了。因此,我们党及时总结了新中国成立以来特别是改革开放以来的社会主义建设经验教训,提出了构建社会主义和谐社会理论。

2. 构建社会主义和谐社会理论是针对当前面临的诸多社会问题提出来的。党的十六届三中、四中全会提出科学发展观,提出“五个统筹”,加强党的执政能力,有着很强的现实针对性,是要解决当前存在的突出矛盾和问题的。当前我国面临着诸多不和谐不稳定的问题。比如国际环境呈现新的复杂性,一方面世界看好中国发展前景,另一方面“中国威胁论”又在干扰中国与世界的关系。而在国内,伴随着“四个多样化”,各个阶层、不同利益群体之间的矛盾也大量出现。由于改革所带来的利益关系的调整变化,与过去相比较,社会利益关系更为复杂,人民内部的利益矛盾也更为尖锐。有的学者将我们现在所处的发展时期称为“利益分化的时代”,并将现在的社会形容为“断裂”、“失衡”的社会。利益整合、利益关系平衡、社会协调成为当前社会发展的热门话题。如何解决当前利益分配不公、两极分化严重、利益矛盾日渐激化的问题,尽可能实现社会公平与正义,缩小贫富间的巨大差异,形成一种和谐的社会关系与人际关系,是我们当前必须思考的一个重大而又紧迫的现实课题。

3. 构建社会主义和谐社会理论是对国际社会发展历史经验的总结。根据国外相当一些国家的现代化历史经验来看,人均 GDP1000—3000 美元这一发展阶段是经济社会发展的关键时期,经济结构、生产方式、生活方式、社会阶层结构等都要发生深刻变化甚至于剧烈变动。这一发展阶段既是社会利益矛盾的凸显期,也是社会发展的重要战略机遇期。这一阶段是社会分化趋于严重的阶段,社会矛盾比较突出。如果社会矛盾处理得好,国家就能够较顺利地进入一个新的发展阶段;反之,结果就是社会利益格局的严重失衡,社会分化日益加剧,社会矛盾不断增加,导致社会发展陷入倒退。当前,我国正处在人均 GDP1000—3000 美元这一发展阶段,处在改革的攻坚阶段和发展的关键时期,社会情况发生了复杂而深刻的变化,经济成分和经济利益多样化、社会生活方式多样化、社会组织形式多样化、就业岗位和就业方式多样化日趋明显。正是在这样一个时代背景和社会背景下，中国共产党提出了构建社会主义和谐社会的重大命题。

三、社会主义和谐社会的基本特征和核心内涵

和谐社会是一种社会均衡发展的状态，而不是社会形态。既然是一种状态，它就可以体现在不同的社会形态中，也可以体现在同一种社会形态的不同发展阶段上。在封建社会发展的漫长历史过程中也曾出现过统治阶级自认为的社会和谐状态。比如，中国封建历史上曾出现的“文景之治”、“贞观之治”、“康乾盛世”等。但它们只能称为传统的、低层次的和谐社会，是以牺牲大多数人的利益和民主权利为前提的，不是我们今天所构建的社会主义和谐社会。

1. 关于社会主义和谐社会的基本特征

中国共产党第十六届中央委员会第六次全体会议全面分析了形势和任务，研究了构建社会主义和谐社会的若干重大问题，提出“我们所要建设的社会主义和谐社会，应该是民主法治、公平正义、诚信友爱、充满活力、安定有序、人与自然和谐相处的社会”。这段话全面地概括了社会主义和谐社会的基本特征。

所谓民主法治，就是社会主义民主得到充分发扬，依法治国基本方略得到切实落实，各方面积极因素得到广泛调动。通过坚持党的领导、人民当家作主和依法治国相统一，不断发展社会主义民主政治，建设社会主义法治国家，为改革、发展、稳定从政治上、法律上提供保障，巩固和发展民主团结、生动活泼、安定和谐的政治局面。

所谓公平正义，就是社会各方面的利益关系得到妥善协调，人民内部矛盾和其他社会矛盾得到正确处理，社会公平和正义得到切实维护和实现。在社会主义和谐社会下，每个公民都享有大致相同的发展机会，每个人都能够平等地接受教育，参与竞争，参加社会生活，人们自觉讲诚信、讲道德、讲法制、讲秩序，矛盾各方相互促进、良性运行、和谐共存、共

同发展。

所谓诚信友爱，就是全社会互帮互助、诚实守信，全体人民平等友爱、融洽相处，社会成员以诚相待、相互包容、尊重个性，人们在彼此信任和相互关爱中，感受做人的价值和尊严，体验生活的美好和人生的幸福，激发生命的创造力。

所谓充满活力，就是能够使一切有利于社会进步的创造愿望得到尊重，创造活动得到支持，创造才能得到发挥，创造成果得到肯定。和谐社会尊重劳动、尊重知识、尊重人才、尊重创造，社会的一切积极因素得到最广泛最充分的调动，各行各业的人们的活力得到充分激发，社会的开放性和竞争的活力在政策上、制度上得到保证。

所谓安定有序，就是社会组织机制健全，社会管理完善，社会秩序良好，人民群众安居乐业，社会保持安定团结，人民内部矛盾得到正确处理。社会主义和谐社会应当是社会管理体制不断创新和健全的社会，党委领导、政府负责、社会协同、公众参与的社会管理格局初步形成。

所谓人与自然和谐相处，是指生产发展、生活富裕、生态良好高度统一状态。生产发展是生活富裕的基础和前提，生活富裕是生产发展的动因和目标，生态良好是生产发展和生活富裕的保证和条件。

2. 关于社会主义和谐社会的核心内涵

社会主义和谐社会的本质和核心在于社会利益关系的和谐。这是为什么呢？一方面，利益是人与社会的连接纽带，是人类思想意识的基础，利益原则是人类社会中统治、支配着其他一切原则的基础。马克思主义认为，社会是人的社会，人类社会的历史就是人的实践活动的历史。在资本主义社会，“把人与社会连接起来的惟一纽带是天然必然性，是需要和私人利益”[①]。而“每一既定社会的经济关系首先表现为利益”[②]，至于“政治权力不过是用来实现经济利益的手段”[③]。即使是人类的思想意识也和利益密切相关，“‘思想’一旦离开‘利益’，就一定会使自己出

① 《马克思恩格斯全集》第1卷，人民出版社1956年版，第439页。

② 《马克思恩格斯选集》第3卷，人民出版社1995年版，第209页。

③ 《马克思恩格斯选集》第4卷，人民出版社1995年版，第250页。

丑"[1]。社会主义虽然本质上不同于资本主义,但从人类社会的历史发展来看,人们争取的一切,都与利益有关,追求利益是人活动的根本目的。人类社会发展的最根本的目标就是为了更好地实现人的利益。另一方面,源于利益矛盾而引起的冲突,是人类社会一切冲突的最终根源。马克思曾指出,"历史不过是追求着自己目的的人的活动而已"[2]。而人的活动最根本的目的就是获取利益,"人们奋斗所争取的一切,都同他们的利益有关"[3]。社会主义和谐社会绝不是没有利益冲突的社会,它应该是一个有能力解决利益矛盾和化解利益冲突,并由此实现利益关系趋于均衡的社会。我们应当看到,当前我国社会存在的大量矛盾和问题,在性质上是根本利益一致的人民内部利益矛盾。因此,构建社会主义和谐社会就是要协调好各方面的利益关系,化解各种利益矛盾,维护社会稳定,调动广大人民群众的劳动积极性和创造性,全面推进中国特色社会主义建设。在全面建设小康社会的进程中,协调好城乡、区域、群体等之间的利益关系,是构建社会主义和谐社会的关键。

第二节　广西和谐社会建构面临的问题与有利条件

国际经验表明,当一个国家或地区人均生产总值进入 1000—3000 美元的时期,既是黄金发展期,也是矛盾凸显期。2006 年广西人均生产总值越过 1000 美元大关。随着改革开放和社会主义市场经济的发展,特别是随着社会经济成分和分配方式的多样化,广西社会各阶层、各行业、各群体之间的社会矛盾和冲突日益凸显。这突出表现在:城乡之间

① 《马克思恩格斯全集》第 2 卷,人民出版社 1957 年版,第 103 页。
② 《马克思恩格斯全集》第 2 卷,人民出版社 1957 年版,第 118 页。
③ 《马克思恩格斯全集》第 1 卷,人民出版社 1956 年版,第 82 页。

差距明显，二元结构矛盾突出；贫富差距越来越大，弱势群体生活困难；民族利益矛盾依然存在。这些矛盾和问题的存在，构成了广西经济社会发展的不和谐因素，如不有效妥善加以解决，势必影响着和谐新广西的建设进程。

一、广西和谐社会建构面临的问题

1. 贫富差距拉大，弱势群体生活困难

改革开放以后，广西经济建设取得巨大成就，人民生活水平明显提高。但与此同时，经济利益差别也逐步拉大，城镇居民收入差距呈加大趋势，利益分化较为突出，表现在地区收入差距拉大，行业收入差距拉大，城乡居民收入差距拉大。仅以广西城乡居民的收入差距为例，短短15年的时间，收入差距就由1990年的2.3倍扩大到2007年的3.6倍。

表1　广西城乡居民人均收入及差距(单位:元)

年份	1990	1995	2000	2003	2004	2005	2006
城镇	1448	4792	5834	7785	8177	8917	9899
农村	639	1446	1865	2095	2305	2495	2771
差距比	2.3	3.3	3.1	3.7	3.5	3.6	3.6

（资料来源说明：根据2007年广西统计年鉴计算得出）

在利益差距不断加大的过程中，弱势群体生活日渐困难。虽然城乡居民最低生活保障制度在广西已经初步建立，城乡特困群众、水库移民、受灾群众等困难群体的基本生活得到保障，但是由于广西经济发展水平的总体落后，弱势群体的最低生活保障标准还很低，而近年来物价又在不断上涨，给弱势群体的生活增加了不少困难。

2. 城乡发展不平衡，二元结构矛盾突出

广西区域经济发展不平衡，存在明显的三个发展梯度（发达地区、相对发达地区和落后地区）。有人形象地将此比喻为“三个世界”。在广西五大经济区域中，桂东经济区（含梧州、贵港、玉林、贺州）和桂南沿海经济区（含南宁、北海、防城港、钦州）为第一梯度，是广西经济最发达的地

区;桂中经济区(含柳州、来宾)为第二梯度,依托湘桂铁路,工业实力较强,经济较为发达;桂西经济区(含崇左、百色、河池)和桂北经济区(含桂林市)为第三梯度,是广西经济不发达的地区。

表 2　广西各个经济区域主要经济指标(2006 年)

五大经济区域	地区生产总值(亿元)
桂东经济区	1139.72
桂南沿海经济区	1434.47
桂西经济区	740.19
桂北经济区	607.02
桂中经济区	825.80

(资料来源说明:根据 2007 年广西统计年鉴整理得出)

另外,城乡二元结构矛盾比较突出。相比较而言,广西城市居民社会保障制度比较健全,而农村居民社会保障制度还仅处于初步建立的阶段。比如关于农村居民的最低生活保障,目前对农村的贫困救助只能到点,无法救助到面,且救济救助层次低。

3. 民族群众之间利益矛盾隐患较多

历史和现实无数事实表明,各民族是否团结和睦,直接关系到一个国家的社会政治稳定和国家统一。我国是统一的多民族国家,有 56 个民族,少数民族有 1 亿多人口,民族自治地方占国土面积的 64%。这一基本国情,决定了民族问题始终是我们建设中国特色社会主义必须处理好的一个重大问题。广西境内居住着壮、汉、瑶、苗、侗、仫佬、毛南、回、京、彝、水、仡佬等 12 个世居民族,另外还有满、黎、藏、白、土家、朝鲜、蒙古等 26 个外来民族成分。据统计,截至 2006 年,广西总人口 4961 万人,少数民族人口 1930 万人(其中壮族约 1600 万人),占全区人口的 38.9%,是全国少数民族人口最多的省区。虽然就目前而言,广西各少数民族之间的关系总体融洽和谐,但是,由于不同民族之间存在着信仰、习俗等方面的差异,汉族群众与少数民族群众之间、少数民族群众与少数民族群众之间利益矛盾隐患较多,民族问题依旧不容忽视。

一是少数民族聚居区各级政府的资源开发与当地群众的利益共享

之间的矛盾。例如，桂西北少数民族地区是广西的水电、矿产富集区，中央以及地方各级政府的许多部门在该地区开办有直属企业。在市场经济条件下，各级政府与当地少数民族群众之间的利益分配矛盾日益加剧。特别是一些大、中型企业（如水电站、矿企）的开发与建设，需要征用大片的耕地甚至是住宅地，而建设部门对民族群众的经济补偿却是十分有限的。长此以往，如果处理不当，很容易引发民族矛盾。

二是民族群众之间的经济利益冲突时有发生。广西各民族的分布呈互相交错杂居的状况，人口较多的民族，如壮、汉、瑶等民族呈小集中、大分散的分布特点；而人口较少的民族，如仫佬、毛南、侗、京、仡佬、水、彝等民族则呈大集中、小分散的分布特点，聚居区域很小，大到一个县，小到一个乡，甚至一个或几个村庄。这种多民族杂居的情况说明了广西民族关系的复杂性。当前，一些小范围的经济利益纠纷（如山林、土地、水利、矿产、旅游资源等纠纷）时有发生。这些个别民族群众之间的利益小纠纷如果处理不好，就有可能发展为民族之间的利益纠纷，甚至民族之间的矛盾。

二、广西构建社会主义和谐社会的有利条件

尽管存在着上述这些问题，但是广西壮族自治区经过几十年的建设和改革开放 30 年的发展，特别是近年来的加快发展，我们已经具备建设和谐新广西的基础条件。

1. 生产力水平明显提高，综合实力明显增强，有比较坚实的社会发展的经济基础

(1)综合经济实力进一步提高。据初步统计，全区生产总值由 2002 年的 2523.7 亿元增加到 2007 年的 5865 亿元，年均增长 12.7%。人均生产总值由 5558 元增加到 12363 元，年均增长 11.7%。财政收入由 305.5 亿元增加到 703.9 亿元，年均增长 18.2%。规模以上工业企业实现利润总额由 35.6 亿元增加到 260 亿元，年均增长 48.8%。经济结构调整迈出重要步伐，产业结构日趋合理。第一产业增加值由 2002 年的 602 亿

元增加到2007年的1264亿元,年均增长5.8%。农林牧渔业全面较快发展。农产品结构、种养业结构和农业布局进一步优化,优势特色产业初步形成。工业增加值由2002年的699.2亿元增加到2007年的2001亿元,年均增长18.5%,工业增加值占生产总值的比重由27.7%提高到34.1%。第三产业增加值由1074.9亿元增加到2273亿元,年均增长11.7%。传统服务业进一步壮大,现代服务业加快发展。①

(2)基础设施建设进一步加强。全区固定资产投资由2002年的835亿元增加到2007年的2956亿元,年均增长28.8%。五年累计完成投资9223亿元,是新中国成立到2002年投资总和的1.47倍。南宁至友谊关、南宁至水任、南宁至百色高速公路建成通车,洛湛铁路广西段、桂梧高速公路加快建设,高速公路总里程由822公里增加到1879公里,沿海和内河港口总吞吐能力由5320万吨增加到10613万吨,与68个国内外城市开通了航线航班,西南地区出海通道发挥重要作用,国际大通道地位日益凸显。龙滩水电站、百色水利枢纽、长洲水利枢纽等项目实现投产或部分投产,电网建设明显加快,电力总装机容量由751万千瓦增加到1990万千瓦。钦州千万吨炼油等重点工程开工建设,华银铝业一期、平果铝氧化铝二期等一批重点工程竣工投产。②

(3)改革开放的力度进一步加大。首先,成功举办了四届中国—东盟博览会和中国—东盟商务与投资峰会,23位国家领导人、500多位(次)外国部长级贵宾、8.2万名参展商和采购商参展参会,作为中国与东盟政治、外交、经贸、文化交流与合作的重要平台作用日益彰显。与东盟各国,以及泛珠三角、长三角、西南等国际国内区域合作不断深化。其次,开放型经济快速发展。五年实际利用外资50.37亿美元,年均增长15.9%;实际引进区外境内资金2462.5亿元。外贸进出口总额由2002年的24.3亿美元增加到2007年的92.8亿美元,年均增长30.7%,其中出口由15.1亿美元增加到51.1亿美元,年均增长27.6%。与192个国

① 马飚:《2008年广西壮族自治区政府工作报告》,《广西日报》2008年1月20日。
② 马飚:《2008年广西壮族自治区政府工作报告》,《广西日报》2008年1月20日。

家和地区保持经贸往来。[①] 2008 年 1 月国家批准实施广西北部湾经济区发展规划,更是为广西的改革开放和实现又好又快发展提供了千年一遇的难得机遇。

(4)城乡居民生活进一步改善,和谐社会建设取得新进展。2006 年,城镇居民人均可支配收入 9899 元,增长 11%;农民人均纯收入 2770.5 元,增长 11.1%,增幅创 1996 年以来新高。基本养老、失业、医疗等社会保险覆盖范围进一步扩大。整村推进扶贫开发取得新实效,解决了 10 万农村贫困人口的温饱问题,减少了农村低收入贫困人口 43 万人。“城乡清洁工程”深入开展。636 万名农村义务教育阶段学生免收学杂费,131.4 万名农村义务教育阶段贫困学生获得免费教科书。农村群众看病难、看病贵、行路难、饮水难、上学难以及县乡财政困难等问题得到进一步缓解。[②]

2. 积极推进社会主义民主法制建设,形成了社会稳定、政通人和的社会政治环境

近年来,自治区各级党委、政府在抓好经济建设和社会治安的同时,积极开展预防和化解人民内部矛盾工作,不断健全和完善矛盾纠纷排查调处机制,依法调节各种经济和社会关系,有效地维护人民群众的合法权益,促进了全区社会稳定。

(1)加强民族法制建设,确保少数民族真正享有区域自治的民主权利。1984 年 10 月 1 日,我国一部重要的基本法——《中华人民共和国民族区域自治法》颁布,标志着民族区域自治建设开始走上了法制化的轨道。以此为契机,广西也进一步加强了民族法制建设。

先是进行各民族自治县自治条例和单行条例的制定工作。到 1991 年 12 月,全部完成了 13 个自治县(注:含后来撤销的防城各族自治县)自治条例的制定工作。此外,还制定了《龙胜各族自治县森林资源管理条例》《恭城瑶族自治县森林资源管理条例》、《隆林各族自治县执行〈中华人民共和国森林法〉补充规定》3 个单行条例。从 1994 年起,自治区人

① 马飚:《2008 年广西壮族自治区政府工作报告》,《广西日报》2008 年 1 月 20 日。

② 马飚:《2008 年广西壮族自治区政府工作报告》,《广西日报》2008 年 1 月 20 日。

大常委会又着手进行自治县自治条例的修改和补充工作，到目前为止，已依法全部通过了 12 个自治县自治条例的修正案，初步建立了地方民族法规体系。

“依法治桂”扎实推进，立法、执法、普法及法制监督、法律服务迈出新步伐。从 2002 至 2007 年五年广西共制定政府规章 99 件，提请人大常委会审议制定地方性法规 75 件。共取消 200 项自治区设定的行政许可项目。清理涉及各行政机关执行的规章和规范性文件等 708 部，涉及 228 个行政管理类别的行政处罚项目 3297 项。① 同时，加强了对广大干部群众的民族法制教育。所有这些，对保障少数民族当家作主的权利，让少数民族真正实行区域自治产生了积极的作用。

(2)转变机关作风和干部作风。近年来，广西各级干部按照“三个代表”的根本要求，以科学发展观为统领，转变工作作风，深入基层调查研究，变群众上访为干部下访，切实维护和发展好人民群众的根本利益。随着廉政建设和法制宣传教育的深入进行，新一轮政府机构改革的顺利完成，以及机关作风效能建设的深入开展，全区各级政府部门依法行政能力和水平得到进一步提升，法制环境明显改善。以首问负责制、限时办结制和责任追究制等为内容的依法行政的长效机制正在逐步建立和完善。

(3)积极探索和总结经验，初步建立起排查和调处人民内部矛盾问题的工作机制。在实践中通过认真探索和总结排查调处矛盾纠纷的成功经验，初步形成了党委、政府统一领导，政法综治部门协调，有关部门联动的领导机制；党政一把手亲自抓、分管领导和有关部门直接抓、其他领导成员协力抓的责任机制；市县、乡镇每月排查一次，重大问题、重大事件、重大纠纷案件分工包案限期解决的工作机制等。科学机制的建立为预防和化解人民内部矛盾发挥了重要作用。2005 年 1—11 月，全区共调解各类矛盾纠纷 61204 件，调解成功率达 95%；公安机关立刑事案件 107216 起，同比下降 4.1%，受理治安案件 99689 起，同比下降 5.9%；群体性事件同比下降 37.2%。2006 年 1—8 月，全区共调解“三大纠纷”

① 马飚：《2008 年广西壮族自治区政府工作报告》，《广西日报》2008 年 1 月 20 日。

4410件，调解成功率达72%，全区发生的群体性事件与上年同期相比下降1.6%。[①] 从总体上看，广西实现了经济繁荣、社会稳定、民族团结、边疆安宁、人民群众安居乐业的良好局面。

3. 繁荣民族文化，树立文明新风，为构建和谐社会营造了良好的社会人文环境

改革开放以来，广西积极进行社会主义精神文明建设，精神文明建设取得了丰硕成果，形成了具有区域特色和民族特色的社会人文环境。

(1)自治区党委、政府为了树立“改革开放、文明礼貌、办事认真、奋勇争先”的广西新形象，积极开展精神文明创建活动，通过创建区域性文明示范带，促进全区精神文明的提高。广西在创建文明城市、文明村镇、文明社区、文明行业、文明单位的基础上，以“联片创建、联动发展、整合力量、整体推进”的方式创建区域性精神文明示范带。到目前为止，全区已创建了右江百里文明河谷、桂西跨省文明大通道、桂东文明绿洲、沿边文化长廊、环北部湾文明示范带、玉贵文明走廊等区域性精神文明示范带，形成了各具特色、相互促进的精神文明建设示范区，促进了全区群众性精神文明创建活动深入持久地开展。现在又以中国—东盟博览会举办为契机，大力推进文明城市建设，通过举办中国—东盟博览会，进一步促进文明城市创建活动，城市面貌焕然一新。

(2)立足区情，繁荣发展地方特色的民族文化。自治区党委、政府以精神文明建设“五个一工程”为龙头，实施文化精品工程，唱响主旋律，繁荣发展民族文化，文化产业不断壮大，涌现了一批民族特色浓郁、在全国有较大影响的精品力作，一个文化强省正在逐步形成。近六年来，广西共有30多项作品获全国“五个一工程”奖，创作了一批反映时代精神和富有民族特色的文艺作品，漓江画派和广西作家群的崛起正引起世人的关注。特别是自1999年以来，已连续举办了九届南宁国际民歌艺术节。在国际民歌艺术节举办的同时还举办经贸洽谈会，文化交流和经济国际交流并举，充分展示了广西的新形象，扩大了广西对外的影响。

---

① 吴瑞璋等:《情理相兼解纠葛——我区各级党委、政府创新机制妥善化解社会矛盾综述》，《广西日报》2006年10月12日。

(3)通过深入实施科教兴桂和人才强桂战略,科技创新能力不断增强,教育事业取得较大进展;通过实施"人文强桂"工程,进一步繁荣和促进了广西的哲学社会科学,"人才小高地"建设成效明显,宣传舆论工作和思想道德建设也得到不断加强,为构建和谐社会营造了良好的社会人文环境。

4.积极开展友好国际交往,与周边国家关系和睦,构建起了和谐共处、互利双赢的社会发展的外部环境

广西不仅是一个多民族的地区,还是中国的南大门,地处祖国南疆,与越南接壤。新中国成立后的很长一段时期,广西边界一直战事不断,先后经历了援越抗法、援越抗美、对越自卫还击等战争,中越边境问题一直影响着广西社会的稳定。因此,与越南的关系是影响广西社会发展外部环境的主要因素。

进入20世纪90年代,随着我国与越南国家关系的正常化,广西与越南的边贸不断发展。边贸的发展,首先是促进了双方地方经济和边境城市的发展,如广西的东兴市、凭祥市,越南的芒街市均是得益边贸发展的推动而迅速成为繁荣的现代城市。其次是带动了广西与越南的一般贸易、投资、旅游、工程承包等多经济领域的协作,加强加深了双方多领域的友好协作与协作共识。2005年,广西对越南的出口总额占广西对东盟出口总额的77.5%。再次是通过越南的转口贸易作用,沟通了广西与老挝、缅甸、柬埔寨、泰国等其他国家的经贸关系,加强了广西与这些国家多领域的交流与合作。

进入21世纪之后,广西与东盟国家的友好互利协作关系发展更为良好。在全球经济一体化逐步加快的过程中,特别是随着中国与东盟国家自由贸易区的建立和启动之后,广西与东盟国家之间的友好合作关系得到进一步加深,为构建和谐广西创造了一个和谐共处、互利双赢的良好外部环境。

第三节　发挥广西社会资源优势，实施和谐广西战略

何谓资源？所谓资源指的是一切可被人类开发和利用的物质、能量和信息的总称，它广泛地存在于自然界和人类社会中，是一种自然存在物或能够给人类带来财富的财富。在人类经济活动中，各种各样的资源之间相互联系，相互制约，形成一个结构复杂的资源系统。每一种资源内部又有自己的子系统。资源系统可从性质、用途等不同角度进行不同的分类。自然资源、社会资源（又称社会人文资源）、技术资源通常被称为人类社会发展的三大类资源。其中，社会资源的范围非常广泛，包括政治资源、经济资源和文化资源等影响社会发展的各个方面因素。

一、广西发展的社会资源优势

构建社会主义和谐社会，广西又具有哪些社会资源优势呢？相比较其他省区而言，广西的社会资源优势主要体现在以下几个方面：

1. 民族资源优势。与其他民族自治省区相比较，广西的民族关系历史包袱相对较轻，各民族之间的关系较为融洽，民族矛盾问题相对缓和。1958 年 3 月 5 日，根据全国人大通过的决议，广西成立了省一级行政区域的广西壮族自治区，实现了壮族人民当家作主的愿望。建区以来，少数民族生产生活条件得以逐步改善，民族问题得以逐步解决，可以说，目前广西没有突出的民族问题，各族人民和谐相处。民族和睦相处的优良传统得到了进一步发扬，民族平等、团结、互助、共同发展繁荣的社会主义新型民族关系得到建立和发展。

2. 政策优势。广西既是我国的五个少数民族自治区之一，又处于西

部开发地区，同时还是沿海省份和边境省份，因此，享受了民族区域自治政策、西部大开发政策、沿海开放政策、边境开放政策等多重优惠政策，几乎可以说是享受国家各种优惠政策的最大赢家，具有得天独厚的政策优势。广西北海市、南宁市、防城港市、梧州市、玉林市、钦州市、凭祥市、东兴市等分别为沿海开放城市、沿海经济开放区、边境开放城市，享受特殊政策。加上中国—东盟博览会永久落户广西首府南宁，决定了广西在中国—东盟自由贸易区构建、泛珠三角和南(宁)—贵(阳)—昆(明)经济区域合作和中越“两廊一圈”经济区建设中具有十分重要的战略地位和作用。国家给予广西多方面特殊政策支持以及广西制定了一整套配套的优惠政策，成为广西对外开放持续强劲发展的重要动力。

3.发展机遇优势。目前广西面临千载难逢的发展机遇。国家进一步深化西部大开发，已经把解决东西部发展差距放到了重要的议事日程上。泛珠三角经济圈的建立和推进，中国—东盟自由贸易区的建立，中国—东盟博览会永久落户南宁，大湄公河次区域合作开发，中越“两廊一圈”合作开发，发展机遇千载难逢。当前广西经济社会发展正处于有史以来最好时期，经济总量在 5 个自治区中居于首位，在西部各省区市中居于第二位，可以说已基本具备由后发展地区向发达地区飞跃的条件。

4.战略区位优势。过去，有人称广西在区位上“不东不西”或“亦东亦西”的“尴尬地理位置”被认为是导致广西经济落后于全国的重要因素。其实，广西区位优势非常明显，是我国西部唯一既沿海又沿边的省区，是华南经济圈、西南经济圈、泛珠三角经济圈、大湄公河次区域、中越“两廊一圈”的结合部，是中国西南地区最便捷的出海口，是中国与东盟交往的重要门户和通道。中国—东盟自由贸易区建立之后，广西更是成为本区域的中心区和国际区域交通枢纽。因此，广西具有得天独厚的发展区位优势。同时，广西由于地处祖国南疆，植被丰茂，气候适宜，各类经济资源十分丰富。广西丰富的水力资源、矿藏资源、农林资源、动植物资源、海洋资源以及旅游资源为广西构建和谐社会提供了良好的客观物质条件。

二、发挥资源优势，实施和谐广西战略

1. 发挥区位优势，实施两大战略，促进内引外联。一是东引西联战略。东引就是制定优惠的政策，鼓励引导粤、港、澳的企业，尤其是广东的企业向广西进行资金、设备、技术转移，承接东部产业结构战略转移；西联就是在西部大开发的背景下，扩大与西南三省一市的经济协作，做到优势互补，吸收大西南的生产要素到广西，促进广西地区经济发展。二是南北钦防战略。南宁市是全区政治、经济、文化中心，北海是全国14个沿海开放城市之一，钦州和防城港是天然良港。广西目前要走非均衡发展道路，做到重点突出，带动全体。南宁、柳州、桂林等是广西社会经济发展较发达城市，应起到辐射和带动作用。同时，要加强北部湾地区三大港口及其配套设施的建设，走外向型的发展道路。

2. 利用政策优势，实施以"软件"补"硬件"战略。广西由于其特殊的区位优势，享受了民族区域自治政策、西部大开发政策、沿海开放政策、边境开放政策等多重政策，几乎可以说是享受国家各种优惠政策的最大赢家，具有得天独厚的政策优势。因此，在构建和谐广西的过程中，我们要用足用活中央所给予的各项政策，在制定自治条例和单行条例、调整生产结构、基础设施建设项目安排、企业管理与改革、财政收支、外贸、税收、环保、教育、科技、医疗卫生、文化体育及总体规划等各个方面应当充分利用好自己的政策优势。通过打好政策牌，以优厚的政策环境这一"软件"来弥补广西经济与社会发展的"硬件"不足。

3. 发挥民族和谐优势，实施以"民族和谐"促进广西社会全面和谐的战略。广西是全国5个少数民族自治区之一，而且地处祖国南疆，做好民族工作，巩固和发展各民族平等、团结、互助、和谐的社会主义民族关系，显得极其重要。长期以来，在党中央和国务院的正确领导下，自治区各级党委、政府认真贯彻党的民族政策，加快民族地区经济社会发展，有力地促进了民族团结和边疆安宁。特别是近年来，政府在各方面困难比较多的情况下，集中人力、物力、财力，奋力开展扶贫攻坚、边境地区基础设施建设大会战和东巴凤革命老区基础设施建设大会战，极大地促进了

民族地区、边境地区和革命老区经济社会发展，极大地改善了民族地区、边境地区和革命老区群众的生产生活条件，实现了从贫困到温饱的历史性跨越。但我们也要看到，由于地理条件限制、发展基础薄弱、市场开发条件差、自身发展能力弱等原因，民族地区、边境地区和革命老区经济社会发展仍然滞后。加快这些地区经济社会发展步伐，始终是需要高度关注并认真解决好的重大问题。只有努力缩小地区间的发展差距，大力推进社会主义和谐社会建设，实现区域协调发展，民族平等的权利才能体现，民族团结的局面才能保持，边疆的安宁才能巩固，富民兴桂新跨越、全面建设小康社会的奋斗目标才能实现。

第四节　和谐广西建设具体对策研究

一、以科学发展观为指导，加快广西经济与社会的协调发展

构建和谐社会，涉及方方面面，但最重要的是必须加快经济发展，创造更丰富的物质财富，让人民群众过上更为宽裕的生活；必须在较好地满足人民群众日益增长的物质生活需要的同时，大力发展社会主义先进文化，满足人民群众日益增长的精神文化需要，使人获得全面发展；必须在促进经济社会发展的同时，加强生态环境保护和建设，维护良好的生存环境；必须保证人民群众依法行使民主权利，保障人民群众的生命财产安全等。只有让人民群众既获得切实的经济利益，又获得切实的政治和文化利益，既有宽裕的物质文化生活条件，又有优美、安全的人居环境，整个广西社会才能和美、和谐。

发展是解决前进中存在问题的基础和关键，也是促进利益关系协调的根本途径。广西目前存在的各方面收入差距扩大，特别是城乡利益矛

盾突出，其根源就在于经济发展还不够快，经济总量还不够大。因此，必须坚持发展为第一要务，通过加快经济发展，为化解各种利益矛盾夯实物质基础。那么，为了促进经济发展，我们应该采取哪些措施呢？

1. 统筹城乡发展，切实解决好“三农”问题

发展首先是经济发展，是构建和谐社会的基础。贫困是产生社会不和谐的重要原因，而发展则是消除贫困的根本途径。以发展求和谐，和谐才能建立在坚实的基础上。广西属于后发展地区，农业人口比重大，农村路、水、电等基础设施相对较差，教育、卫生等方面的问题也十分突出，农业和农村发展的任务相对更加繁重。“十一五”时期要统一思想、科学规划，按照“生产发展、生活宽裕、乡风文明、村容整洁、管理民主”的要求，把发展农村生产力作为首要任务，规划先行，试点示范，扎实推进社会主义新农村建设。广西作为一个农业省区，农村人口比重较大，城镇化水平比较低，农村基础设施比较落后，农民增收比较困难，贫困人口比较多，这是缩小广西城乡差别、促进城乡和谐的一大难点。

相对于全国而言，广西城乡二元结构问题尤为突出。在整个经济结构体系之中，明显地同时并存着比较现代化的城市社会和非现代化的落后的农村社会，同时并存着比较发达的城市工业和自给半自给的农村农业。从根本上改变城乡二元经济结构，解决“三农”问题，实现城乡人民的共同富裕，是广西在协调城乡关系和城乡发展问题上必须坚持的一个重大战略方针。为此，必须认真落实“以工促农、以城带乡”和对农村“多予、少取、放活”的方针，按照建设社会主义新农村的要求，加快城乡一体发展，努力实现城乡和谐。

统筹城乡发展的重点是加快农村发展尤其是农村经济发展。要以工业化视角和系统工程的方法去谋划农村发展全局，着力从战略主导产业、区域优势产业和农村特色产品三个层面上调整农业结构，优化农村资源配置，加速农业工厂化生产和产业化经营。同时，要循着富裕农民必须减少农民的思路，积极推进非农化和城镇化进程，加快推进城镇化。2005年广西城镇化水平为33%，仍落后全国平均水平10个百分点以上，要促进农村富余劳动力向城镇和非农产业转移。要通过非农化和城镇化进程,实现以城市和城市经济的发展,带动农村和农村经济的发展,并以农村的现代化支持城市经济和整个国民经济的发展。此外,要通过调整国民收入再分配格局,逐年增加对农业、农村的预算内投资,使之与财政增长相适应,并有所倾斜,以促进城乡经济社会各项事业得到协调发展。

2. 坚持工业强区、项目带动、开放拉动战略,着力构建全区经济增长新平台

现代经济快速发展的显著特征是工业化加信息化。离开工业化,就不可能有经济的腾飞,就实现不了广西"富民兴桂"的新跨越。与东部发达地区相比较,广西经济发展相对落后,工业化程度不高,缺少影响和带动经济发展全局的骨干企业和支柱产业。因此,我们必须牢固确立"工业强区"的发展理念,加速推进工业化进程。

加快广西工业发展,一是要立足广西资源优势,着力发展特色工业,加大城乡产业对接力度,努力实现农村工业与城市工业的良性互动,把农村工业纳入全区工业整体布局统筹考虑,形成全区大工业体系。二是要以重点项目和工业园区为载体,在加快已有工业企业改制和技术改造的同时,大力调整工业结构和布局,加速发展高新技术产业,促进全区工业水平的全面提升。三是要充分发挥广西作为连接东南亚的国际大通道和地处泛珠三角经济圈、西部大开发前沿的独特区位优势,充分利用每年一次东盟国际博览会的良好契机,在努力转变政府职能、优化发展环境的前提下,积极推动对外开放和招商引资,着力引进国内知名企业、上市公司和国际跨国公司、大财团,落户广西投资兴业,以加速广西产业升级,构建广西经济增长新平台,实现广西经济发展新跨越,为促进广西各方面的利益和谐奠定雄厚的物质基础。

3. 加大对外开放力度,借助外力推进我区经济的快速发展

改革开放以来,我区实施开放带动战略,开放型经济有了新的发展,全方位、多层次、宽领域的对外开放格局已经初步形成。但从总体上看,我区对外开放尚未实现根本性突破,特别是在如何利用外资,借助外力方面步子迈得还不够宽、力度还不够大,招商引资工作明显落后于发达的东部沿海省区,从而制约了我区国民经济持续快速健康的发展。

当今世界经济全球化日益加快,竞争日趋激烈。随着我国加入世贸组织,对外开放进入了新阶段。党的十六大提出了全面建设小康社会的奋斗目标和行动纲领,全国各地都在竞相加快发展,掀起了新一轮对外开放热潮。形势逼人,不进则退。

我国加入世贸组织、实施西部大开发战略和建立中国—东盟自由贸易区,为我区深入实施开放带动战略带来了前所未有的历史性机遇。自治区党的九大报告指出:"积极推动构建由泛北部湾经济合作、大湄公河次区域合作两个板块和南宁—新加坡经济走廊一个中轴组成的中国—东盟'一轴两翼'区域经济合作新格局,把我区建设成为中国与东盟的区域性物流基地、商贸基地、加工制造基地和信息交流中心。"中国—东盟"一轴两翼"区域经济合作新格局中,在西边的大湄公河次区域板块已经形成;中间的南(宁)—新(加坡)经济走廊,只要把铁路、公路贯通,经济走廊将逐步形成。

广西今后开放必须做好与东盟国家的泛北部湾经济合作,这是开展中国与东盟海上合作的关键。而做好泛北部湾经济合作的前提是必须先做好北部湾(广西)经济区,因为北部湾(广西)经济区是中国与东盟开展泛北部湾合作的"窗口"和"桥梁"。通过发展广西的北部湾沿海城市,以"小北部湾"的发展可以促进泛北部湾的发展,反过来,泛北部湾的发展又能带动广西的经济发展。因此,今后重点是要从交通、港口、码头、航运、旅游、产业对接等方面推进北部湾(广西)经济区建设和泛北部湾的经济合作,努力使广西成为中国—东盟交流合作的新的增长极。

二、加强党的执政能力建设,不断增强执政党的利益整合功能,为构建和谐广西提供坚强政治保证

建设社会主义和谐社会既是党的执政能力建设的重要任务,又是中国社会发展的一个宏伟战略目标。建设一个"全体人民各尽其能、各得其所而又和谐相处"社会的伟大意义在于,"是巩固党的执政的社会基

础、实现党执政的历史任务的必然要求”。社会和谐的核心在于社会利益关系和谐。而社会利益关系的和谐不会是自然形成的,必须通过执政者的领导和执政活动来完成。没有共产党的领导,就没有社会主义现代化建设。中国共产党是中国社会主义事业的领导核心,只有在中国共产党的领导下才能实现社会的和谐与进步。党的利益整合功能发挥的好坏,直接关系到社会主义和谐社会能否建立。因此,中国共产党作为执政党,必须不断地加强自身建设,提高党的执政能力,才能实现构建和谐广西的目标。要提高党员的思想政治觉悟和素质,更好地发挥党员的模范带头作用。只有把各级党组织建设好,把我们的党员队伍建设好,才能带领全区各级组织、领导、干部和广大群众落实科学发展观,真正把“富裕广西、文化广西、生态广西、平安广西”与和谐广西建设好。

1. 坚持从实际出发,解放思想,求真务实,开拓创新

改革开放之前,广西和沿海其他省市的差距并不十分突出,但改革开放 20 多年来,东部沿海地区的发展令人瞩目,而广西的发展却明显地滞后了。究其原因当然有中央的科学决策和政策的倾斜,但广西发展相对滞后的主要原因并不在于此。因为早在 1984 年广西沿海城市也列入开放之列,但今天的成绩远不及其他省的沿海城市。广东的崛起腾飞首先得益于其“敢为天下先”的思想观念,简单地说,广东的想法是“只要有利于发展,只要中央没有明令禁止就干”,而在以往,不少领导干部同志的想法和做法是:一等(等中央明文下达)、二看(看兄弟省区市有何动作及中央有何反应)、三动(经过犹豫观望之后才有所动作),这是包括广西在内的民族地区人们常有的思想,这样往往会丧失发展的大好时机。尽管上世纪 90 年代后期以来,广西经济有了较快的发展,但是,与发达地区相比还有较大的差距,而中西部其他省市也在加大发展的力度。因此,我们不能懈怠,必须进一步解放思想,转变观念,才能够开拓前进。

建设富裕广西、文化广西、生态广西、平安广西,任务非常艰巨,在前进中必然会碰到许多困难和问题,包括理论问题和实践问题,需要我们探索、研究和解决。比如,我们首先碰到的一个问题,就是如何从实际出发,制定出一个既符合富裕广西、文化广西、生态广西、平安广西内涵,又符合广西实际的发展规划。又比如，在具体实践中，如何坚持辩证思维的方式方法，既突出富裕广西建设这个主题，又善于统筹文化广西、生态广西和平安广西的协调发展。在建设富裕广西、文化广西、生态广西和平安广西的内部，也有一个从实际出发，解放思想，求真务实，开拓创新的问题。这就要求各地各部门和各级领导干部，首先一定要解放思想，努力从理论和实践的结合上加强探索，不断谋划新思路、提出新办法。

2. 努力提高各级干部的素质，增强构建社会主义和谐社会的本领和能力

党的执政能力是通过各级干部来体现的。领导干部的素质与能力的高低，直接关系到社会主义和谐社会目标的能否顺利实现。当前，尤其要着重努力提高以下五种能力。

第一，努力提高科学发展的能力。发展是党执政兴国的第一要务，要实现和谐的目标，首先就要有发展。领导干部一定要有强烈的发展意识，要努力提高抓发展的能力。只有有了“思无不是发展大计，行莫不为社稷民生”的使命感和责任感，才能自觉地抓发展、谋发展、促发展，推动经济上新台阶。提高领导干部科学发展的能力，关键是必须切实坚持科学发展观，树立正确的政绩观，同时又要善于把机遇转化为发展优势。

第二，努力提高协调各方面利益关系的能力。随着社会经济成分和分配方式多样化，社会利益主体也日益多样化，当前的社会利益矛盾较以往更为复杂和突出。因此，领导干部要努力提高协调各方面利益关系的能力。具体包括：一是坚持科学决策、民主决策。每项改革政策的出台都必须考虑到不同方面群众的利益和承受能力，都要多方论证、征求意见。要充分发挥社会咨询部门尤其是党委政研部门的作用，为民主、科学决策服务。无论是改革发展还是维护社会稳定，凡是对群众有好处的就办，对群众没有好处的坚决不办，确保把最广大人民群众的根本利益实现好、维护好、发展好。二要高度重视和维护人民群众最现实、最关心、最直接的利益，维护好群众的合法权益。通过采取开展民情调查、设立热线电话和意见箱、下基层走访、实行领导接待日、定期召开各方面人士座谈会等形式，拓宽反映社情民意的渠道，及时把矛盾解决在源头、解决在基层、解决在萌芽状态。三要加强教育和引导，帮助广大干部群众正确认识和处理个人利益与集体利益、局部利益与整体利益、当前利益与长远利益的关系，自觉服从和维护大局。

第三，提高社会建设和管理的能力。一是要把加强社会建设和管理同推进基层党组织建设和党员先进性建设结合起来。党的基层组织坚强有力、共产党员始终保持先进性，就可以有效地把群众组织起来、团结起来，投身社会建设和管理。二是理顺各级各类组织机构的关系。要建立健全党委领导、政府负责、社会协调、公众参与的社会管理格局。各级政府要加快转变职能，强化社会管理和公共服务的职能，改善公共服务质量。同时，要加强城乡基层自治组织建设，发挥城乡基层自治组织协调利益、化解矛盾、排忧解难的作用。要重视社团、行业组织和社会中介组织提供服务、反映诉求、规范行为的作用。三是要充分调动各方面的积极性。通过稳妥推进基层民主政治建设，深化政务公开、村务公开、厂务公开，扩大基层民主，保证人民群众的知情权、参与权、决策权、监督权，充分调动群众积极性。第四，努力提高维护社会稳定的能力。一方面，要切实抓好本地社会治安综合治理、打击刑事犯罪，另一方面，要善于化解各种人民内部矛盾。

三、完善利益整合机制，妥善协调利益关系，为构建和谐广西提供制度保障

当前，我国利益关系的变化绝不是一种偶然的现象，是改革的内在逻辑发展的结果，具有结构性的特征。对于结构性的问题，就必须从体制和机制的改革与完善着手。社会利益关系越复杂，冲突与整合的问题就越显重要，制度机制转化与创新的需求就越迫切。所以，创设和建立具有均衡性的利益制度与机制，已经成为调整利益结构进而构建现代和谐社会的核心要求。要充分发挥党的利益整合功能，协调好各种利益关系，就必须针对当前出现的利益分化趋势和利益矛盾，构建适应社会主义市场经济体制的利益整合机制，这是建设和谐社会的关键之举。

针对广西改革发展的实际，应突出抓好三个方面的机制完善：

1. 完善利益表达机制和协商机制

随着社会主义市场经济的发展，出现了不少新的社会阶层和利益群体，人们的利益需求逐渐多样化。因此，需要建立通畅的多样化渠道来表达各利益主体的利益需求。由于不同利益群体之间存在着各种矛盾，如果各利益主体的利益表达渠道不通畅，沟通、反馈不及时，往往会导致社会利益关系的紧张。

建立畅通的利益表达和协商机制是发扬民主的必然要求，也是执政党巩固执政地位的关键所在。建立健全畅通的利益表达和协商机制最主要的是要强化人民代表大会制度和多党合作的政治协商制度。

实践已经证明，我国人民代表大会制度和多党合作的政治协商制度是中国共产党进行利益表达和利益协商的有效机制。由于人大代表和政协委员来自社会各阶层和不同行业，有利于表达不同利益主体的要求和愿望，因而能够有效协调各种利益主体的不同利益关系。“人民代表大会应该成为联系群众、反映民意，解决矛盾的主要民主渠道。”①近些年来，随着人大代表素质的提高和人大地位的不断上升，人大代表联系群众的方式日趋多样化，在进行利益表达方面发挥了应有的作用。

从政党制度的运行机制来看，当代中国政党制度是中国共产党领导下的多党合作和政治协商制度，这一制度体现了政党结构的多元性与核心的一元性统一。这一特点使之能够发挥不断扩大政治参与，有效表达各民族、地区、宗教、阶层的不同利益要求的功能，同时，又能确保在党的领导下不同利益群体为实现共同利益而形成目标指向的一致性。中国共产党领导的多党合作和政治协商制度，主要是发挥民主党派和无党派人士在政治协商和民主监督中的作用，对实现决策的科学化、民主化，具有十分重要的意义。政协中各民主党派和无党派人士是各自所联系的社会主义劳动者和拥护祖国统一的爱国者，他们之中许多人是各方面的专家和学者，通过建立和完善中国共产党领导的多党合作和政治协商制

① 中共中央文献研究室编：《十三大以来重要文献选编》(中)，人民出版社1991年版，第946页。

度，政协委员的调查、提案、建议等往往凝聚了相当多的民众的要求和意见，由政协委员所进行的利益表达往往具有利益综合的功能，他们可以将人民的利益反映到合法的政治渠道，可以对国家的大政方针提出批评、意见和建议，为政治决策或行政决策的科学化奠定了基础。

但是，人民代表大会制度和多党合作的政治协商制度还存在一些亟待完善的问题。例如我们的人民代表大会制度，一是存在着代表构成"三多"、"三少"的问题，即领导干部多、企业家多、党员多，基层代表少、工人和农民少、非党人士少，这显然不利于基层群众意愿的充分表达；二是收集和反映民意的制度还不完善，尽管我们现在已经制定了代表视察制度、代表咨询制度和情况通报制度，为人大代表了解社情民意提供了重要制度保证，但其中仍存在着制度配套性不强，可操作性不够的不足。多党合作的政治协商制度存在的主要问题是各民主党派的成员人数占我国人口的比例比较低，与我国民主政治建设需要民主党派发挥更大作用的发展要求不相适应。另外，民主党派领导层的年轻化不够，组织发展主要局限于中高级知识分子，在工人、农民等基层劳动者尤其是弱势群体中很少发展党员，这虽然与民主党派的历史传统有关，但容易导致民主党派政治产生脱离基层和群众的弊病，影响了它的利益表达广泛性作用的发挥。

对此，我们一要建立人民代表大会、专家委员会与社会组织三者共同参与利益表达的公众参与模式，引导群众以理性合法的形式表达利益要求。二要逐步减少人大和政协照顾安排性代表的人数，提高基层代表的比重，逐步扩大直选范围，尤其是要切实提高弱势利益群体或低收入群体在国家政治生活中的地位，要明确规定弱势利益群体在人大和政协中的代表最低数量，使之能够有实在的力量直接表达他们的利益要求，有实在的力量来进行自我保护。三要实现民意表达制度安排和设计的创新，包括推行人大代表的竞争性选举制度，实现人大代表与选民的双向沟通；逐步实行人大代表的职业化；实行人大代表的议事公开制度和重大决策与立法的听证制度；实行代表和委员公示制、接待日制度；完善信访工作责任制度等。总之，就是要在人大代表、政协委员与群众之间搭建起全方位、多层次的联系平台。

2．完善利益分配的具体机制和制度

合理的利益分配格局的形成是国家和市场共同作用的结果。西方发达国家在处理效率和公平的关系时，其“效率经由市场，公平通过政府”的思路和方法，是值得我们借鉴的。因此，我们一要充分发挥市场作用，完善社会主义市场经济机制，规范初次分配的秩序。必须坚持和完善按劳分配为主体、多种分配方式并存的分配制度，通过完善各种经济法规，规范利益主体的经济行为，防止在利益驱动下出现的侵权行为、非法经济行为，鼓励人们通过诚实劳动、合法经营先富起来，取缔非法收入，消除体制外的灰色收入、法制外的黑色收入，以及体制内由法律不健全、政策不完善造成的非规范收入；加大政府职能转变的力度，从源头上解决行政性垄断收入问题，通过深化改革，克服体制性障碍，减少行政干预，打破垄断，突破地区、城乡、部门间的市场分割，消除城乡间的就业歧视，克服因就业选择限制而产生的收入差别，努力创造平等竞争的社会环境，促进市场的公平竞争机制的形成。

二是加强再分配的有效调节。当前，通讯、电力、烟草、金融等垄断行业职工收入过高，是广西目前收入分配不合理的一个突出表现。要缩小社会成员收入分配差距，单靠某个税种的力量是不够的，必须着眼于整个税制体系的建设，综合运用各种税收手段。既要考虑建立和完善对低收入阶层调节的税种，如个人所得税、利息税、证券交易税、社会保障税等，还要考虑建立和完善对高收入阶层调节的税种，如遗产税、赠与税、资本所得税、消费税等。要形成具有连续性、全面性和整体协调性的税收调节机制。当前，我们要建立以个人所得税、遗产税、赠与税、社会保障税为核心的多税种、立体式的税收调节体系，着力提高低收入者收入水平，逐步扩大中等收入者比重，有效调节过高收入，努力缓解地区之间和部分社会成员收入分配差距扩大的趋势，提高社会分配的公平、公正。

3．建立健全合理的利益补偿机制

合理的利益补偿机制有利于缓解利益矛盾，维护社会稳定，是实现利益整合的重要手段。社会学家们一致认为，社会强势群体由于掌握了各种社会资源，因此在与自己利益相关的制度设计、政策安排、措施实施上占有一定的优势，能够有效地保护自己的利益。而相比较而言，社会弱势群体由于经济、政治、社会各个领域的地位较低，所能掌握的社会资源相对较少，因而缺少与强势群体利益博弈的能力。如果放任强势群体与弱势群体在利益方面自然的竞争，弱势群体将受到巨大的伤害，从而加剧两大群体之间的利益矛盾和冲突，影响社会的和谐稳定。因此，建立健全合理的利益补偿机制，对社会弱势群体予以一定的保护是十分必要的。

建立健全合理的利益补偿机制，关键是要建立较为完善的社会保障体系。然而，广西社会化保障体系不健全，表现在费用收缴率低、项目不全、覆盖面窄，特别是农村的社会保障还处于刚起步阶段。这不仅极大地弱化了广西各方面收入差距的调控能力，而且也直接增加了化解各种利益矛盾的难度。因此，为有效协调各种利益关系，今后一个时期，必须加快社会保障体系建设，完善社会保险、社会救助、社会优抚等多样化的社会保障措施，建立对城乡困难群体救助的长效机制。同时，要大胆开展建立城乡统筹的社会化保障体系的新探索，逐步建立城乡统筹的社会化保障体系。

要切实关心困难群众的生产生活，保证弱势群体的基本权利。当前，重点要帮助困难群众解决好就业再就业问题。困难群众特别是城镇困难群众的主体是下岗失业人员，解决他们的困难问题，最根本的就是要实行积极的促进就业和再就业政策，解决下岗失业人员的再就业问题。为此，各级政府必须坚持责任和投入到位，措施和政策落实，千方百计寻求和拓宽困难群众的就业渠道。从广西实际出发，务必做好下岗职工基本生活保障、失业保险和城市居民最低生活保障这“三条保障线”的衔接工作，防止出现脱节现象。在健全城镇最低生活保障制度的同时，必须积极创造条件建立农村居民最低生活保障制度，逐步扩大社会保障覆盖面，不断提高社会保障水平。同时，加大对基层财政的转移支付力度，特别是要加大对农村义务教育、基本医疗、广播文化等公共事业的专项投入，使广西公共财政在调整国民收入分配格局和扶贫济困中，能充分发挥积极的转移支付功能和作用。

此外,要从体制和制度上全面实施反贫困战略,包括建立各级财政对城乡特困家庭各类学生的资助体系,认真积极解决农民工工资拖欠、克扣等问题。特别是要加大户籍制度改革力度,尽快建立与市场就业相适应的就业地入户登记制度,放宽农民进城落户的准入条件,取消不合理的歧视性限制,努力形成有利于农民进城就业与创业的良好环境。要通过户籍管理等一系列制度创新,使进城农民在子女教育和就业、福利等方面享受与城市居民同等的待遇。

当然,建立健全利益补偿机制并不意味着利益补偿是无条件、无限度的。利益补偿要与社会经济发展相一致,与国家按劳分配的政策相适应。如果补偿过度,就会产生新的社会不公平,可能重蹈平均主义的覆辙,削弱社会发展的动力。社会主义制度下的个人利益和集体利益、局部利益和整体利益、当前利益和长远利益是统一的。社会利益的调整涉及方方面面,因此,要以维护最广大人民群众的根本利益为出发点,以社会的稳定和发展为导向,高度重视和维护人民群众最现实、最关心、最直接的利益,综合考虑各方面的利益,最大限度地实现经济发展和社会公平的统一。社会利益协调机制的构建是全方位的、多渠道的,只有将各种利益协调手段综合运用,统筹兼顾,才能协调社会利益,促进社会和谐发展。

4. 健全利益矛盾协调机制,及时有效地化解利益矛盾

古今中外任何社会都不可能是没有一点利益矛盾的社会,检验一个社会是否安定有序,关键是要看这个社会有无能力和及时化解各种利益矛盾。目前,广西某些地方因利益关系不协调引发的人民内部矛盾明显增多,主要集中反映在国企改制、转业军人待遇、农村土地征用、城市拆迁等方面的矛盾、冲突和纠葛。为妥善解决这些矛盾和问题,各级党委、政府及有关部门在制定和出台任何一项措施时,都必须认真听取和收集各方面群众的意见。要着眼于维护、发展和实现最大多数人的根本利益,正确反映和兼顾不同方面群众的利益。要找准多数人的共同利益和不同阶层、不同群体的具体利益的平衡点,整合社会利益关系,最广泛最充分地调动一切积极因素。应当说在社会发展过程中出现矛盾这是正常的。问题的关键在于,各级党委和政府要高度重视对这些社会问题的解决,注意引导人民群众以理性、合法的形式表达各自的利益要求,努力化解各种利益矛盾和冲突,保持社会的和谐稳定,推进社会的公平与正义。

在健全利益协调机制、调处利益矛盾上,最重要的是必须从坚持统筹兼顾的原则出发,建立利益的激励与约束机制。包括:

一是兼顾国家、集体和群众个人的利益。"统筹兼顾"首先是要兼顾国家、集体和群众个人三者的利益。在整个社会利益格局中,这三者是三个最基本的利益主体。从总体来看,近年来广西在推进国企改制中,能够坚持阳光改制,规范操作,既保证了国有资产不流失,投资者利益不受损,又对下岗分流和置换身份的职工给予合理的经济补偿,正确处理了国家、企业和群众三者的利益关系,因而赢得了广大职工群众的支持和拥护。实践证明,正确处理国家、集体和个人这三者之间的利益关系,是有效化解各种利益矛盾的重要保证。

二是要兼顾强势群体和弱势群体的利益。一方面,我们要全面贯彻落实"尊重劳动、尊重知识、尊重人才、尊重创造"的方针,努力营造鼓励人们干事业、支持人们干成事业的社会环境,放手让一切生产要素的活力竞相迸发,让一切创造社会财富的源泉充分涌流,鼓励人们用最大的努力去创造物质和精神财富;另一方面,要切实关心困难群众的生产生活,保证弱势群体的基本权利。当前,重点要帮助困难群众解决好就业再就业问题。困难群众特别是城镇困难群众的主体是下岗失业人员,解决他们的困难问题,最根本的就是要实行积极的促进就业和再就业政策,解决下岗失业人员的再就业问题。为此,在制定政策、促进发展中,各级政府必须坚持责任和投入到位,措施和政策落实,千方百计寻求和拓宽困难群众的就业渠道,要兼顾不同行业之间的利益,要注意寻求各方面利益的最佳结合点,努力使全体人民共享改革发展的成果,要有重点地合理地调节好行业之间的收入差距,使社会财富保证向中低收入者倾斜,强化区、市、县三级财政的转移支付,重点扶持"老、少、边、穷"农村加快发展并帮助这些地方的农民尽快改变生存和发展的条件。

三是要加强社会管理，扎实细致地做好信访工作。加强社会管理，维护社会稳定，是构建社会主义和谐社会的必然要求。只有社会安定有序，我们才能做好构建和谐社会的各项工作。加强社会管理，必须扎实细致地做好信访工作。信访工作是我们党一条重要的执政经验，通过信访及时解决群众问题、理顺群众情绪，化解利益矛盾，实现社会的稳定。做好信访工作，关键是要建立和完善信访工作的相关制度和机制，如信访部门"一把手"负责制、接返处置机制、部门联系会议制度、领导定期接待日制度等。

四、加强思想政治教育，为构建和谐广西提供强大的精神支持

"人类社会自形成以来，就有其特定的需要和利益，就存在着利益矛盾，当然就具有利益的协调机制，而一开始的协调主要是道德协调。只有当人类进入利益尖锐对立的社会时，政治、法律协调才更为重要。"[①]虽然，随着人类社会的发展，利益关系和利益矛盾的复杂化，思想道德的利益协调整合机制作用有所下降，但是在一定范围内还是发挥着重要的作用。要看到，当代的利益冲突不仅存在于经济或政治层面，而且进入精神文化层面，不仅存在于人的行为层次，而且存在于社会和人民的观念层次。物质利益的冲突，总是会在思想观念上表现出来。由于当代社会的利益冲突在复杂、深刻得多的程度上超过了以往时期，一些人习惯于传统的平均主义利益格局，对于社会利益的分化认识不足；一些人把正当的个人利益当作个人主义的东西加以批判；还有些人重利轻义，甚至唯利是图。因此，我们不能用传统的态度、简单的方式处理利益矛盾和冲突。

思想政治工作是我党在长期的革命斗争和社会主义建设中形成的有效工作机制和优良传统。我们应该充分发挥这个传统优势，从思想教

① 王伟光：《利益论》，人民出版社 2001 年，第 234 页。

育入手。

由于历史的因素，以往思想政治工作的内容常常更多地倾向于政治立场、观念和态度方面，政治引导明显，而对社会生活中利益关系问题的关注和引导较少。随着社会主义市场经济的发展，人们的利益观念发生了变化，不仅敢言利、追求利，有的甚至是唯利是图、见利忘义。因此，如何运用利益的杠杆，解决由利益需求而引起的思想问题，成为新形势下思想政治工作必须面对的新课题。社会利益关系的变化，要求我们的思想政治工作必须加强正确利益观的宣传和教育，引导人们正确看待当前社会利益分化的现象，教育人们把人类生存发展的整体利益与个体利益、整体利益与局部利益、长远利益与近期利益、物质利益与精神利益统一起来。

通过思想政治工作进行利益整合、协调利益冲突，还需要正确处理好以下几个方面的问题：一是思想政治工作所进行的利益观教育应同时强调两方面的内容，既要强调社会对个人利益的尊重与保护，又要强调个人对社会利益的维护与发展。不能以强调社会利益为由否定个人利益的价值，也不能消极等待个人利益自发地上升为社会利益，而应引导人们认识和明确个人利益的社会价值，在最大程度上实现个人利益与集体利益、国家利益的统一。二是思想政治工作还应同经济手段、行政管理手段等结合起来。在与人民群众生产生活密切关系的切身利益问题上，要防止和杜绝用所谓高尚的思想觉悟和谦让的道德姿态，来掩盖实际工作中的不公平、不合理现象。

当前，我们要紧密结合社会主义荣辱观教育，深入开展社会主义利益观教育，为建设社会主义和谐社会提供有力的精神支撑。社会主义和谐社会的基本特征是实现社会的民主政治、公平正义、诚信友爱、充满活力、安定有序。公平正义的内涵就是，社会各方面的利益关系得到妥善协调，人民内部矛盾和其他社会矛盾得到正确处理，社会公平和正义得到切实维护和实现。如何促进社会公平，维护社会正义？除了制度和政策的力量外，也离不开道德的支撑。“公平正义、诚信友爱”必须通过加强全体社会公民的思想道德教育才能实现。因为人的社会实践活动是一种理性的选择，只有人们的思想道德境界提高了，人的行为才会更加理性，社会利益关系才能得到更有效的调控。正因为如此，党中央在提出构建社会主义和谐社会重大命题之后，胡锦涛同志又在 2006 年 3 月 14 日看望全国政协委员时进一步提出了社会主义荣辱观，用以“八荣八耻”为主要内容的社会主义荣辱观来引导人们的认识和行动，希望通过树立和坚持社会主义荣辱观，提高人们明辨是非真假、善恶美丑的能力，同时也为了促使社会形成良好的道德风尚和社会风气，从而为构建社会主义和谐社会提供精神支撑。

总之，我们只有立足区情，牢牢坚持“发展”这一党执政兴国的第一要务，切实加强党的执政能力建设，不断完善各种利益整合机制，才能使人民群众感受到“现有的社会制度是最好的最适宜的制度”，才能实现全体人民各尽其能、各得其所而又和谐相处的社会主义和谐社会目标。

第六章

坚持科学发展观，
谱写广西腾飞新篇章

科学发展观是推动经济社会发展必须长期坚持的指导方针。抓住机遇,加快发展,建设富裕文明和谐新广西,是广西全面贯彻科学发展观,落实构建社会主义和谐社会重大战略任务的集中体现,是广西改革开放和现代化建设的必然要求。如何进一步解放思想,认真贯彻科学发展观,抓住机遇,加快建设广西的步伐,谱写广西腾飞的新篇章,是全区各族人民的共同愿望。

第一节　解放思想,破解广西发展难题

广西是我国5个少数民族自治区之一,是全国32个省、自治区、直辖市中少数民族人口最多的地区。境内有壮、汉、瑶、苗、侗、仫佬、毛南、回、彝、京、水和仡佬12个世居民族,少数民族人口占40%,其中壮族总人口占33%。因此,一方面,广西经济社会的发展受制于地理环境、历史渊源、文化观念、思想惯性、制度沿革等方面的影响,发展的速度和效率受到一定程度的制约;另一方面,自我国"十一五"开局以来,转变经济增长方式、提高自主创新能力、调整与优化产业结构等成为我国经济发展的新主题,在这一大背景下,广西在总结过去五年工作成绩的基础上,提出了《广西壮族自治区国民经济和社会发展第十一个五年(2006—2010年)规划纲要》,富民兴桂新跨越处于关键时期,面临着前所未有的新机遇。因此,在新时期,广西要实现经济社会发展的腾飞,首先必须解放思想,破解发展难题。

一、机遇:发展前景广阔

"十一五"时期是广西经济社会发展承前启后的关键时期,面临机遇

与挑战并存、机遇大于挑战的环境。当前，我区经济社会发展进入新阶段，工业化加速推进，一批重大工业项目加快建设，资源和区位优势进一步发挥，居民消费结构逐步升级，产业结构调整和城镇化进程加快，区域合作深化，发展空间扩大。总体上看，内外环境有利于我区加快发展。

《广西壮族自治区国民经济和社会发展第十一个五年（2006—2010年）规划纲要》提出了经济社会发展的总体要求：[①]坚持邓小平理论和中国特色社会主义理论，以及自治区党委八届六次全会精神，以科学发展观统领经济社会发展全局，坚持抓好发展这个党执政兴国的第一要务，坚持以经济建设为中心，坚持“三大战略、六大突破”决策，坚持用发展和改革的办法解决前进中的问题。坚持以人为本，转变发展观念，创新发展模式，提高发展质量，落实“五个统筹”，切实把经济社会发展转入科学发展的轨道。“十一五”期间，要深入实施西部大开发战略，以更好更快发展为主题，以经济结构调整和经济增长方式转变为主线，以改革开放和科技进步为动力，以加快工业化、城镇化、农业产业化和市场化为重点，以提高人民生活水平和促进人的全面发展为根本出发点和归宿，全力推进以富裕广西、文化广西、生态广西、平安广西为中心内容的和谐广西建设。

广西国民经济和社会发展的目标是：

一是建设富裕广西，必须加快富民兴桂新跨越步伐，不断增加社会财富，让人民群众得到发展的实惠，到2020年与全国同步实现全面建设小康社会的目标，到本世纪中叶建国一百周年时，基本实现社会主义现代化。

二是建设文化广西，必须切实加强社会主义精神文明建设，深入实施科教兴桂、人才强桂战略，大力发展文化、科技、教育、卫生和体育，有效提升人文素质和综合竞争力，努力建设更加开放、更富时代特点和民族特色的文化先进省区。

三是建设生态广西，必须坚持可持续发展战略，大力发展循环经济，

① 《广西壮族自治区国民经济和社会发展第十一个五年规划纲要》，《广西日报》，2006年1月17日第二版，2006年1月16日广西壮族自治区第十届人民代表大会第四次会议通过。

提高生态环境质量，实现节约发展、清洁发展和安全发展，促进经济建设与人口、资源、环境相协调，努力造就既有较发达生产力，又保持蓝天碧海、山川秀美的生态省区。

四是建设平安广西，必须进一步健全社会主义民主法制，加强社会建设，维护公平公正，保持稳定有序，促进安定团结，实现人民安居乐业，努力建设保障人民群众生命财产安全、实现各民族繁荣进步、促进经济社会更好更快发展的平安省区。

“四位一体”的发展目标确立，为广西和谐社会建设指明了方向，是各个领域、各行业发展的统领纲要。

随着西部大开发战略的实施，广西对外开放进一步扩大，经济社会将得到长足的进步。富民兴桂，落实广西国民经济和社会发展的目标面临着前所未有的新机遇。

1．“天时”：加快泛北部湾经济区开放开发的条件已经具备

在东盟一体化背景下和中国西部大开发的战略布局中，泛北部湾地区合作开始加速并发力。2006 年 7 月，在第一届“环北部湾经济合作论坛”中，刘奇葆首次提出了泛北部湾概念，倡议促进泛北部湾中国—东盟“一轴两翼”区域经济合作新格局的战略构想。此后，北部湾地区迅速进入中央视野。

仅一周后，国家发改委及国务院西部办联合发文，明确西部大开发三大重点区域，2006 年 3 月宣告成立的北部湾经济区名列其中。数天后，国家主席胡锦涛在对广西工作的重要指示中指出“推进泛北部湾区域经济合作是一篇大文章”，要求广西同泛北部湾合作结合起来。3 个月后，温家宝总理在中国—东盟商务与投资论坛上，提出了与东盟国家构建泛北部湾经济圈的构想，将广西定位于中国与东盟的区域性物流基地、商贸基地、加工制造基地和信息交流中心。至此，泛北部湾经济合作进入实施阶段。

2007 年 4 月 26 — 27 日，首届泛北部湾市长论坛在中国北海举行，共议东盟自由贸易区建设中的城市合作与发展，并签署《首届泛北部湾区域经济合作市长论坛北海宣言》，确定了海上合作的主题，宣告论坛将定于北海逐年召开，各城市轮流主持。来自中国、越南、印尼等8个国家共16个城市的市长或代表出席了此次论坛。

2008年2月21日广西壮族自治区政府主席马飚对外宣布，《广西北部湾经济区发展规划》日前已获国务院批准正式实施。《广西北部湾经济区发展规划》是依据党的十七大精神和《中华人民共和国国民经济和社会发展第十一个五年规划纲要》、国家《西部大开发"十一五"规划》而制定的。《规划》明确了广西北部湾经济区由南宁、北海、钦州、防城港四市所辖行政区域组成，陆地国土面积4.25万平方公里。广西沿海地区地处泛北部湾经济区和大湄公河次区域合作等多个交汇点，是促进中国—东盟全面合作的重要基地，开发潜力巨大。泛北部湾经济合作的战略实施，将构建一个全新的区域合作新格局。这个新格局就是：由泛北部湾经济合作区、大湄公河次区域两个板块和南宁—新加坡经济走廊一个中轴组成，形成形似英文字母"M"的一轴两翼大格局。从内容上看，有海上经济合作（Marine economic co-operation）、陆上经济合作（Mainland economic co-operation）、湄公河流域合作（MEKONG sub-region co-operation）。

广西站在国家战略的高度，顺应经济全球化和区域经济一体化的趋势，把握"天时"，正在为自己赢取丰富的资源和广阔的发展空间，正在成为一个多区域合作的交汇点和经济合作的活跃地区，必将迅速崛起于祖国的南疆。

2．"地利"：区位优势和战略地区作用得以彰显并进一步发挥作用

概而言之，广西的区位优势和战略地位就是：广西不仅是西南地区的出海大通道，而且还是沟通中国与东盟关系的最便捷的国际大通道。

广西是我国西部唯一既沿海又沿边的省区，是华南经济圈、西南经济圈、泛珠三角经济圈、大湄公河次区域、中越"两廊一圈"的结合部，是中国西南地区最便捷的出海口，是中国与东盟交往的重要门户和通道。广西地处中国—东盟自由贸易区的中心地带，依托国内广阔腹地，面向东盟各国市场，是我国唯一与东盟既有陆地接壤又有海上通道的省区，具有双向沟通中国与东盟的区位优势。就东盟地区而言，目前广西面临两个大市场：一个是拥有11个国家、4.2亿人口的东南亚市场；另一个是拥有31个国家、17.6亿人口的南亚和中东市场。因此，加快开辟西南国际大通道，为广西迅速融入并占领这两大市场，实现中国进一步开放的国际大战略，带动本地区的经济发展有着重大的意义；同时，加快西南国际大通道的建设，有利于广西成为中国西南部乃至东南亚市场最大的货物集散地和技术引进地，真正发挥中国西部桥头堡的作用。

自从中国加入世贸组织后，对外开放领域已从单纯的吸引外资，转为"引进来"与"走出去"并举。广西所处的地理位置，兼具"引进来"与"走出去"的双重角色功能：一方面，中国到东南亚去经商、投资、旅游者日益增加，尤其是华南、华东等地的企业及经营人员要到中南半岛的国家去，最方便的就是经过广西到越南，再往西进入柬埔寨、泰国、老挝、缅甸等地。另一方面，中国内地与中南半岛各国的陆上交往和西南地区与国外的海上交往在广西交汇，尤其是经济发达的华南、华东及临近的西南与中南半岛国家的人员和货物可以经由广西进出；西南的货物出口及外国的货物要进入西南地区，通过广西最为便利。因此，广西必将成为中国与东盟之间的海陆空交通枢纽，成为沟通国内两大市场最重要和最便捷的海陆通道，成为沟通华南与西南、中国与东南亚的物流中心。

广西的区位优势和战略地位已经不言而喻，发挥"地利"作用，必定能够加快经济社会的发展步伐。

3. "人和"：文化交流的国际平台已经搭建并迅速发展

近些年来，广西积极开展对外文化交流，积极打造与东盟各国文化交流的国际平台。

一方面，广西各族人民强化"内功"，确立文化发展战略目标和实行措施。2001年8月，《中共广西壮族自治区委员会、广西壮族自治区人民政府关于加快广西文化发展的决定》出台，明确了广西文化发展的指导思想和战略目标，确定了广西文化发展的重点工作，以及深化文化体制改革等重要内容。

2005年春，自治区党委成立了文化先进省（区）规划领导小组。同年7月，召开第一次全体成员大会，组织区内外文化学习考察，正式规划文化广西，实施建设文化广西的战略任务。

2005年8月初，自治区党委和政府为落实党中央关于科学发展观、建设和谐社会的精神，提出了建设和谐广西的小康社会的发展目标，即建设富裕广西、文化广西、生态广西、平安广西。

2006年1月16日，广西壮族自治区第十届人民代表大会第四次会议审议通过的《广西壮族自治区国民经济和社会发展第十一个五年（2006—2010年）规划纲要》中提出：牢牢把握先进文化的前进方向，发展面向现代化、面向世界、面向未来的民族的科学的大众的社会主义先进文化，促进人的全面发展，全面繁荣文化事业，培育壮大文化产业，大力推进文化广西建设。《纲要》对"精神文明建设"、"文化建设"、"文化设施建设"等作了具体规划，着重提出了对外交流文化战略构想：实施特色文化品牌战略，培育一批文化名城、名镇、名村、名人和名品，增强我区原创文化竞争力；积极引进世界优秀文化成果和管理经验，开展对外文化交流合作，开拓以东盟国家为重点的国际文化市场，推动广西特色文化走向世界。

与此相关，关于广西文化建设的7个重要文件相继完善并出台，即《中共广西壮族自治区委员会、广西壮族自治区人民政府关于建设文化广西的决定》、《文化广西建设"十一五"规划（2006—2010年）》、《文化广西建设规划纲要（2006—2020年）》、《文化广西基础设施建设规划（2006—2010年）》、《中共广西壮族自治区委员会、广西壮族自治区人民政府关于贯彻落实〈中共中央国务院关于深化文化体制改革的若干意见〉的意见》、《中共广西壮族自治区委员会、广西壮族自治区人民政府关于加快文化广西建设的若干政策》、《中共广西壮族自治区委员会、广西壮族自治区人民政府办公厅关于贯彻〈中共中央办公厅、国务院办公厅关于加强农村基层文化建设的意见〉的意见》。这些文件的制定，提出了文化广西的指导思想、实施人文强桂的路径和文化先进省（区）的总体目标，规划了文化广西的基础设施建设，规划了文化体制改革和文化产业发展，建立健全了领导机制、工作机制和组织保障。

另一方面，让世界更加了解广西。一年一度的南宁国际民歌节到2006年连续举办了8届，成为广西的文化品牌，成为广西向世界展示自己的一张亮丽名片。

2006年，中国和东盟10国领导人10月30日在广西南宁共同签署了《中国—东盟纪念峰会联合声明——致力于加强中国—东盟战略伙伴关系》。声明特别提到，在社会文化方面各国同意加强社会文化合作，增进双方媒体人士、学者、国会议员和民间社会的交流；支持东盟实现社会文化共同体建设，包括实施中国—东盟文化合作谅解备忘录框架下的各种项目和活动。2006年举办的广西东南亚风情夜，中国与东盟10国再次续写文化交流成果的华美篇章，文化产业正成为广西加强与东盟国家交流与合作的重要载体。

2007年，广西艺术团、南宁市艺术剧院、广西杂技团、广西交响乐团、广西民族文化考察团等官方或民间组织纷纷出访韩国、日本以及东南亚各国，对外交流活动越来越频繁。据统计，全年开展对外文化交流有近30起约700人次，涉及22个国家和地区。

2008年是广西壮族自治区成立50周年，为了让世界更加了解中国、了解广西50年来的发展，广西电视台将2008年定为“中国广西电视展播年”，本着“活动、友谊、交流、合作、共赢”的目标，计划每个月在东盟国家和韩国、日本、加拿大等国家和地区举办“广西电视展播周”活动。广西电视台为此精心制作了《美在广西》、《中国—东盟博览会印象》、《歌舞广西》、《寻找东盟金花》、《魅力北部湾》、《广西民族风情》、《东盟电视记者看广西》等专题片，全面介绍广西的自然风光、民族文化、经济建设成就，介绍广西在泛北部湾区域经济合作中的战略地位和作用以及广西与东盟合作交流情况等。

综上所述，随着广西经济建设、政治建设、文化建设和社会建设的统筹推进，我们的发展已经构建了相当的基础；随着广西对外开放格局的形成和进一步发展，我们将以更积极的姿态融入国际经济一体化的大潮之中。在区域经济合作已经成为一种共识和潮流的今天，要让广西在多区域经济合作中发挥积极作用，必须树立强烈的机遇意识，增强抢抓机遇的能力，敏锐地发现机遇，果断地抓住机遇，创造性地用好机遇，真正把机遇变成推动经济社会发展的强大动力，实现全方位的扩大开放。实践已经并将进一步证明：没有开放，就没有发展；丧失机遇，就不能发展。

二、难题：破解"路径依赖"

1993年诺贝尔经济奖得主道格拉斯·诺斯提出了一个十分重要的概念——路径依赖，即"人们过去作出的选择决定了他们现在可能的选择"。"路径依赖"属于新制度经济学的范畴，其含义为①：受到外部偶然性事件（外部偶然性事件是指那些观察者事先无法预知的偶然事件或者一种事件状态，它决定了在一组可以相互替代的体系中哪一种会被选择，并导致了结果的不可预见性）的影响，某种具有正反馈机制的体系如果在系统内部确立，便会在以后的发展中沿着一个特定的路径演进，其他潜在的（更优的）体系很难对它进行替代。广西经济社会发展尽管成绩喜人、机遇良好，但是由于意识观念缺乏开拓创新、社会变迁缺乏内在的激励机制，对旧体制仍然有着强大的路径依赖。

《广西壮族自治区国民经济和社会发展第十一个五年（2006—2010年）规划纲要》指出：尽管广西经济社会发展正在不断进步中，但我们同时也要清醒看到，我区工业化、城镇化水平和市场化程度较低，经济总量不大，产业结构层次较低，民营外资经济发展缓慢，增长方式粗放，质量和效益不高，人民生活不富，后发优势和潜力尚未充分发挥，面临国内外科技、人才、资源、市场以及国内各地竞相发展的竞争压力。为此，务必居安思危，增强忧患意识和紧迫感，牢牢把握和切实用好重要战略机遇期，妥善应对各种挑战，科学制定发展战略，开创我区社会主义经济建设、政治建设、文化建设、社会建设的新局面。

2006年11月15日，中国共产党广西壮族自治区第九次代表大会上

① 尹希果，李东宇：《文化力向经济力转化的路径依赖与制度创新——基于西部民族地区的分析》，《重庆工商大学学报》（西部论坛），2007年第3期，第28页。

的报告再次指出：[①]我们在前进中还存在不少困难和问题。主要是：经济发展总体水平不高，经济结构不够合理，工业化城镇化水平比较低；教育、科技、文化、卫生等社会事业发展滞后；就业压力较大，社会保障体系不完善，还有一定数量的贫困人口；影响社会和谐稳定的因素还不少；一些干部作风不实，形式主义、官僚主义严重，腐败现象在某些领域还比较突出；一些地方的基层基础工作比较薄弱，有的基层党组织战斗力不强；等等。

为此，对广西发展过程中面临的困难务必有清醒的估计和认识，认清困难和不足，才能实现长足的发展。广西发展面临的困难主要表现在如下几个方面：

第一，改革开放意识不强、进取精神不足，制约着广西开放度的提高。广西由于受地理区位影响，少数民族人口众多，大都为闭塞落后的地域，社会文化长期处于一种较为封闭的环境中自我循环，很难及时和轻易接受外界的新生事物和信息。因此，科技文化水平落后，市场经济意识较为薄弱，封闭、保守思想、狭隘观念受落后的传统影响较深，对新观念、新思想接受能力较差。由于思想、意识和精神等方面存在着强大的“路径依赖”，广西的经济社会发展仍缺乏应有的“精”、“气”、“神”。正是因为如此，广西对外开放的程度还需进一步提高。开放度，作为一个制度变量，不仅影响着经济活动空间的扩展，也影响着技术的更新，还影响着管理水平的提升，从而决定着经济增长的区域差异。沿海地区由于便利的开放条件和较高的开放水平，技术进步的速度大大快于内陆地区。广西尽管具有对外开放的地理环境优势，却缺乏改革开放、锐意进取的意识和精神，因而开放度远不及东部地区，同与之毗邻的广东相比早已不可同日而语。据有关调查，从我国市场发育的完善程度看，其中市场发育水平排在前 14 位的省份中沿海地区就占了 12 个，其中广东省的市场化指数居全国之首，为 95.2%，广西的市场化指数仅为 30%左右。对外开放程度，在体制改革之初，完全是由制度因素决定的，随着体

① 《抓住机遇 加快发展 建设富裕文明和谐新广西——中国共产党广西壮族自治区第九次代表大会上的报告》，《广西日报》2006 年 11 月 22 日。

制改革深化，开放度的差异受制度因素的影响在减弱，但广西由于受各种因素影响，经济增长制度环境的差异和影响不可能很快消除，开放度依然较低。

第二，小富即安的小农意识制约着城乡经济发展。所谓小农意识，就是为满足个人或小家的温饱，在狭窄、封闭的有限地域内自耕自作，无约束、无协作、无交换而长期形成的一种思想观念和行为习惯。这种小农思想不仅在一些农民中存在，而且也较普遍地存在于一些市民和职工队伍之中。具体表现为：一是目光短浅、目标低微，以吃饱喝足略有结余为目标，既缺乏吃苦耐劳的精神，也缺乏不进则退的危机感；一些人有了结余就开始琢磨着享受，“烧香修坟包二奶”而不懂得把结余投入再生产；富了之后甚至不思进取，吃喝嫖赌、精神低靡、自以为是。二是缺乏自律、无责任意识。“各人自扫门前雪，休管他人瓦上霜”。小农生产方式是典型的个体行为，没有规章制度，没有约束自律。这样的人常常随心所欲、公私不分、上下不分、内外不分、轻重不分，缺乏共建、共享、共责意识。三是宗派亲族意识强烈。有小农意识的人只相信本地、同姓、同血缘的本家人，拉帮结派、任人唯亲，这种根深蒂固的思想严重地影响着城乡基层民主建设，使基层组织自治流于形式。概而言之，小农思想极不适应城乡经济社会的发展趋势，制约着广西城市与新农村的建设。建设社会主义新农村，是建设富裕文明和谐新广西的一项长期而艰巨的战略任务。据统计，广西壮族自治区人口总数 4713 万，城镇人口 1080 万人，农村人口 3633 万[①]，农村人口近 80%。全区农村有 400 多万富余劳动力，每年还新增 30 万农村劳动力。广西农业发展的状况，极大地制约和影响着整个广西的经济社会发展。因此，建设社会主义新农村，是解决“三农”问题、推进富裕广西建设的重大历史任务。在所有影响农村发展的因素当中，思想意识观念是首要的，没有解决思想观念问题，发展就没有精神动力。广西新农村建设要按照“生产发展、生活宽裕、乡风文明、村容整洁、管理民主”的要求，以富裕农民为中心，以发展现代农业为支撑，以加强公共设施建设为突破口，以提高农民素质为关键，努力实现

① 1999 年广西国民经济和社会发展统计公报，《广西统计年鉴》2000 年。

农村经济有新发展,农民生活水平有新提高,农村面貌有新改善,基层民主政治建设有新加强,和谐农村建设有新成效。

第三,资源消耗型经济发展模式仍占主导地位,制约着工业现代化发展。所谓资源消耗型经济发展模式就是一种由"资源—产品—污染排放"所构成的物质单向流动的粗放型经济模式。在这种经济发展模式中,人们以越来越高的强度把地球上的物质和能源开发出来,在生产加工和消费过程中又把污染和废物大量地排放到环境中去,对资源的利用常常是粗放的和一次性的,通过把资源持续不断地变成废物来实现经济的数量型增长,导致了许多自然资源的短缺与枯竭,并酿成了灾难性环境污染后果。近几年广西经济发展呈较快的增长趋势,经济增长速度已连续5年超过10%,年均增长速度为11.9%。但是,广西经济发展的特点十分明显,企业规模小,普遍存在"小、散、乱"的现象,发展循环经济缺乏规模支撑。仅以制糖业为例,全区就有大大小小的制糖企业100多家,普遍存在着规模小、技术落后、资源消耗高、污染排放量大的特点,对江河水环境造成巨大的环境压力。概而言之,我区面临的环境形势仍然严峻:污染物排放总量居高不下;酸雨污染有所加重;近岸海域水质有所下降;工业结构性污染突出的问题没有根本解决;生态环境形势不容乐观。如不加快调整经济结构,转变消耗高、污染重的粗放型发展模式,不仅将使经济增长付出资源、环境的过大代价,而且有可能导致资源支撑不住,环境容纳不下,社会承受不起,经济发展难以为继的后果。

第四,投资环境有待进一步优化。投资环境分为硬环境和软环境。目前,广西对外开放的硬环境仍需进一步改善,存在的主要问题就是设施不够完善,网络构建需进一步加强,体系有待进一步健全,建设力度有待进一步加大,发展基础有待进一步夯实,发展后劲有待进一步增强,发展承载力有待进一步提高。突出问题就是大通道仍不畅通,主要表现在:南宁、北海机场通不了特大型飞机,通往国外的航班太少;港口通不了20万吨的大轮船;与越南和邻省不通高速公路,特别是与最繁忙的广州不通高速公路;地方铁路收费过高,铁路交通的格局仍处于全国路网"末梢"的窘境。可喜的是,2006年11月,广西与铁道部签下了一个足以改写广西铁路历史的协议——《关于加快推进广西铁路建设的会谈纪要》，未来5年内，广西新建和改造铁路里程将达2500公里左右，总投资超过1000亿元。5年之后，这些项目建成，广西境内将基本形成“三纵三横”的发达铁路网格局，铁路运输能力和运输质量将得到全面提高，实现西南、西北、华北、东南沿海地区的交通快捷运输，从而使广西铁路摆脱长期处于全国路网“末梢”的窘境，变成区域性铁路枢纽。同时，围绕发挥西南出海大通道重要作用、加快建设连接东盟的国际大通道和扎实推进泛珠三角区域合作的总体发展目标，公路建设、沿海港口建设、内河航运建设、民航建设都在进行之中，综合交通规模正在扩大，设施等级、网络密度和通达深度正在提高，各种运输方式正实现有效衔接。

投资软环境亟待改善。投资软环境的优劣问题，已成为广西能否继续保持利用外资和对外开放优势的决定性因素。但从整体情况看，目前投资软环境还存在一些问题。一是政策环境缺乏透明度，稳定性不够。许多外企反映，对国家、省区政策法规特别是新出台的政策法规不了解或无从了解，一些新政策的实施缺乏过渡期和连续性，给企业做年度预算和正常经营带来诸多麻烦。二是现行审批体制不适应形势需要。随着外企的发展，外商增资项目越来越多。在一些外企，超过一定资金数额的项目增资，无论增资金额大小，都要层层报批，手续烦琐且审批时间长，影响了外方增资的积极性。另外，现行审批程序中前置审批条件也渐多，外企往往要为此付出相当的人力和成本。三是仍存在“重招商轻管理、重签约轻落实、重承诺轻兑现、重宣传轻服务”现象。四是对外企随便实行“国民待遇”。有的部门由于对国民待遇认识模糊，用对内资企业(以国企为主)的管理办法来管理外资企业，要求外企遵守各部门自行制定的规定和收费，否则就施行强制性罚款。随着各国引资竞争日趋激烈，新一轮国际产业转移加快，国际资本流动出现了一些新特点。如果我们不能发挥比较优势，进一步加强投资环境尤其是软环境建设，就有可能丧失机遇。保持吸收外资的竞争力，关键是为外商投资营造好的政策环境、行政环境、市场环境和体制环境，尽力给外商提供一个“愿意来、留得住”而又各具独特性的软环境。因此，要切实解决人们的思想认识问题、对待外商的态度问题、办事程序问题，严格按国际商务惯例办事，把外商的投诉减少到最低程度，以增强外商投资广西的信心。

第五，民营经济发展缓慢，在GDP中所占比重太少。广西民营经济低于全国水平，在国民经济中所占的比重偏低，其产值比重低于全国平均数约10个百分点，尤其是与浙江、江苏等地相比，明显处于落后状态。民营经济被称为"草根经济"，曾经无人管，少人问，但随着改革开放的深入，民营经济在我国经济增长中的重要促进作用已经为人们所共睹，并将越来越受到重视。改革开放的成绩已经证实：哪个省区民营经济发展得快，哪个省区的综合经济实力提升就快。近几年，尽管广西民营经济以较快的速度增长，为广西经济社会发展作出了重要贡献，但依然存在着不足之处，主要表现为：一是占工业企业总产值比重仍较低。据统计，在1999年至2005年的7年时间内，广西民营经济的产值分别为174.86亿元、224.35亿元、263.25亿元、231.38亿元、330.32亿元、512.37亿元、746.23亿元，占工业总产值的比例分别为19.19%、22.36%、24.85%、19.60%、23.00%、25.30%、29.30%。[①] 与此相比，国有工业、外资工业在广西经济中的比例偏高。二是与发达省区相比仍非常落后。广西民营经济为广西经济社会发展作出了重大贡献，但与全国平均水平和沿海发达省份相比仍存在一段差距。以2004年为例，在规模以上工业企业的工业总产值中，广西民营经济所占份额比全国平均水平低8%，仅为沿海发达省份江苏省所占份额的一半多。另据计算，广西规模以上工业企业民营经济在2000—2004年5年间工业产值贡献率为30.92%，比全国平均水平低7.7个百分点。目前，我国经济发展增速最快的浙江、广东、福建，其民营成分占整个工业产值分别为90%、80%、85%。这一差距显示了广西民营经济还有很大的发展潜力，有待挖掘。一般来说，某地区非国有经济份额越高，表明其受集中计划体制的影响的范围越小，经济的市场化程度也就越高。目前，东部沿海地区的国有企业份额已降至33%以下，而中部地区的比重为52.5%，广西仍高达70%。造成这种状况的主要原因有：思想解放得不够，对民营企业仍存在一些偏

① 广西壮族自治区统计局：《广西统计年鉴——2006》，中国统计出版社2006年。

见和误区；政策措施落实不到位；资金不足、基础设施薄弱、信息滞后、科技人才缺乏，故难上规模和档次，市场竞争力不强。

第六，基础教育薄弱，智力投资不足。广西由于受地理区位影响，社会文化特征长期处于一种较为封闭状态，教育文化、科学技术水平落后，很难及时和轻易接受外界的新生事物和信息。作为西部地区的一个省区，与全国相比，广西的教育水平仍然处于全国相对落后的状况：全国“普九”人口覆盖率达91%，广西仅为71.8%，低于全国平均水平19.2个百分点；全国人均受教育年限为8年，而我区仅有6.7年；受过或正在接受小学、初中、高中(含中专)、大学专科以上文化教育人口的比例分别为35.4%、39.8%、12.4%、5.2%；全区青壮年文盲总数仍然较大，为21.53万人，主要集中在贫困地区和民族地区。是什么原因造成了这种严重的教育落后状况呢？主要原因是贫困。西部地区有372个县8300多万人口尚未实现“普九”，其中我区就占41个县1360万人，分别占11.0%和16.39%。在41个县中有26个县是国家级贫困县，占63.41%，有12个县是区级贫困县，占29.27%；这些贫困县中有11个县是瑶、苗、侗、仫佬、毛南族等民族自治县，其他绝大部分是壮族居住县。全区216万户贫困户800万贫困人口大多数集中在这里。这些县约有贫困生40万人，初中毛入学率最低的县仅为61.32%，比国家95%的“普九”标准低33.68个百分点，而每年有4万初中生因受生活困扰而辍学，辍学率高达6.47%，比国家3%的标准高一倍多。崇左市有226万人口，农村人口达192万人，其中少数民族人口比重达89%，是典型的老、少、边、山、穷地区，全市“普九”人口覆盖率仅为37.4%，比自治区平均数还低34.4个百分点。这样大面积和深程度的贫困，给广西普及义务教育和扫除青壮年文盲带来很大困难，成为“两基”攻坚最难啃的硬骨头。[①] 加快我区发展，基础在教育，关键在人才。如何围绕经济社会发展推进教育事业，全面实施素质教育，优化教育结构，统筹发展各级各类教育，促进教育公平，加大教育投入，保证财政性教育经费增长幅度明显高于财政经常性收入增长幅度，动员全社会支持教育，努力解决“上学难、上学贵”等问题，依

① 以上数据资料来源于：《广西日报》，2004年9月3日第1版。

然任重而道远。

综上所述，广西经济社会发展存在的种种困难，正是由于对旧体制、旧环境、旧思想、旧方式存在着强大的“路径依赖”，并为之所制约。对广西经济发展的制度分析表明，“路径依赖”产生惰性，使发展缺乏创新、丧失活力。广西要实现新发展、新跨越，关键是要克服如上存在的种种困难，突破对旧传统、旧制度的“路径依赖”，整合各种资源、激发创新活力。

三、破解发展难题，敢于制度创新

活力与创新如影随形，创新是推动事业发展的不竭动力。观望等待，裹足不前、安于平庸，只能错失良机；迎难而上，敢闯敢试，才能创出一片新天地。要破解广西发展面临的难题，一要解放思想，二要制度创新。

首先，解放思想是制度创新的前提和基础。思想对实践有着巨大的指导作用，广西经济社会发展的实践要实现与时俱进、开拓进取，就必须以思想解放为先导，实现制度创新。

其次，制度创新是解放思想的落实和体现。解放思想不是空谈，关键在于制度创新。解放思想必须去做，必须体现在制度改革上，能够增加我们人民群众的实际利益，解决我们面临的实际问题。制度创新是广西思想解放的突破口和重要条件。

解放思想和制度创新的统一目标就是为了实现广西全区更好更快地发展。深化改革，继续解放思想和不断创新制度，发展才会有持续不断的动力。

1. 解放思想

所谓解放思想就是打破习惯势力和主观偏见的束缚，研究新情况，解决新问题，使思想和实际相符合，使主观和客观相符合。作为一种思维方式，解放思想就是从主观主义、形而上学的思维方式中解放出来。深入贯彻落实科学发展观，最重要的是要高度警惕和防止形而上学思维方式的干扰，要自觉把我们的思想从形而上学思维方式的束缚中解放出来。

广西从改革开放前与广东经济总量的两倍差距到当前的六倍差距，其根本原因就是思想守旧、缺乏开拓进取精神。思想是行动的先导，思想的落后必然导致发展的落后的状况。广西长期处于贫穷落后，就是求稳思想严重，怕出差错，改革创新精神不够，没有敢闯敢干的精神，不敢为天下先。

首先，解放思想最重要的是顺应时代，结合实际，实事求是。所谓顺应时代，就是要有忧患意识、危机感和紧迫感，敢于突破、敢闯敢干。顺应时代的同时，还要结合广西发展的实际，实事求是。实事求是，就要求立足于广西发展的基础、立足于广西发展的条件、立足于广西发展的机遇，以寻找广西更好更快发展的路径。中国有自己的国情，政策和相关法律法规的制定均建立在普遍性的基础上，因此贯彻落实这些方针政策，要结合广西的实际，要解放思想，敢于开拓，研究矛盾的特殊性，因地制宜，大胆改革、大胆创新。

其次，解放思想要树立正确的发展观念。解放思想不是政治做秀，而是要树立正确的发展观念，使之成为指导经济建设的强大思想保证；也不是老调重弹，而是要联系当前广西开放开发的实际，与时俱进地分析问题、解决问题；更不是人云亦云，而是要认清区情、摸透规律、开拓创新，助推各项改革进步。

再次，解放思想还要眼光远大，抓住机遇。眼光远大就是要求站在新的历史起点的高度去看问题、分析问题、解决问题。一是要处理好务虚与务实的关系，要把解放思想和科学发展的理论与经济建设的实践结合起来；二是要解决好“破”与“立”的问题，要解决打破什么样的条条框框，确立什么思想、制度的问题。抓住机遇，就是要把握当前广西发展的良好局面，乘风破浪，长足进取。广西的经济和社会发展正处在一个最好的时期，经济社会从内部到外部，从地区到国际都处于一个优势相对集中的时候，呈现出比较宽广的发展空间状态，我们应该倍加珍惜。

2．**制度创新**

破解广西发展难题，还要依靠制度创新。制度创新主要解决体制和规范问题。

按照制度经济学的原理,所谓制度创新,是指通过制度安排的积极变动和替换,使资源得到更合理的配置。一般而言,人们把促进发展、增加收益的制度变革称为制度创新,它除包括法律法规、政策等正式的制度设立之外,还包括大量非正式制度,如道德信念、认知水平的规范等。

制度创新何以能够实现广西经济社会的发展进步呢?

其一,突破旧制度的强大"路径依赖"需要依靠制度创新解决。我国改革模式是由点到面、由局部到整体的渐进改革模式,这种改革是诱致性制度变迁与强制性制度变迁的综合体。对于作为改革试点的东部地区而言,得益于中央政策的支持,制度创新一直处于领先地位,然后作为一种经验向其他的中西部地区推广。由于中西部地区的传统计划经济体制的历史沉淀相对较深,对旧制度强大的"路径依赖"必然会使现有制度的所得利益者力图阻碍制度变迁,从而增加与新制度的摩擦,建立新制度的实施成本必然提高。广西作为发展相对滞后的西部地区,正是处于强制性制度变迁强于诱致性制度变迁的状况,墨守成规、不敢为天下先。而随着经济全球化、区域经济竞争加剧的发展态势,固守旧制度、旧成规已然不能保障经济社会的可持续发展了,对旧体制的变革就成为增强经济活力的唯一选择。

其二,制度创新有力地促进市场化和开放程度提高。市场化与开放程度,反映了经济增长制度环境的变化。要缩小和消除区域经济增长差异,加快广西发展,可供选择的路径必然是加快改革与制度创新的步伐,要以提高广西利用市场的机会和发展的能力为目标,扩大对外开放的层次和水平,大力发展非国有经济;建立和完善劳动力、资本、技术等要素市场,深化广西农产品价格和流通体制改革,促进地区间专业化程度,使广西的比较优势发挥出来。

其三,制度创新将进一步促进法律、法规的完善,保持政策的连贯性和鲜活性,优化开放合作环境。区域发展的法制化,将使地区发展更具规范性,也使相关政策具有更强的体制性协调功能。只有在法律法规和政策的保障之下,才能尽快搭建好对外合作平台,增强吸引力,深化商界合作,促进相互贸易和投资。深化涉外经济体制改革,建立健全外经贸发展的促进和服务体系。加强以行政效能建设为主要内容的软环境建设,才能提高政府的公信力和服务水平。广西的发展,也需要区域政策的立法化,借此保障经济社会的发展走上正轨,实现科学发展。

其四,制度创新将加快非正式制度变迁的步伐。非正式制度因素的落后也需要依靠制度创新加以解决。人们对于非正式制度因素(科教文化、思想观念、道德水平、开放意识等)对经济社会发展的重要作用已经取得共识。非正式制度安排也会极大地影响区域经济的增长速度。与东部沿海的经济发达地区相比,广西科技文化水平落后,法制观念、开放意识较不强,市场经济意识较为薄弱。历史和现实已经证明:外生的制度因素作为影响经济增长的非传统因素可以在很大程度上造成经济增长的区域差异,这迫切需要制度创新来协调区域经济增长、缩小差距。广西地区的教育文化、科学技术水平的提升,开放的劳动力流动机制的建立,信息工程建设的加强,是加快非正式制度变迁的重要手段,也是提高制度变迁中正式规则与非正式规则相容性的重要途径。

其五,制度创新将激发经济发展的内在活力,构建创新机制。"创新理论"最早是由美籍奥地利经济学家约瑟夫·熊彼特在1912年提出的。如今,"创新"已成为全球范围内的一个热门话题。20世纪初期,约瑟夫·熊彼特把"创新"作为其"经济发展理论"的核心,认为"经济发展的根本现象"是创新。[①] 熊彼特指出经济创新过程是改变经济结构的"创造性破坏过程"。经济创新不断地从内部使这个经济结构革命化,不断地破坏旧结构,不断地创造新结构。创新也就是竞争,但有价值的竞争不是打击对手,而是新商品、新技术、新供应来源、新组合形式的竞争。"创新机制",是企业革新管理的手段。广西经济社会发展的对外开放蓝图已经绘制,关键是以何种力量去推动,创新机制就是活力之源。对于广西而言,创新机制就要紧跟发展步伐,创新思维,开拓思路,强化管理,完善运行机制、管理机制、用人机制、激励机制、创新机制、文化机制,创造人才充分施展才能的舞台和快速成长的环境。好的机制,凝聚高尖端人

① [美]约瑟夫·熊彼特:《经济发展理论》,何畏、易家详等译,商务印书馆1990年版。

才，发挥人才的作用，焕发组织的生机和活力。相反，如果没有先进的机制，组织就犹如一潭死水，黯然失色。随着时代的飞速发展，谁抢先创新机制，谁就赢得发展主动权。

制度是影响经济发展的最重要的因素。要使制度把促进社会技术和其他生产要素创新，与充分调动和发挥各个经济主体的积极性和创造力统一起来，那么，这个制度就必须是激励相容的。也就是说，各个经济主体按照制度所提供的信息，在自利的内在激励下所作出的决策对于他们每一方来说都是最有利的，从而对整个社会经济的发展也是最有利的，即实现了纳什均衡。社会的制度不是一成不变的，而是处于不断发展演变之中，理想的制度形态即是实现纳什均衡，从而保障各经济主体及整个经济体系的创新潜能被充分释放出来。能有效激励创新的制度是广西发展的必然选择，而如何激励创新的制度是一个艰难的探索过程。

广西经济社会发展的制度创新要取得实效，必须确立四个基本的观念：

一是资源组合观念。为了实现发展，经济资源必须组织在一起，分散的、处于自然状态的资源，只是提供了一种发展的可能。如广西全区农村人口近 80%，全区农村有 400 多万富余劳动力，同时每年还新增 30 万农村劳动力；再如，银行中也有大量居民储蓄，应该说经济发展的主要条件是具备的，但这却不一定必然带来发展。如何有效组织乡村存在的大量过剩劳动力投入经济生产过程，如何使银行的储蓄找到有利可图的投资渠道，这是资源组合的重要问题。如果闲置劳动力找不到合适的就业岗位，这些闲置的资本和劳动力仍然存在于生产体系之外，经济仍然可能停滞。只有当生产要素被有机地组织起来，潜在的生产力才可能变成现实的生产力。

二是变革创新观念。生产过程中的变革创新强调的是资源、生产劳动力的有机组合。如果资本和劳动力实现了组合，但只是原有水平的低效率生产组合，进行的是低水平的重复建设、重复生产，那么带来的不是经济增长，而很可能是（结构性的）生产过剩。广西经济腾飞，应着力于实现生产条件和生产要素的新组合，着力于新生产要素的投入，着力于激发新的经济增长点。

三是效益优先的观念。有效益的增长才是真正的增长。如果组合在一个经济体中的生产要素不能被有效使用，实现的是没有经济效益的组合，虽然会生产出产品，但也不会促进经济发展。

四是综合创新的观念。制度创新可分为制度结构创新和制度安排创新，前者是指一个社会基本的资源配置方式的变革，后者是指某一具体的交易方式的变革。当一个社会基本制度比较成熟，能增进社会福利时，其创新基本是制度安排的创新；当一个社会处于变革之中，基本制度不稳定时，就会发生制度结构的创新。经济社会发展的现实表明，广西的制度创新不像广东等沿海城市，制度结构的创新已经不是主要的领域，更多的是要注重制度安排的创新。对于广西而言，制度结构创新和制度安排创新应该是同样重要的，但随着改革创新的深入，制度结构创新应该让位于制度安排创新。现阶段，广西制度结构创新是全局性的创新，能从根本上决定制度安排创新的方向和进程，是适应发展、抓住机遇的重要体现；而制度安排创新也将适应经济社会的变革而逐渐积累和完善。

制度是影响经济发展的根本因素，有效的制度通过激励促进经济发展。制度创新将给广西经济发展带来持续不断的活力。

3．拓宽发展路径

拓宽发展路径，要正确处理国有、外资、民营经济发展的关系，大力扶持民营经济的发展。广西经济发展要改变思路，充分认识到以小企业特别是民营企业集群战略替代“支柱产业”战略是我区经济发展的重要选择。传统的“支柱产业”政策容易导致区域间重复建设，不利于区域经济的协调发展，而且在区域冲突中，经济欠发达地区容易陷入经济发展的边缘地位。因此，注重培育小企业集群，大力发展民营经济，有效整合区域资源，这是欠发达区域经济发展的必然选择。

资料统计（如下表）表明，广西经济发展中国有、外资、民营经济发展关系的处理有待进一步加强。

2000—2005 年不同经济类型工业经济对

广西工业增长的贡献率(单位%)①

年份	国有	外资	民营
2000	29.9	16.45	53.65
2001	−28.2	58.73	69.46
2002	49.55	76.71	−26.27
2003	34.88	26.45	38.67
2004	51.19	17.9	30.91
2005	24.41	30.78	44.82
2000—2005	36.06	29.02	34.92

以上统计显示:2000—2005 年的 6 年间,广西民营经济工业企业有 4 年对广西工业的增长的贡献率大于国有经济,有 5 年大于外资经济。广西国有经济工业总产值份额由 1999 年的 69.90%下降到 2005 年的 48.16%,共减少 21.74%份额,平均每年减少 3.62%份额;外资经济工业总产值份额由 10.91%增加到 22.54%;民营经济工业总产值份额由 19.19%上升为 29.30%,5 年共增长 10.11%份额,年均增加 1.69%份额。尤其值得一提的是,2003 年后,广西规模以上民营经济工业又开始了新一轮超高速增长,2003—2005 年规模以上民营工业增速高达 42.76%、55.11%和 45.64%。2000—2005 年 6 年间的发展足以证明,不管从经济增长的贡献率,还是从资产盈利或资产利用率,抑或从就业贡献率来看,民营经济正逐渐成为广西工业增长的主要力量,成为广西吸纳劳动力的主要经济力量,为广西社会的安定团结发挥了巨大的作用。

如何在正确处理国有、外资、民营经济发展关系的基础上,大力发展民营经济,这是发展广西经济的主要致富路径。我国民营经济发展较快的发达地区有一条共同经验,就是政府为民营经济创造宽松的发展环境、积极热情地搞好服务。因此,广西要把民营经济作为主要的经济增长点,各级政府的重要职责是改善环境、搞好服务。

① 广西壮族自治区统计局:《广西统计年鉴——2006》,中国统计出版社 2006 年。

首先，改善民营经济发展环境是加快广西民营经济发展的关键。它包括政策环境、融资环境、法律环境的改善。比如，目前广西在市场准入和收费等方面的政策还存在不少问题；民营企业主体的中小企业缺少正规的融资渠道，只能用自有资金和高利率从民间渠道拆借的资金投资，高成本的资金来源制约了企业经济发展的规模；用法律维护民营投资者权益等问题没有相应完善的法律支撑或法律执行（如信息、技术失窃）来解决。

其次，搞好服务是加快广西民营经济发展的中心环节。建立服务型政府是政府机构改革的最终目标。要结合政府机构改革和职能转变，加快民营经济投资服务的建设，如信息、技术、管理、培训等方面的服务。

再次，我区的民营企业可以利用中国—东盟自由贸易区、泛北部湾经济区的建立所提供的机会，发展外向型经济，促使小企业与国际大市场对接，提升民营企业的市场竞争力。各级政府要鼓励民营经济大力发展劳动密集型产业，大力发展第三产业，提升民营企业的吸引力。

第二节　以人为本，“四位一体”整体推进

2003年10月中共十六届三中全会提出了科学发展观，并把它的基本内涵概括为“坚持以人为本，树立全面、协调、可持续的发展观，促进经济社会和人的全面发展”，坚持“统筹城乡发展、统筹区域发展、统筹经济社会发展、统筹人与自然和谐发展、统筹国内发展和对外开放的要求”。党的十七大报告提出：“科学发展观，第一要义是发展，核心是以人为本，基本要求是全面协调可持续，根本方法是统筹兼顾”。对于广西而言，以人为本，“四位一体”整体推进，实现全面协调的发展，是贯彻科学发展观的具体体现。

一、科学发展的核心：以人为本

科学的发展观强调科技、人口、资源、环境的协调一致，强调经济增长、科技进步、生活改善、人文提升的系统发展，这种发展观是符合科学精神、尊重自然规律、关切人类幸福的思维方式。科学发展观的目的就是实现经济、社会和人的全面发展。

科学发展观之“科学性” 表现在全面协调可持续特征上。全面协调可持续作为一个互相联系、互相制约、互相促进的有机整体，抓住了发展的内在规律，体现了社会主义物质文明、政治文明、精神文明和社会建设的统一，体现了经济社会发展与人口、资源、环境的统一，体现了过去发展、现在发展和未来发展的统一，这是科学发展观的基本要求。

坚持以人为本，这是科学发展观的核心。“历史不过是追求着自己目的的人的活动而已。”①发展必定以人为目的。如何理解以人为本的核心地位呢?

首先，从历史唯物主义的角度而言，人是社会的主体，人的发展是社会发展的根本。以人为本的科学发展观，突出了人民群众在社会发展进程中的主体地位和决定性作用。人民群众是社会的主体，是历史发展的创造者。唯物史观认为，社会的发展是人类实践活动的结果，人既是社会存在和发展的前提，又是社会发展的目的。社会发展的程度最终是通过人的发展程度来衡量的。正因为如此，马克思将“每个人的全面而自由的发展”作为未来新社会的基本特征，指出共产主义社会是“一个以各个人自由发展为一切人自由发展的条件的联合体”②。

其次，以人为本，就要把人看做是一切事物的前提和最终目的。为此，就必须从对人以外的世界的关注转到对人本身的关注，把人的意识、人的观念和人的维度作为我们分析、思考和解决问题的出发点、落脚点，把促进人的全面发展作为我们必须牢固确立的发展观念。以人为本，就

① 《马克思恩格斯全集》第 2 卷，人民出版社 1957 年版，第 118—119 页。

② 《马克思恩格斯全集》第 4 卷，人民出版社 1958 年版，第 491 页。

是要以实现人的全面发展为目标。因此,经济社会的发展必须把人民群众的利益作为一切工作的出发点和落脚点。

再次,以人为本,就必须把发展的成果惠及人民。为此,必须从人民群众的根本利益出发谋发展、促发展,不断满足人民群众日益增长的物质文化多方面的需要,切实保障人民群众的经济、政治和文化权益,让发展的成果惠及全体人民,从而促进人的全面发展。我们发展生产力、搞经济建设,是为了不断满足广大人民群众日益增长的物质需要;我们繁荣和发展先进文化,是为了不断满足人民群众日益增长的精神需要。所以,要始终坚持用人民拥护不拥护、赞成不赞成、高兴不高兴、答应不答应来作为衡量我们一切工作的标准,始终坚持用是否顺民心、谋民利、得民心作为衡量我们一切工作的标准。

近年来,广西建设和谐社会取得了丰硕成果,人民生活显著改善,社会事业全面发展。例如,城乡居民最低生活保障制度初步建立,两基攻坚任务提前一年完成,南宁市荣获联合国人居环境奖,《广西北部湾经济区发展规划》获得国家批准……同时,我们也清醒地看到,广西的发展速度明显落后于发达地区,建设富裕文明和谐新广西任重而道远。为了使全区人民迅速摆脱物质、文化生活的落后面貌,更大限度地享受改革开放带来的成果,我们必须加大发展力度,科学发展。坚定不移地贯彻科学发展观,是广西发展的必然选择和出路所在。

其一,广西经济发展仍存在诸多问题,需要在科学发展观的指导下加以解决。存在的问题主要表现为:广西国内贸易逆差较大,广西与国内其他省份的贸易处于逆差状态,这导致了区内的就业职位减少,产品和服务质量的供给也无法适应国内贸易需求,严重制约了广西经济持续、快速增长;广西城乡“二元经济”格局严重制约农村的发展,城乡产业的相对隔离,城镇工商业对农村“反哺”不力,财政分配仍然偏重于城市,都在不同程度上制约着农村经济发展,制约着农村居民的就业和劳动力转移;大量剩余劳动力尤其是农村剩余劳动力的供给呈较强的刚性,从业劳动力增长慢于劳动力资源的增长,使得劳动力需求显得相对疲软,这不仅造成劳动力的浪费,而且制约着农民收入的增长,从而影响广西经济增长的步伐。人类社会的发展规律告诉我们，经济发展是社会发展和人的发展的基础，因此，树立和落实科学发展观，必须始终坚持以经济建设为中心，聚精会神搞建设，一心一意谋发展。只有切实贯彻科学发展观，协调发展，才能使广西区生产力的提高保持持续动力。

其二，广西社会发展明显滞后于经济发展，需要在科学发展观的指导下加以调整。科学发展观的一个重要衡量指标就是发展度，发展度强调了生产力提高和社会进步的动力特征，即判别一个国家或区域是否在真正地发展，是否在健康地发展，是否在理性地发展，以及是否在保证生活质量和生存空间的前提下不断地发展。2000—2004 年间广西社会发展总指数年均增长速度为 5.45%，比广西人均 GDP 年均增长速度低 3.94 个百分点，比广西 GDP 总量年均增长速度低 4.72 个百分点。① 另一方面，广西社会发展存在区域之间和城乡之间的双重不平衡，南宁、柳州、桂林、北海、防城港等五个市的社会发展水平较高，而河池、百色等两个市的社会发展水平较低。2006 年，广西城镇居民人均可支配收入为 9898.8 元，农民人均纯收入为 2770.5 元，城镇居民人均可支配收入是农民的 3.57 倍。② 广西区的发展度不尽如人意，需要贯彻科学发展观加以调整和提高。

其三，城市发展问题不少，需要在科学发展观的指导下大力促进。广西城镇化总体水平偏低，2006 年，广西的城镇化率为 34.6%，比全国城镇化率 43.9%低 9.3 个百分点。③ 同时，还存在着地区间城镇化发展的程度差异巨大的状况。因此，广西必须促进城镇快速健康发展，加强城镇规划编制和实施管理工作。

其四，农村发展严重滞后，需要在科学发展观的指导下加以改善。广西农村发展滞后的主要原因是广西农业机械化耕作水平低，基础设施薄弱，农民收入过低，农村基层民主建设有待加强。科学发展观的一个重要表征就是发展的公平性：一个国家或地区的“共同富裕”程度及其对

① 国家统计局国民经济综合统计司：《新中国五十五年统计资料汇编》，中国统计出版社 2005 年。

② 广西壮族自治区统计局：《2007 年广西壮族自治区国民经济和社会发展统计公报》，2007 年。

③ 广西壮族自治区统计局：《2007 年广西壮族自治区国民经济和社会发展统计公报》，2007 年。

于贫富差异和城乡差异的克服程度，构成了国家或地区判断“发展”的公平表征。如果城乡的差距越拉越大，这样的发展必然不是科学的发展，因此广西农村发展要在科学发展上下功夫，加强科学技术的渗透和现代化改进。

基于发展中存在的种种问题和困难，我们必须始终坚持从实际出发，与时俱进，开拓创新，走出一条既贯彻中央精神又符合广西区情的发展路子；必须始终坚持突出人民群众的主体地位，切实关心民生、凝聚民心，尊重民意、集中民智，珍惜民力、实现民富，形成加快发展的深厚群众基础；必须始终坚持加强党的建设，以提高党的执政能力，从而推动富民兴桂的伟大事业。

二、“四位一体”，整体推进

中国共产党广西壮族自治区第九次代表大会上的报告《抓住机遇 加快发展 建设富裕文明和谐新广西》中指出：[①]建设富裕文明和谐新广西，是我区全面贯彻科学发展观，落实构建社会主义和谐社会重大战略任务的具体体现。胡锦涛总书记对广西工作作出的重要指示，明确要求广西要从事关人民福祉、边疆稳定、民族团结的战略高度，把发展放在第一位，坚持科学发展，发挥沿海优势，扩大对外开放，加强和谐社会建设，不断提高人民群众的生活水平。要顺利实现这个目标，我们必须集中力量，深入实施富裕广西、文化广西、生态广西、平安广西建设等决策部署，努力形成经济建设、政治建设、文化建设和社会建设统筹推进的良好局面。

2005 年 8 月，广西区党委创造性地提出了一个远景发展战略——建设富裕广西、文化广西、生态广西和平安广西，从而构建和谐广西。广西各界人士已经取得共识：落实贯彻科学发展观，“四位一体”，整体推进，实现广西更好更快的发展。

① 《广西壮族自治区国民经济和社会发展第十一个五年(2006－2010 年)规划纲要》，《广西日报》，2006 年 1 月 16 日，广西壮族自治区第十届人民代表大会第四次会议通过。

1. 建设富裕广西

建设富裕广西，换而言之，就是要实现富民兴桂。富民，就是要在经济发展和社会进步的基础上，不断提高全区各族人民的物质文化生活水平，使人民群众获得切实的经济、政治、文化利益，实现从小康到富裕的历史性跨越。兴桂，就是要依靠科技，坚持改革开放，加快推进工业化城镇化进程，大力发展社会生产力，不断壮大综合经济实力，实现从后发展地区到社会主义现代化省区的历史性跨越。

(1)建设富裕广西，首先需要优化调整经济结构，壮大经济总量。广西"十一五"时期经济社会发展的主要目标是：生产总值年平均增长10%左右，2010年人均生产总值比2000年翻一番以上，经济增长速度高于全国水平；财政收入年平均增长14%左右，全社会固定资产投资年平均增长16%左右。要实现经济结构调整优化，力争在"十一五"期末工业增加值占生产总值的比重提高到39%，研究与开发经费支出占生产总值的比重提高到1.2%，城镇化率达到40%，非公有制经济占全区经济总量的比重有较大幅度提高，资源利用效率明显提高，期末万元生产总值能源消耗降低10%，万元工业增加值用水量降低36%，农业灌溉用水有效利用系数提高到0.45，工业固体废物综合利用率达到70%。县域经济加快发展。期末县域单位平均生产总值30亿元以上，其中10个以上县域单位超过80亿元，工业增加值占县域生产总值的比重提高到30%以上，大多数县(市)财政保障水平进一步提高，同时使经济社会建设取得明显成效。

(2)建设富裕广西，加快推进工业化，是实现跨越式发展的关键。总体目标是：坚持走新型工业化道路，以信息化带动工业化，大力发展资源型工业和现代制造业，拉长产业链，形成产业集群，促进结构优化升级。加快经济发展是建设富裕广西的物质条件，而工业实现跨越式发展是经济加快发展的最有力支撑。据测算，今后15年，全国大概只要年均增长6.8%左右就可以实现2020年人均GDP3000美元，而广西要每年9%以上才能到2020年实现这个目标。换句话说，如果广西没有每年10%以上的速度，就会与全国的发展水平以及外省的发展水平拉大差距，就不能与全国同步实现全面建设小康社会。推进工业化发展，一是加大投资，努力培育形成一批具有区域、全国乃至国际影响力的产业、企业、产品。“十一五”工业要加快发展，首先要在投资和项目上取得重大突破，要实施一批投资上10亿、上50亿、上100亿的重大工业项目，争取“十一五”工业投资规模超过5000亿元，比“十五”翻1.5番以上。二是要充分调动各类企业主体的积极性。广西的企业95%是中小企业，量大面广，从经济类型而言，国有、民营、外资企业都要大力发展，特别是民营企业；从产业类型而言，传统产业要尽快做大做强，新兴产业要加快培育发展；从企业来源上，既要增强区内企业自我发展能力，更重要的是要大力借助外力和外资来加快发展。

(3)建设富裕广西，必须加快建设社会主义新农村步伐。解决“三农”问题是推进富裕广西建设的重大历史任务。按照“生产发展、生活宽裕、乡风文明、村容整洁、管理民主”的要求，把发展农村生产力作为首要任务，规划起步，试点示范，扎实稳步推进新农村建设。加大各级政府对农业和农村增加投入的力度，扩大公共财政覆盖农村的范围，逐步建立以工促农、以城带乡的长效机制。通过农民辛勤劳动和政策支持，明显改善农村的生产生活条件和整体面貌。新农村建设的重点是加快推进农业产业化，巩固和加强农业基础地位，大力发展高产、优质、高效、生态、安全农业，推进现代农业建设。努力把广西建设成为全国重要的甘蔗、优质稻、水果、水产、秋冬菜、桑蚕茧、速丰林、中药材、木薯、花卉、松香、食用菌、香精香料、山茶油、剑麻、烟叶生产和加工基地。

(4)建设富裕广西，必须加快发展服务业。坚持市场化、产业化和社会化方向，深化改革、扩大开放、拓宽领域、优化结构、规范市场，提高服务业现代化水平。其中，大力发展旅游业是重点。按照统筹规划、整合资源、培育品牌、建设精品、形成网络的要求，围绕自然生态、滨海休闲、边关览胜、民族风情、历史文化和红色旅游等特色旅游资源，加快景区景点建设，丰富旅游产品；不断丰富旅游产品文化内涵，开发特色旅游商品，构建特色旅游产品体系；拓展以东盟、日韩、欧美等国和我国港澳台地区为重点的境外旅游市场，加强与国际旅游组织的合作，促进旅游国际化；把旅游业尽快培育成为重要支柱产业和对外开放形象产业。

(5)建设富裕广西，必须加快推进城镇化建设。充分发挥城乡规划的综合指导作用，按照循序渐进、节约土地、集约发展、合理布局的要求，突出发展大中城市，集约发展县城和小城镇，培育形成城市群和城镇带，走符合区情的大中小城市和小城镇协调发展的道路，促进城市和谐发展和可持续发展。一方面，中心城市要进一步增强综合竞争力，不断提高辐射带动能力。另一方面，大力发展城镇群带，如依托沿海高速公路和铁路路网，形成以南宁市为核心的南北钦防沿海城市群；依托交通枢纽和工业重镇地位，形成以柳州市为中心的桂中城镇群；依托湘桂铁路和高速公路，形成以桂林市为中心的桂北城镇群；依托西江水道、高速公路和洛湛、黎湛铁路，形成以梧州、玉林、贵港市为中心的桂东南城镇群；依托黔桂、南昆铁路和桂梧、南友高速公路，形成以河池、宜州为轴心的黔桂走廊城镇带，以百色、平果为轴心的右江走廊城镇带，以贺州、钟山、富川为轴心的桂东北城镇带，以崇左、凭祥、宁明为轴心的桂西南城镇带。

(6)建设富裕广西，必须积极促进区域协调发展。重点是完善区域经济发展机制，统筹区域经济发展，鼓励和引导桂中、桂北、桂东、桂西经济区，充分挖掘潜力和发挥优势，进一步发展主导产业和特色经济；同时要大力发展县域个体、私营等非公有制经济，落实政策，激活内力，营造全民创业的良好环境，壮大县域经济主体。

2. 建设文化广西

党的十七大报告首次把文化作为“国家软实力”提出，并指出“文化越来越成为民族凝聚力和创造力的重要源泉，越来越成为综合国力竞争的重要因素”。文化资源对区域经济增长的过程和方式的影响越来越深刻，特别对于西部民族地区的经济社会发展的作用越来越受到重视。广西是西部少数民族的聚居地，随着东盟经济圈和泛北部湾经济发展圈的建立，广西正积极开展对外文化交流、打造民族文化与东盟各国文化交流的国际平台，经济活力得到增强，区域影响力得到积极拓展。在此背景下，广西文化资源开发对泛北部湾经济发展的作用以及对全区经济发展的作用越来越巨大。

(1)建设文化广西，就是要牢牢把握先进文化的前进方向，发展面向现代化、面向世界、面向未来的，民族的科学的大众的社会主义文化，以不断丰富人们的精神世界，增强人们的精神力量；就是要发掘和整合文化资源，弘扬历史文化和民族文化的时代价值，努力塑造广西精神，培育具有广西特色的民族文化，提升文化品位，全力打造文化品牌，大力繁荣群众文化，加强文化体制改革和文化人才队伍建设，努力实现历史文化与现代文化相承接，精品文化与大众文化相兼顾，文化产业与文化事业相促进，推进广西先进文化建设不断发展，把广西打造成为公民素质高、科技教育发达、文化事业全面繁荣、文化产业蓬勃发展的文化先进省(区)，提升广西的综合品位和竞争力。

(2)建设文化广西，就必须致力于文化力向经济力转化的制度创新。制度创新既包括文化体制机制自身的创新，也包括市场化程度和开放程度等制度变量的提升，还包括精神制度因素(价值观念、伦理规范、道德观念、风俗习惯、意识形态等)的创新。一方面，要从制度创新上保障发挥市场机制在文化资源配置中的作用。文化产业发展和文化市场繁荣已经成为贯彻科学发展观、提升地区经济可持续发展的新经济增长点，因此，广西民族地区的制度创新不但要促进传统文化资源的开发，还要保障结合市场需求和国际交流的需要创造性地开掘文化生产力。另一方面，要从制度创新上保障精神制度因素对经济发展的作用。文化所包括的信仰、理性、价值、道德等方面作为一种内在的精神动力，引导和推动着地区经济的发展。

(3)建设文化广西，就必须把发展文化产业作为贯彻科学发展观、提升地区经济可持续发展的新经济增长点。文化产业在提供就业机会、优化经济结构方面的重要作用日益显现，已成为国民经济的支柱产业。广西文化资源极其丰富，发展文化产业已具备充分的条件。广西的文化事业经过若干年的探索，取得了瞩目的成就。文学、电影、音乐、戏剧、演出、会展等项目在全国有了较大的影响和较高的地位，两位作家获中国文学最高奖——鲁迅文学奖，大批作品获"五个一工程"奖、"文华奖"、"金钟奖"、"梅花奖"等国家级奖励；南宁国际民歌艺术节、中国—东盟博览会、《印象·刘三姐》蜚声海内外;知识工程、千里文化长廊、村村通广播电视工程建设具有全国性影响。人们收入的提高,使消费文化产品成为可能;人们消费结构的改变,为文化产品提供了广阔的市场。同时,随着中国—东盟博览会长期落户南宁,南宁正在成长为一个区域性的中心城市,桂林作为一个知名的国际性旅游城市,文化消费市场具有国际性。

(4)建设文化广西,必须大力深化文化体制改革、加强文化设施建设。深化文化体制改革,建立党委领导、政府管理、行业自律、企事业单位依法运营的文化管理体制和富有活力的文化产品生产经营机制;完善扶持文化产业发展政策,形成以公有制为主体、多种所有制共同发展的文化产业格局和民族文化为主体、吸收外来有益文化的文化市场格局;培育文化市场主体。加强文化设施建设,就是要坚持政府主导、多方筹资、因地制宜、合理布局,把文化设施建设纳入经济社会发展规划,加大各级政府对公共文化设施建设的投入,拓宽投融资渠道,吸引社会资本建设经营性文化设施。

(5)建设文化广西,必须加大智力投资、改善教育状况。主要任务就是:适应经济社会发展对知识、技术和人才的需要,全面实施素质教育,深化教育体制改革,加快教育结构调整,扩大教育供给,提高教育质量,促进各级各类教育协调发展,努力建设学习型社会。具体而言,一要普及和巩固义务教育,把普及和巩固九年义务教育、提高义务教育质量放在教育发展的首要位置,重点加强农村义务教育;二要大力发展高等教育,把高等教育发展的重点放在提高质量和优化结构上,加强研究与实践环节,培养学生的创新精神和实践能力;三要大力发展职业教育,重点发展中等职业教育。以就业为导向,实施职业教育振兴工程,加快培养高素质劳动者和高技能专门人才。

3. 建设生态广西

(1)建设生态广西,就是要在科学发展观的指导下,运用可持续发展的理论,积极推进经济增长方式的根本性转变,改变资源消耗型增长方式。经济增长方式的转变要求推进以市场化为取向的经济体制改革,使经济体制实现由计划经济体制向社会主义市场经济体制的根本性转变。

经济增长数量增加是用GDP或GNP的增加来表示的，而GDP或GNP一般由一、二、三产业增加值组成，因此经济增长方式转变的关键就在于生产结构的优化升级，即一、二、三产业中生产要素素质的提高和在各产业内部的优化组合、三次产业之间的优化组合。目前，广西粗放型经济增长方式尚未得到根本转变，产业结构不合理，第一、二产业所占比重大，第三产业发展缓慢，资源依赖型产业比重大，技术密集型产业比重小。这样的产业结构不仅与我国走新型工业化道路不相符，而且必将制约广西经济社会的可持续发展。据统计，广西"十五"期间，GDP年均增长10.6%，但投入生态恢复的资金却超过50亿元，2004年仅用于水土保持工程的总投资就达6.66157亿元，用于环境污染治理的投资达41.83532亿元。[①] 2005年用于环境污染治理的投资达49.14666亿元，比上一年增长了17.5%，占广西当年生产总值的1.2%。[②] 广西正处在全面建设小康社会、加快推进社会主义现代化的新的发展阶段，而面临的国际形势是：国际经济正处在产业结构朝着技术、知识、服务密集的方向发展的新的调整时期。只有加快转变经济增长方式，才能不断提高国民经济的整体素质，确保实现广西"十一五"规划提出的各项发展目标；只有加快转变经济增长方式，才能切实推动广西经济发展和人口、资源、环境相协调，确保实现我国经济社会可持续发展；只有加快转变经济增长方式，才能应对激烈的国际经济、科技竞争，切实提高广西经济的国际竞争力和抗风险能力，积极融入东盟乃至世界经济发展的大潮中。

(2)建设生态广西，就是要合理开发利用好广西现有的种类生态自然资源，通过构建以循环经济为主导的生态工业、农业、牧业、渔业及生态友好型服务业经济体系，做到既经济社会发展，又环境保护优美，既最大限度地满足当代人的发展需要，又不损害后代人的发展利益。具体而言，一要从土地资源的集约和节约利用角度合理配置土地资源。二要保护、节约和开发利用水资源，必须从广西战略发展的高度，科学制定水资源综合开发与保护规划，统筹兼顾和协调地区、行业间的用水关系，发挥

① 广西壮族自治区统计局：《广西统计年鉴》，中国统计出版社2005年。

② 广西壮族自治区统计局：《广西统计年鉴》，中国统计出版社2006年。

水资源的多种功能。三要保护和开发利用森林资源。广西森林面积广阔，达932.88万公顷，森林覆盖率达43.3%，是全国植物资源最丰富的省(区)之一。保护和利用好广西的森林资源不仅可以大大改善全区的生态环境，还能发挥巨大的经济效益。四要保护和合理开发利用生物资源。广西是全国生物多样性较为丰富的省区，仅次于云南和四川，合理保护和开发利用好丰富的生物资源不仅能为广西的发展带来巨大的社会经济价值，而且对生态广西建设将显得尤为重要。五要合理开发和利用矿产资源。广西有9种矿产在全国排第一位，10种矿产居全国第二位，7种矿产居第三位，合理开发利用好广西现有的丰富矿产资源对于广西经济的可持续发展有重要意义。六要保护和开发利用海洋资源。广西是唯一拥有1500多公里海岸线和13万平方公里海域面积的西部省区。保护和开发利用好广西海洋资源已成为广西生态建设的迫切要求，这对于发展广西沿海经济，建设好大西南出海通道有着重要意义。七要开发利用农业资源。广西有独具特色的农业资源，而且农产品种类繁多，产量也相当可观，例如蔗糖、松香、肉桂、八角、栲胶等，产量均排在全国同类产品的前列。合理开发利用好广西的农业资源，不仅可以带动广西农业经济的繁荣发展，帮助广大农民脱贫致富，对广西的农业可持续发展、建设生态广西也具有重要意义。八要保护和开发生态旅游资源。近年来，广西依托特有的自然旅游资源，大力发展生态旅游、乡村旅游，为广西的旅游业发展和广西经济增长作出了巨大的贡献，也使许多地区由贫困县、贫困区成了著名的旅游风景区。

(3)建设生态广西，加强环境污染综合治理，加强生态法制建设。为了把广西建成一个生态文明型和环境友好型社会，必须坚持预防为主、综合治理，强化从源头上防治污染和保护生态，综合防治工业污染、农业农村环境污染与城市污染，建设一批环保重大工程，强化环境保护执法监督，提高环境管理能力，改善环境质量，确保环境安全。针对现已出现的工业、农业、城市、乡村等各类环境污染问题，区政府相关部门应进行严格的综合治理，重点加大对水污染、大气污染、固体废物污染及农业农村环境污染的整治力度。对一些传统重点企业如制糖、酒精、淀粉、造纸、化工、制药、采矿等严格执行排放达标要求，同时强化监督管理，鼓励采用先进生产工艺和设备，提高节能和减排水平。

随着2006年《广西生态省(区)建设规划纲要》的提出和实施，广西生态建设战略逐步展开，这是充分发挥广西区自身特色和优势，增强广西综合实力和竞争力，实现广西可持续发展的必然选择。

4．**建设平安广西**

2005年2月，广西区党委政府就正式提出构建平安广西的具体目标和任务、时间，并提出通过具体的建设，全区平安乡镇(街道)要达到90％以上，平安社区(村)达到95％以上，平安县(市、区)达到80％以上，让每一个生活在广西的人，让每一个到广西旅游的人，让每一个参与广西经济文化建设的人，让每一个想了解广西的人，都对广西乐不思蜀、乐而忘返、乐而神往。

建设平安广西，就是要建设民主法治、公平公正、稳定有序、安定团结、人民安居乐业的广西，这是构建和谐广西的法制基础和努力方向。在构建平安广西时，必须努力创造一个良好的法治环境，使人民安居乐业，社会安定有序。因此要强化各级党政领导的维护稳定意识，建立和完善相关的领导责任等机制；突出抓好化解人民内部矛盾工作，积极预防和妥善处置群体性事件；进一步加大严打和治安整治工作力度，始终保持对刑事犯罪活动的高压态势；加强基层基础建设，努力提高社会治安综合治理工作水平，以实现“大事不出，中事不出，小事少出”和“政治安定、社会稳定、秩序良好、执法公正、群众满意”的目标，为加快富民兴桂新跨越步伐、全面建设小康社会创造和谐稳定的社会环境。

经过多年的不懈努力，广西基层综合治理组织和群防群治组织逐步完善并规范，与政法各部门形成了一张立体的防控网络，社会治安综合治理成效逐渐显现。到去年底，广西已设立调解组织1.7177万个，治保组织1.6966万个共6.9797万人，专业联防组织2012个共1.9198万人。去年，全区除桂林、河池、百色三个市外，其余11个市刑事案件立案数均有下降，6类严重暴力犯罪案件也均有下降。自治区统计局与区综治委进行的全区社会公众安全感调查初步结果表明，群众对安全的平均满意率为85.19%。

在“四位一体”的构想中，怎样理解和处理好富裕广西、文化广西、生态广西、平安广西之间的相互关系呢？

其一，“四位一体”是一个不可分割的有机整体。建设富裕广西、文化广西、生态广西和平安广西，内涵非常丰富，涵盖了经济建设、政治建设、文化建设和社会建设，是一个有机的整体，它们互为条件、相互促进。这四者统一于一个主题，就是建设富裕、民主、文明、和谐广西。建设“富裕广西、文化广西、生态广西、平安广西”是物质文明、政治文明、精神文明的重要内容，没有这四者的有机发展，和谐广西也难以实现。因此，“四位一体”的目标突出了全面协调，和谐发展的重要性。

其二，建设富裕广西是主题，是基础。只有抓住建设富裕广西这个主题，千方百计把经济建设搞上去，才能从根本上解决我们前进中面临的各种困难和问题，才能为构建和谐广西奠定坚实的物质基础。唯物主义的基本观点是物质基础决定上层建筑。广西要全面实现和谐与进步，首先要有强大物质基础。发展是第一要务，没有这个物质基础，文化广西、生态广西、平安广西便很难实现。在推进富裕广西、文化广西、生态广西和平安广西的建设中，要突出富裕广西建设这个主题，力争在调整经济结构、转变经济增长方式、优势资源开发和优势产业培育、改革开放等各个方面取得新的突破，最终实现经济繁荣、人民富裕，为文化广西、生态广西、平安广西建设奠定坚实的经济基础，从根本上促进广西的社会和谐。

其三，建设文化广西是精神动力。只有不断推进文化广西建设，才能振奋民族精神，不断巩固团结奋斗的精神支柱，发挥文化对提升综合竞争力的助推力，对社会的引领和凝聚作用，对人的心理抚慰和精神激励功能。广西提出建设文化广西的战略举措，这既是加快文化发展的重大契机，也是对文化发展的更高要求。因此要进一步注意整体的科学规划，为文化事业和产业的发展营造良好的外部环境，把文化产业规划列入政府经济和社会发展规划中，把文化产业作为经济的重要组成部分来抓；注意整合资源，使其产生文化生产力；加强推进文化体制改革，在文化单位建立现代企业制度，大力建设文化队伍，促进文化产业和文化事业竞相繁荣的局面。继续实施的精神支柱工程、民族文化工程、阵地建设工程、文化精品工程、文明创建工程、体制创新工程、文化产业工程、文化交流工程和人才培养工程等九大文化工程，将为广西改革和发展提供强有力的思想保证、精神动力与智力支持。为此，有关专家提出了建设文化广西应该达到的目标：到 2020 年，基本建立起适应社会主义现代化要求的文化发展格局、文化管理体制及运行机制，使广西成为广大人民群众综合素质普遍提高，文化经济繁荣，科学实力较强，文化设施先进完备，拥有充满活力的文化体制、人数众多的优秀文化人才、强大的文化产业、繁荣有序的文化市场、独具特色的区域民族文化、丰富多彩的群众文化生活的文化先进省（区），文化发展主要指标、文化综合实力和国际竞争力居全国中等水平并居西部地区的前列。当今世界的经济是文化经济，文化已深深融入经济之中，经济发展越来越依赖于文化的竞争，文化也已成为当代社会生产力发展的重要因素和经济增长的重要推动力量。文化广西要和富裕广西相互促进，把文化建设与经济建设统一起来，文化工作为经济建设服务，经济工作依靠先进文化提供精神动力和智力支持，用文化力推动生产力。

其四，建设生态广西，优化自然发展环境。只有建设生态广西，才能促进人与自然的和谐，推动整个社会走上生产发展、生活富裕、生态良好的文明发展道路。人与自然和谐相处，是构建社会主义和谐社会的基本特征。但在前些年，一些地区以牺牲生态环境为代价换得经济飞速发展，生态环境受到严重破坏。经济发展上去了，但如果生态环境受到严重破坏，人民群众无法喝上纯净的水，呼吸到清洁的空气，吃上放心的食物，经济发展得再好，其意义也是极其有限的。广西提出建设生态广西，搞好自然资源的保护、建设与开发利用，推进可持续利用的自然资源保障体系建设。在保护中开发，在开发中保护，使广西的经济能够快速、健康发展。

其五，建设平安广西，优化社会发展环境。平安广西才能有效维护社会和谐稳定，为建设富裕广西、文化广西和生态广西创造有利的社会条件。和谐稳定是一个社会进步与发展的基础，而富裕安康则是老百姓对美好生活的最朴素的期望。把平安广西建设作为一个重要内容，写入构建和谐广西的规划和战略之中，是以人为本的科学执政理念，符合整个广西经济与社会进步与发展的要求。只有社会平安，才能保证最广大人民群众的现实利益。社会稳定，才能为建设富裕广西、文化广西、生态广西创造有利的社会条件。

概而言之，只有坚持富裕广西、文化广西、生态广西、平安广西“四位一体”发展整体推进，才能实现三个文明建设协调发展和社会全面进步，才能真正把广西建成富裕、民主、文明、和谐的广西。

第三节　紧抓“龙头”，实现广西又好又快腾飞

广西壮族自治区第十一届人民代表大会第一次会议上的《政府工作报告》中指出了今后五年工作总体要求：[①]今后五年是我区转变发展方式，实现又好又快发展的重要时期。我们要全面贯彻落实党的十七大精神，高举中国特色社会主义伟大旗帜，以邓小平理论和“三个代表”重要思想为指导，深入贯彻落实科学发展观，按照自治区第九次党代会部署，努力把广西建设成为中国—东盟区域性物流基地、商贸基地、加工制造基地和信息交流中心，成为连接多区域的国际通道、交流桥梁、合作平台，成为中国沿海地区经济新高地和发展新一极，为加快建设富裕文明和谐新广西、全面建设小康社会而努力奋斗。

广西经济社会的发展恰逢前所未有的良机，广西应该紧抓“龙头”，实现又好又快的腾飞。

① 《2008年广西壮族自治区政府工作报告》，《广西日报》，2008年02月18日。2008年1月19日在广西壮族自治区第十一届人民代表大会第一次会议上通过。

一、紧抓"龙头",与时俱进

紧抓"龙头",就是抓住重点,抓住事物发展的主要矛盾和矛盾的主要方面,从而使事物的发展目标明确、方向正确、道路准确。

1. 紧抓"龙头"应遵循的原则

紧抓"龙头"必须把握好以下原则:

一是统筹兼顾,突出重点。统筹兼顾推进改革和发展的根本要求,是科学发展观的基本内涵。广西经济社会发展要坚持科学发展观,关键是坚持统筹兼顾,协调好各方面的利益关系,调动一切积极因素,推进经济社会和人的全面发展。对于广西而言,一要统筹城乡发展,正确处理农村自身建设与以城带乡的关系,关键是解决"三农"问题,消减城乡二元经济结构的差别,以工业化、城市化、市场化来加快对农业经济的改造。二要统筹经济社会发展,在实践中正确把握好两者的关系。经济发展是社会发展的前提、基础和保证,社会发展是经济发展的目的、精神动力、智力支持和必要条件。这就要求经济与社会必须共同发展,要切实解决好重经济发展,轻社会发展的"一条腿长、一条腿短"的问题,加快社会各方面的协调发展,促进社会的全面进步。三要统筹区域发展,加快工业区的布局结构合理化。四要统筹人与自然和谐发展,要正确处理经济建设、人口增长和资源利用、生态环境保护的关系。我们必须走出一条生产发展、生活富裕、生态良好的文明发展之路,保证社会永续发展。五要统筹区内发展和对外开放,要正确处理区内、国外两种资源、两个市场的关系,继续做好"引进来"、"走出去"工作,充分发挥自己市场广阔、劳动力资源丰富的优势。统筹兼顾的同时,要突出重点,解决经济发展中重大核心问题,大力提高经济总量,激发经济活力,改善民众生活。

二是深化改革,扩大开放。一方面,广西应依借博览会,以全面开放促进大发展。在充分利用博览会的举办的同时,努力提高整体服务水平,提升广西在东盟各国的形象;加强与金融机构合作,并创新投资模式,创建良好融资平台,解决制约发展的资金问题;全面放开优势行业国有独资领域，推出优势项目和产业对外招商，吸引发达地区的民间资金和国内外财团投资，形成多元、强势投资加快发展的新格局；加快推进中国—东盟商务区建设，使之成为进一步促进广西与东盟各国、韩国、日本以及我国港澳台地区合作发展的窗口和纽带。另一方面，建立协调机制，加强沟通合作，促进共同发展。专家指出，环北部湾经济圈的合作开发，必然首先表现为港口城市的大发展和以港口为依托的一系列经济合作形式的大发展。广西应加强北海、钦州、防城港等主要港口城市对外的经济联系；加强交通、物流、旅游、服务等方面的沟通合作，搞好配套基础设施规划建设和产业布局，努力实现资源共享、优势互补；主动加强与湛江、海口等区外的圈内城市及越南城市的沟通交流，探讨合作方式、领域，建立协调机制，促进共同发展。

三是关注民生，促进和谐。胡锦涛同志指出，“人心向背，是决定一个政党、一个政权盛衰的根本因素”①。广西作为一个多民族的省区，少数民族人口众多，经济社会发展非常不协调，因此，我们的经济社会发展更应该以人为本，关注民生，把促进社会发展和解决民生问题摆在更加突出的位置，为人民谋利益，实现人民的富裕幸福。人民群众的利益是多层次、多方面的，有政治利益、经济利益和文化利益等，各级政府和组织对此都必须给予全面的关怀。其中最重要的是要把实现好、维护好、发展好最广大人民群众的根本利益作为一切工作的出发点和落脚点，把解决民生问题摆在更加突出的位置，扎实为群众办实事、办好事、解难事，努力使全体人民学有所教、劳有所得、病有所医、老有所养、住有所居，努力解决人民群众最关心、最直接、最现实的利益问题，不断促进社会和谐。马飚在《政府工作报告》中指出“加快推进以改善民生为重点的社会建设，促进社会和谐”重点要做好如下几个方面的工作②：加强就业和社会保障工作；深入推进扶贫开发；继续优先发展教育；深入实施人才强桂战略；推进医疗卫生事业改革与发展；积极做好支持部队和国防建

① 《光明日报》，2004年7月28日。

② 《2008年广西壮族自治区政府工作报告》，《广西日报》，2008年02月18日。2008年1月19日在广西壮族自治区第十一届人民代表大会第一次会议上通过。

设工作；加强公共安全和维护社会稳定等。

四是立足当前，着眼长远。立足当前，就是立足广西发展的现状和实际，抓住机遇。目前，因受经济成本不断增高等因素影响，珠三角、长三角的产业正逐渐加快向内陆转移，特别是台资企业正出现第三次产业转移的势头。广西应紧抓时机，加快完善各类开发区、经济园区的规划建设，突出区位、资源和每年举办中国—东盟博览会的优势，加大招商引资力度，吸引更多产业和资金转移，大力发展高新产业、外向型工业和优势农业，建设区域物资大市场，壮大物流产业。与之相配套，加快规划和发展房地产、商贸、服务等优势产业，推进旅游设施规划建设，形成经济区域内的大旅游圈。着眼长远，对广西来说，要加快壮大规模、完善功能，从带动泛北部湾经济圈经济发展的角度尽快确立广西经济发展的龙头地位，进一步增强集聚和辐射能力；另外，要放眼世界，积极融入国际经济一体化，在经济全球化中扮演重要的角色。

五是求真务实，真抓实干。"务"意为"追求、注意、重视"，"实"意为"实在、现实、不虚浮"。务实就是讲求实际、客观公正、实事求是，即求实、踏实、扎实。务实在品格上，是正直的象征；在学习中，是求真的基石；在工作中，是求效的原则。广西过去的发展已经延误了良机，与毗邻的广东已经差距甚远，因此广西的发展更应大力弘扬求真务实精神，大兴求真务实作风，要察实情、讲实话、出实招、办实事、求实效，反对形式主义、官僚主义，反对弄虚作假，不搞"形象工程"、"政绩工程"，埋头苦干，脚踏实地，把工作的着力点真正放到研究解决改革发展稳定中的重大问题上，放到研究解决群众生产生活中的紧迫问题上，多干打基础、利长远的事，一步一个脚印做好工作，不骄不躁，不搞短期经济行为。

2. 紧抓"龙头"的重点工作

在遵循以上基本原则的前提下，紧抓"龙头"要重点突出地做好如下几个方面的工作：

(1)创新，提升自主创新能力

创新，是民族进步的灵魂，是发展的不竭动力。改革创新的基本内容有：

其一是观念创新。要在全区大力推进全民创新,使创新体现在工作、学习、生活和一切社会事务中,成为全区上下的自觉行动。

其二是体制机制创新。体制机制创新是改革和发展的根本。创新的两个主体,一个是政府,一个是企业,而联系两者的核心纽带就是体制机制。政府以一定的体制机制来规范企业的发展环境,企业在一定的体制机制环境下,寻求市场化的发展。因此在创新发展模式中,要牢牢抓住体制机制创新这个核心,不断寻求新的突破,政府、企业共同努力,创造科学发展的崭新局面。对于政府而言,要不断创造完善发展的体制机制环境,重点做好政策创新、服务创新、职能创新。对于企业而言,要着力提高自主创新能力、提升自主创新管理水平,重点抓好三个环节:一是建立现代企业制度,完善企业的内部管理机制;二是开展资本市场运营,大力推进企业上市,坚持境内与境外兼顾;三是提升自主创新能力,鼓励和引导企业增加研发投入,设立技术中心,提高自主创新能力和引进消化吸收再创新能力。

其三是管理创新。管理创新是指政府或企业的管理者不断根据市场和社会变化用新思维、新技术、新方法、新机制,创造一种新的更有效的资源组合范式,以使资源整合能最大限度地发挥作用,以获得最好的综合效益。管理创新主要包括:组织与制度创新,战略与决策创新,管理模式与方法创新,企业文化与观念创新等。对于广西而言,最重要的是建设创新型政府,优化创新环境,把增强自主创新能力贯彻到现代化建设各个方面。

其四是技术创新。要加快建立以企业为主体、市场为导向、产学研相结合的技术创新体系。推动大企业建立研发机构,重点抓好企业技术中心、工程技术研究中心、自治区重点实验室和中试基地建设。增强中小企业尤其是科技型中小企业的创新活力。要与产业结构优化升级紧密结合。要实施知识产权战略,全面提升知识产权创造、管理、保护的能力和水平,促进知识产权成果产业化应用。在重大产业、共性关键技术、重大工程等领域组织实施一批科技开发专项,力争在特色优势产业中形成一批自主知识产权和核心技术。

广西发展的持续活力在于创新，要坚持在扩大开放中推进自主创新，增强集成创新能力和引进消化吸收再创新能力，完善鼓励技术创新和科技成果产业化的法制保障、政策体系、激励机制、市场环境，把我区建设成为有强大创新动力和雄厚创新实力的自治区。

(2)促进工业快速发展，推进城镇化建设

工业发展是一个地区经济实力的重要支撑。广西工业的发展，以培育优势产业和产业集群为主要目标，以加强基础产业、壮大优势产业、打造支柱产业为主要手段，同时要鼓励有实力的企业建立技术开发中心、工程研发中心，增强企业技术开发创新能力和引进消化能力，充分发挥企业在自主创新中的主体作用。一要抓紧实施《广西重点产业发展规划》，发展壮大优势产业和特色产业，培育发展高新技术产业和新兴产业，不断扩大工业经济总量。二要突出抓好有色金属、汽车、机械、铝业、制糖、食品、电力、钢铁、锰业等传统优势产业的改造提升。三要加强与国内外大企业集团的战略合作，加快发展石油化工、林浆纸、生物质、修造船等新兴产业，培育发展电子信息、新材料、新能源、生物技术等高新技术产业。四要大力实施企业集团战略，积极培育矿产冶炼、农产品加工、汽车、钢铁、工程机械、医药、海洋、建材、林业、化工等大型企业集团。五要加快发展园区经济，把工业园区打造成新的经济增长点。

在发展工业的同时，要致力于促进城镇快速健康发展，突出发展大中城市，加快发展小城镇，形成城镇群和城镇带。坚持中心城市带动战略，尤其是加快南宁、柳州、桂林等城市的新区建设，推进其他中心城市的基础设施建设和产业发展。以工业化带动城镇化建设，要按照合理布局、科学规划、政府推动、市场运作的原则，坚持工业化带动城镇化，高标准建设、高效能管理，适度超前配套，完善城镇道路、交通、能源、信息、供排水、环保、减灾防灾等公共基础设施建设。城镇化建设是一个地区现代化发展的重要标志，将带动整个地区各方面的发展进步。城镇化建设还将促进区域协调发展，推动少数民族聚居区、革命老区、贫困地区和边境地区发展，实现沿海地区与其他地区优势互补、全面开放、共同发展。

(3)扩大对外经济合作,全面提高对外开放水平

加快广西发展,当务之急就是实现广西在中国—东盟全面经济合作中的战略优势,提升广西在泛北部湾经济圈的地位,扩大对外开放,发展壮大经济。

其一,高度重视与东盟开展合作。全方位地认识和了解中国—东盟自由贸易区建设的基本情况,是广西制定正确的应对战略和措施的基础和前提。广西与东盟国家的交流合作主要在经贸、投资、旅游等方面进行。在贸易领域,东盟已经成为广西的第一大贸易伙伴。早在2002年,广西与东盟的贸易额就达到6.27亿美元,占全区年进出口额的25.9%,比上年增长35%,高于全国平均水平3.2个百分点。越南已经替代香港成为广西第一大出口市场,2002年广西对越南的出口额达3.4亿美元,比2001年增长约一倍,高出全国对越出口增幅79个百分点。广西的微型汽车及其他机电产品、中成药、食品、日用轻化工产品等在越南、柬埔寨等东盟国家占领了极大市场份额。在投资领域,双方的相互投资不断增加。到2002年,广西在东盟各国的非贸易类投资项目39个,投资总额3500万美元,所投资的国家有越南、泰国、新加坡、马来西亚、老挝、柬埔寨等,涉及农业、工业、医药、服务等众多领域。东盟有越南、柬埔寨、新加坡等7个国家在广西投资,项目累计308个,合同外资额11.16亿美元,实际利用外资6.01亿美元。在旅游业领域,双方游客人数呈现上升势头。2001年,全区共接待东盟各国游客14.1万人,占亚洲市场的42.25%,经凭祥、东兴、北海等口岸前往越南旅游的国内游客多达50余万人次。2006年广西对东盟的贸易额增速超过54.6%,东盟连续7年成为广西第一大贸易伙伴,同时也是广西第二大外资来源地。在国际通道建设方面,广西已经成为中国通向东南亚的最重要的大通道。广西紧抓机遇,加快基础设施建设,投资1200多亿元,基本形成了以沿海港口为龙头,铁路、高等级公路、水运、航空及其他设施相配套的交通大通道。

其二,结合区位优势,准确定位,努力把北部湾(广西)经济区打造成中国经济发展新的一极。北部湾(广西)经济区是指由广西南宁、北海、

钦州、防城港市所辖的行政区域为主组成的经济区，土地面积 4.25 万平方公里，占广西土地面积的 17.9%，海域总面积达 12.93 万平方公里。广西南临北部湾，毗邻经济发达的珠江三角洲和港澳地区，是中国与东盟之间唯一既有陆地接壤又有海上通道的省区。随着中国—东盟自由贸易区建设进程的加快、泛北部湾经济合作战略的逐步推进、泛珠三角区域经济合作的不断加强，特别是南宁成为中国—东盟博览会永久举办地，广西将成为中国与东盟多区域合作的一个重要交汇点。我们的目标是把北部湾（广西）经济区建成我国西南地区对外开放的重要门户，成为中国—东盟自由贸易区区域性国际物流基地、商贸基地、加工制造基地和信息交流中心，成为沟通中国与东盟国家的国际大通道、交流大桥梁、合作大平台，逐步成为开放度高、辐射力强、生态良好、环境优美、休闲宜居、文明和谐的新经济区。为此，广西的防城港、钦州、北海等沿海城市确定的战略定位是：以港口经济、海洋产业为龙头，大力发展临海工业，形成背靠大西南、面向东南亚的国际贸易和运输中心。凭祥、东兴、龙州、靖西等与越南陆路接壤的市县，则把以内陆口岸为依托，以边境贸易为龙头，发展成为集边境贸易、旅游和加工贸易为一体的边境口岸城市作为其战略定位。

（4）加强农业现代化，推进新农村建设

广西农村人口众多，约占 80%，农村发展得怎样直接关系着全区的发展。首先，要加强农业现代化。把发展特色效益农业作为现代农业建设的核心内容，按照“集约化、标准化、产业化”要求，加快调整农产品结构、种养业结构和农业布局结构，优化粮经、突出禽畜、提升林果、扩大水产，尽快形成特色优势农业发展格局；实施农业产业化经营，加快发展农民专业合作社和农产品行业协会。加强农村现代流通体系建设，改善农产品销售环境，搞活农产品流通。其次，加快发展县域经济，把县域经济加快培育成新的经济增长点。统筹城乡产业布局，引导劳动密集型、资源加工型产业向县域集聚，鼓励农产品加工业向主产区集中，加快把农产品加工业培育成为县域经济的主导产业。大力发展劳务经济，加强对农民的技能培训，促进农村富余劳动力向非农产业和城镇转移，扩大劳务输出规模，增加农民工资性收入。再次，要加强农村基础设施和公共设施建设，加强以水利为重点的农业基础设施建设；大力发展农村交通；加快发展农村教育、卫生、文化、广播电视等公共事业。最后，要加大对农村的投入力度，主要在教育、卫生、文化等事业经费要加大投入。

(5)深化各项改革，大力推进全民创业

改革始终是推动经济社会发展的强大动力。对于刚刚觉醒的八桂大地，春雷涌动、生机勃勃，要深化各项改革，提高改革决策的科学性，增强改革措施的协调性，积极推进各方面的改革，才能适应新发展、迎接新挑战。推进重点领域和关键环节的改革，包括抓好农村综合改革；深化国有企业股份制改革，大力发展混合所有制经济，加快大型企业集团组建步伐，完善国有资产监管体制；推进沿海港口行政体制改革；加快行政管理、投资、财政体制等改革。

在深化改革过程中，要进一步加快发展民营经济，使之成为广西经济新的增长点，提高民营经济在全区国民生产总值的比重。为此，要落实和完善加快民营经济发展的相关政策措施，进一步破除制约民营经济发展的体制性障碍，努力解决民营企业实际市场准入门槛高、融资难等问题；支持和帮助有条件的民营企业做大做强；依法保护民营企业合法权益；大力推进全民创业，把发展开放型经济与推动全民创业更加紧密地结合起来，加快健全促进创业的体制机制，完善创业的支持和服务体系，进一步激活各类创业主体，开辟和拓宽创业领域，实现广西经济繁荣和快速增长。

3. 注重紧抓“龙头”的时效性：与时俱进

发展是人类社会永恒的主题。发展观是人们动态地、前进地观察、对待经济和社会演进趋势的总的观点。马克思主义在新时期的发展观是以经济建设为中心，大力发展生产力的发展；是物质文明、政治文明和精神文明的协调发展；是最大限度地维护广大人民群众根本利益的发展；是把握时代脉搏，抓住机遇的发展；是改革开放、积极融入经济全球化、大力发展科学技术的发展；是经济利益、社会效益和生态效益相统一的可持续发展；是以人的全面发展为最终目的的发展。

与时俱进，就是要用发展的、长远的和变化的眼光看问题，准确把握时代的特征，着眼于中国和世界的历史、现状和未来，既不落后于时代，又不超越阶段的发展。古语云："世俗岁殊，时变日化，遭事制宜，因时而移。"[①]"明者因时而变，知者随时而制。"[②]"法无古今，惟其时之所宜与民之所安耳。"[③]这就是说，办事和行动要因时制宜，抓住时机、把握机会，不要落后于实际的变化。

发展的要旨是与时俱进。紧抓"龙头"，必须讲求时效。对于广西经济社会发展而言，与时俱进，必须树立如下几方面的意识：

其一，时代意识。恩格斯说过："历史从哪里开始，思想进程也应当从哪里开始，而思想进程的进一步发展不过是历史过程在抽象的、理论上前后一贯的形式上的反映；这种反映是经过修正的，然而是按照现实的历史过程本身的规律修正的。"[④]树立时代意识，就是在马克思主义的指导下，解放思想，打破习惯势力和主观偏见的束缚，研究新情况，解决新问题，把广西发展与时代变化的新特征结合起来，把握时代跳动的脉搏。

其二，世界的意识。全球化浪潮滚滚而来，任何一个国家和民族都不可能置身事外，中国的发展既要坚持独立自主，走有中国特色社会主义之路，又要有虚怀若谷、有容乃大的气魄接纳世界各国先进文明。广西对外开放的力度和广度，正显示了广西已经逐渐从原来那种闭塞、保守、畏缩的思想状态中解放出来。全球化浪潮既是挑战，又是机遇，对于广西，首先是抓住机遇，加大开放的力度；其次就是迎接挑战，要提高开放的水平，把开放带来的产业、资源、技术等方面的压力转化为动力，加快产业结构调整，优化资源利用，推进技术创新和技术改造，适应开放的

① 《汉书·班固》。

② 《盐铁论·忧边》。

③ 《张居正集》。

④ 《马克思恩格斯选集》第2卷，人民出版社1995年版，第43页。

需要。

其三，问题的意识。马克思说过，对于一个时代来说，“主要的困难不是答案，而是问题”，“问题就是公开的、无畏的、左右一切个人的时代声音。问题就是时代的口号，是它表现自己精神状态的最实际的呼声”[①]。广西的建设发展肯定是一个不断产生问题、不断解决问题、不断摸索的过程，关键是我们以一种什么样的姿态去应对问题。问题解决得好，我们的发展就会高速、高效；问题解决得不好，我们的发展必将受到严重的束缚。

我们的时代正发生着深刻的变化，在新世纪新阶段，党中央提出“发展要有新思路，改革要有新突破，开放要有新局面，各项工作要有新举措”的要求。与时俱进是马克思主义的理论品质，其关键既在于“时”，更在于“进”，即深刻把握事物发展的内在规律，从而与社会进步的方向保持一致；与时俱进既要求正视发展中遇到的问题，又要正视现实、批判现实，在现实中寻找历史进步的力量。在全面建设小康社会的进程中，与时俱进既是认识论，又是方法论，与时俱进就是指引广西经济社会发展进步的一面旗帜。

二、又好又快：合目的性和合规律性的统一

努力实现广西经济社会跨越式发展，就要坚持把发展放在第一位，在更高层次上统筹发展、加快发展，努力实现速度、质量、效益相协调，消费、投资、出口相协调，人口、资源、环境相协调，真正做到又好又快发展。广西壮族自治区第十一届人民代表大会第一次会议指出[②]：要贯彻落实科学发展观，不断提高推动科学发展的能力和本领，把干部群众的积极性引导到科学发展上来。坚持把加快发展作为第一要务，好字优先，好

① 《马克思恩格斯全集》第40卷，人民出版社1982年版，第289页。

② 《2008年广西壮族自治区政府工作报告》，《广西日报》，2008年2月18日。2008年1月19日在广西壮族自治区第十一届人民代表大会第一次会议上通过。

中求快，实现经济社会又好又快发展。坚持以人为本，做到发展为了人民、发展依靠人民、发展成果由人民共享。坚持全面协调可持续，实现速度和结构质量效益相统一、经济发展与人口资源环境相协调，实现经济社会永续发展。坚持统筹兼顾，统筹城乡发展、区域发展、经济社会发展、人与自然和谐发展、国内发展和对外开放，统筹各方面利益。

历史唯物主义的基本原理告诉我们，社会的发展是人的活动共同作用的结果，人的社会活动总是具有目的性和选择性的；但社会领域中具有普遍因果联系，社会活动的每一个结果以及实际发生的历史事件都有其内在的原因，社会的发展运动具有其规律性。有中国特色社会主义理论的创立、改革开放和社会主义市场经济建设，无不是人民群众有目的性的行动；但这些行动和过程都是遵循社会发展的由低级到高级的轨迹，遵循生产力和生产关系相适应的基本规律的。十六大重申了党的思想路线即解放思想、实事求是、与时俱进，就是要求全党正确认识社会发展的客观规律。社会发展规律是在人的实践活动以及个体之间的交互作用中形成的，它是“人们自己的社会行动规律”①。从当代广西实际和时代特征出发，建设富裕广西、文化广西、生态广西、平安广西，既是历史的必然，又是广西人民自觉的、有目的性的选择，是合目的性与合规律性的统一。

1. 又快又好地建设富裕广西、文化广西、生态广西、平安广西，体现了广西经济社会发展的合目的性

所谓合目的性，就是合人的目的。在人类活动领域中，合目的性表现为人们通过自觉的、有目的的活动来改造环境、利用环境。马克思还指出：“历史，并不是把人当作达到自己目的的工具来利用的某种特殊人格，历史不过是追求着自己目的的人的活动而已。”②经济社会的发展，是基于广西人民迫切改变落后的现实状况、提升经济生活水平的愿望而作出的必然选择。正如马克思所言：“……任何历史记载都应当从这些自

① 《马克思恩格斯选集》第3卷，人民出版社1995年版，第634页。

② 《马克思恩格斯全集》第2卷，人民出版社1972年版，第118－119页。

然基础以及它们在历史进程中由于人们的活动而发生的变更出发。”①

(1)经济社会发展的现状要求我们作出合目的性选择

一方面,全球化浪潮对广西经济社会的发展产生了不可避免的影响,应对全球化的挑战需要积极的态度。全球化特别是经济全球化的深入发展,使各国在经济上相互依赖、相互渗透,不仅发达国家经济相互渗透、高度融合,而且发达国家和发展中国家的经济利益也相互交织,紧密联系。中国—东盟发展战略的实施,就是经济全球化背景下的区域经济合作,这为广西经济发展提供了良好的国际环境。在对外开放合作方面,近几年来,随着中国—东盟自由贸易区建设的推进、中国—东盟博览会和中国—东盟商务与投资峰会落户广西,广西与东盟各国贸易快速发展。目前,东盟已是广西利用外资的第二大来源地。2001年至2005年,广西与东盟进出口总额为41亿美元,占广西对外贸易总额的24.3%,其中2005年进出口额为12.24亿美元,占广西进出口总额的23.6%。东盟连续7年成为广西第一大贸易伙伴。同时,东盟还是广西利用外资的主要来源地之一,其合同金额和实际利用外资金额均居第二位。截至2005年,东盟在广西共设立三资企业387家,合同外资金额12.5亿美元,实际利用外资金额7.2亿美元。其中,新加坡对广西投资最多,合同外资金额为5.4亿美元,实际使用外资金额为3.4亿美元。广西投资东盟的步伐也不断加快。自1984年以来,广西在东盟7个国家推荐了81个投资项目,协议总投资额达5859万美元,中方协议投资额为4241万美元。在工程承包方面,1998年至2005年,广西在东盟各国承包工程合同金额2.6亿美元,营业额达1.8亿美元。②

另一方面,广西落后的发展状况促使人们必须树立强烈的危机意识和忧患意识,增强加快发展的责任感和紧迫感。面对艰巨繁重的任务,面对激烈竞争的挑战,形势逼人,不进则退。就产业结构和产业布局而言,广西是一个交通比较落后的农业省区,工业基础比较薄弱,工业布局

① 《马克思恩格斯全集》第3卷,人民出版社1960年版,第24页。
② 以上数据来源于:《人民日报海外版》,2007年2月27日第1版。

也不尽合理；就社会发展状况而言，广西社会发展存在区域之间和城乡之间的双重不平衡，城乡居民人均收入差距较大；就城镇化发展而言，城镇化总体水平偏低，地区间城镇化发展的程度差异巨大；就农村发展而言，广西农业机械化耕作水平低，基础设施薄弱，农民的凝聚力差，集体意识淡化；就教育而言，教育总量不足，教育投资较少，严重制约了经济社会的发展。

(2)经济社会的发展必须以人为本、以满足人的需要为目的

以人为本是科学发展观的本质和核心，把以人为本作为科学发展观的核心价值原则，表明我们对发展的本质、目的和意义的认识更为深刻、更为科学。人类社会进入工业社会以后，发展观经历了一个从经济发展观到人、自然、社会的协调的发展观，再到可持续发展观的演变过程。这个演变过程实现了发展主体与主体发展的内容与形式的有机结合，大大地扩展了发展的繁荣。科学发展指出：我们发展经济的目的是为了人，也就是说发展人是我们发展经济的目的。

广西经济社会发展的目标归根到底就是为了人的发展，使人民群众能够享受发展的成果，过上更加幸福的生活。因此，发展的目的性必须围绕人民群众的根本利益实现。人民群众的根本利益最紧要的是享有生存权和发展权，发展权作为人的基本权利，不仅关注人的生存，而且关注人在生存基础上的发展。当前，人民“最根本利益”主要体现在物质需要和精神需要的满足，社会繁荣进步、安全稳定，政治上当家作主等各方面利益。恩格斯指出：“在社会历史领域内进行活动的，是具有意识的、经过思虑或凭激情行动的、追求某种目的的人。”① 人类活动的直接目的在于需要的满足。人对需要的满足包括两方面内容：其一，自我需要的满足；其二，相互需要的满足，这是处于一定社会关系中的人互相交换其活动的结果。以人为本，就要随着经济的发展，使群众得到的、看见的物质利益不断有所增加。广西经济社会全部工作的出发点和落脚点，就是不断实现好维护好发展好最广大人民的根本利益，满足物质文化的各种

① 《马克思恩格斯选集》第4卷，人民出版社1995年版，第247页。

需要。

在此情况下，全区各族人民已经充分认识到，扩大开放，是经济发展的必由之路，充分利用多种资源、多个市场，对广西的发展显得尤为重要。在实施扩大开放的具体措施上，我区紧紧把握中国—东盟博览会机遇和建立中国—东盟自由贸易区等有利时机，积极实施区域合作战略和互利共赢的开放战略，加快对外开放步伐，实现广西又好又快的发展。

2. 又快又好地建设富裕广西、文化广西、生态广西、平安广西，体现了广西经济社会发展的合规律性

所谓合规律性，就是合乎社会发展的客观规律，合乎当前的实际情况和客观需要。我们大力发展经济是遵循客观规律的发展，而不是激进冒进，更不是口头发展。建设富裕文明和谐新广西，是我区适应国际国内形势发展的客观需要而提出的战略目标。

从国际形势看，经济全球化和区域合作加快发展，科技进步日新月异，国际产业转移和生产要素流动加快。经济区域化已成为当今世界经济发展的潮流。它通过市场和全要素配置下资源的整合，使区域经济发挥最大效能，形成区域经济增长极，从而推动整个经济区域的发展。早在2004年5月，在中国—东盟自由贸易区框架下，中国和越南两国就达成了建设昆明—老街—河内—海防—广宁、南宁—谅山—河内—海防—广宁两条经济走廊和环北部湾经济圈，即“两廊一圈”共识。广西应该紧抓良机，争当龙头，研究对策，主动融入，积极推动，促进自身乃至整个经济区域的发展。

从国内形势看，我国正处在加快发展的重要战略机遇期，社会主义市场经济体制逐步完善，经济保持平稳较快发展，国家宏观经济环境不断改善，西部大开发战略深入实施，社会政治长期保持稳定。从广西区形势看，经过20多年的改革开放，我区各方面都取得了巨大进步，进入了加快发展的新阶段。中国—东盟自由贸易区加快建设，泛北部湾经济合作、大湄公河次区域合作和泛珠三角区域合作、西南区域协作不断深化，我区面临着多区域合作的新兴机遇，抓住这些机遇，广西就会迎来一个更大的发展。

“十一五”是我区加快发展的关键时期，2007 年是广西“十一五”规划的第二年，在这一年，广西区的发展成绩斐然、振奋人心。广西统计局发布的数据显示：[1]2007 年，广西深入贯彻落实科学发展观，认真落实中央宏观调控政策，解放思想，抢抓机遇，奋力拼搏，加快发展，经济呈现出增长较快、效益较好、结构优化、民生改善的良好态势，全年经济发展目标全面完成。特别是 GDP 年增量突破 1000 亿元、新增财政收入突破 100 亿元、工业增加值突破 2000 亿元、城镇居民人均可支配收入超过 10000 元、农民人均纯收入超过 3000 元，标志着我区经济发展再上一个新台阶。

2007 年广西国民经济主要指标

指标	2007 年 初步统计数	同比增减%
生产总值(1—4 季度，亿元)	5885.88	14.9
财政收入(亿元)	703.86	23.7
农林牧渔总产值(1—4 季度，亿元)	1264.58	5.9
规模以上工业增加值(亿元)	1430.88	26.5
城镇固定资产投资(亿元)	2627.54	31.7
社会消费品零售总额(亿元)	1897.87	18.6
外贸进出口总额(亿美元)	92.8	39.2
城镇居民可支配收入(1—4 季度，元)	12200	23.2
农民人均现金收入(1—4 季度，元)	3224	16.4
居民消费价格指数(%)	106.1	6.1

紧抓“龙头”，就必须在此基础上，发扬优点和发挥经验作用，把握重点，有的放矢，争取更好更快地发展。

回顾过去的几年，广西经济持续快速发展，质量效益明显提高，综合

① 吴梅，廖兰奇：《区统计局：上半年广西经济增长快运行稳效益好》，《广西日报》，2007 年 7 月 23 日。

实力大幅提升，成绩喜人：初步预计，地区生产总值由2002年的2523.7亿元增加到2007年的5865亿元，年均增长12.7%。人均生产总值由5558元增加到12363元，年均增长11.7%。财政收入由305.5亿元增加到703.9亿元，年均增长18.2%。规模以上工业企业实现利润总额由35.6亿元增加到260亿元，年均增长48.8%。①

2008年是全面贯彻落实党的十七大战略部署的第一年，是自治区成立50周年，做好今年各项工作具有十分重要的意义。今年经济社会发展的主要目标为：在优化结构、提高效益、降低消耗、保护环境的基础上，生产总值增长11%；万元生产总值能耗降低3.5%，化学需氧量排放量削减3.7%，二氧化硫排放量削减2%；财政收入增长13%；全社会固定资产投资增长21%；社会消费品零售总额增长14%；居民消费价格总水平涨幅略低于去年实际涨幅；实际利用外资增长16%；外贸进出口总额增长20%，其中外贸出口增长20%；城镇居民人均可支配收入增长8%，农民人均纯收入增长6.5%；城镇新增就业26万人，城镇登记失业率控制在4.5%以内；人口自然增长率控制在10%以内。②

今后五年乃至更长一段时间，我们奋斗的总目标是，加快富民兴桂新跨越步伐和全面建设小康社会进程，努力建设富裕文明和谐新广西。这一奋斗目标，是根据中央精神，综合考虑我区发展面临的国际国内环境和发展的阶段性特征而确定的。

中国共产党广西壮族自治区第九次代表大会上的报告《抓住机遇加快发展 建设富裕文明和谐新广西》③中指出：建设富裕文明和谐新广西，就是要经过全区各族人民的艰苦奋斗和不懈努力，把我区建设成为经济发展、人民富裕、民主进步、法制健全、文化繁荣、民族团结、社会安

① 《2008年广西壮族自治区政府工作报告》，《广西日报》，2008年02月18日。2008年1月19日在广西壮族自治区第十一届人民代表大会第一次会议上通过。

② 《2008年广西壮族自治区政府工作报告》，《广西日报》，2008年02月18日。2008年1月19日在广西壮族自治区第十一届人民代表大会第一次会议上通过。

③ 《广西日报》，2006年11月22日。2008年1月19日在广西壮族自治区第十一届人民代表大会第一次会议上通过。

定、环境优美的新广西。这是一个长期的历史任务和持续不断的历史进程。今后十五年，要立足于五年打基础，十年上水平，努力推动经济社会发展迈上新台阶。

五年打基础，就是在“十一五”期间，进一步完善发展布局，优化发展环境，提高发展质量，保持发展势头，到2010年全区生产总值超过6500亿元，人均生产总值达到1600美元，比2000年翻一番以上；工业化、城镇化水平明显提升，社会主义新农村建设取得明显成效，对外开放步伐明显加快，社会事业取得明显进展，生态环境明显改善，城乡居民收入水平和生活质量明显提高，小康生活更加宽裕，在建设富裕文明和谐新广西的历史征程上跨进一大步，为后十年以至更长时期的发展奠定坚实基础。

十年上水平，就是在更高的起点上加快发展，到2015年全区生产总值突破10000亿元，人均生产总值达到2500美元，经济建设、政治建设、文化建设、社会建设全面进步；到2020年全区生产总值达到15000亿元，人均生产总值超过3000美元，与全国同步实现全面建设小康社会的宏伟目标。

又好又快地建设富裕广西、文化广西、生态广西、平安广西，体现了广西经济社会发展的合目的性和合规律性，体现了科学发展观的真正内涵。在广西经济建设和文化建设中，我们要坚持科学精神，采用科学方法，综合性地运用科学原理，充分考虑事物变化的系统相关性，以追求事物健康而稳步地发展为目标，抛弃那种“大跃进思维”，即忽视客观规律、社会发展的系统性特征和事物综合性质变的意义，片面追求各自独立的指标或指标体系的快速量变。

又好又快地建设富裕广西、文化广西、生态广西、平安广西，坚定不移地把中央政策与广西实际紧密结合，解放思想，转变观念，创新发展思路，探索符合区情的发展路子；坚定不移地以经济建设为中心，紧紧抓住发展机遇，加快推进工业化、城镇化，充分发挥投资的拉动作用，积极发展县域经济，不断增强经济实力；坚定不移地调整经济结构，大力发展非公有制经济，培育壮大特色优势产业，促进增长方式转变，提高经济增长的质量和效益；坚定不移地深化改革扩大开放，创新体制机制，优化发展环境，加大招商引资力度，加强区域合作，努力拓展发展空间；坚定不移地处理好改革发展稳定的关系，保持政治安定、社会稳定和边疆安宁，巩固民族团结，促进社会和谐；坚定不移地把实现好、维护好、发展好各族人民的根本利益作为工作的出发点和落脚点，千方百计扩大就业，着力改善边境地区、少数民族地区、贫困地区群众生产生活条件和城市低收入人群的生活状况，使改革发展的成果惠及广大群众。

总之，解放思想，破解广西发展难题，坚持科学发展观，是实现建设富裕文明和谐新广西的宏伟目标的前提条件！

〉〉参考文献

1. 马克思恩格斯全集:第 1 卷[M]. 北京:人民出版社,1956.

2. 马克思恩格斯全集:第 4 卷[M]. 北京:人民出版社,1972.

3. 马克思恩格斯全集:第 19 卷[M]. 北京:人民出版社,1963.

4. 马克思恩格斯全集:第 23 卷[M]. 北京:人民出版社,1972.

5. 马克思恩格斯全集:第 25 卷[M]. 北京:人民出版社,1974.

6. 马克思恩格斯全集:第 26 卷第 3 册[M]. 北京:人民出版社,1974.

7. 马克思恩格斯全集:第 32 卷[M]. 北京:人民出版社,1975.

8. 马克思恩格斯全集:第 42 卷[M]. 北京:人民出版社,1979.

9. 马克思恩格斯全集:第 46 卷上[M]. 北京:人民出版社,1979.

10. 马克思恩格斯全集:第 46 卷下[M]. 北京:人民出版社,1980.

11. 马克思恩格斯选集:第 1—4 卷[M]. 北京:人民出版社,1995.

12. 马克思. 资本论:第 1、3 卷[M]. 北京:人民出版社,1975.

13. 马克思. 机器、自然力和科学的应用[M]. 北京:人民出版社,1978.

14. 邓小平文选:第 3 卷[M]. 北京:人民出版社,1993.

15. 胡锦涛. 高举中国特色社会主义伟大旗帜,为夺取全面建设小康社会新胜利而奋斗[M]. 北京:人民出版社,2007.

16. [汉]班固撰,[唐]颜师古注. 汉书[M]. 郑州:中州古籍出版社,1991.

17.[汉]恒宽.盐铁论[M].北京:中华书局,1991.

18.[明]张居正.张居正集[M].武汉:湖北人民出版社,1994.

19.谭培文.马克思主义的利益理论[M].北京:人民出版社,2002.

20.张金纯,李素清.应用生态学[M].北京:科学出版社,2003.

21.何萍,李维武.马克思主义中国化探论[M].北京:人民出版社,2002.

22.郑永廷.社会主义意识形态发展研究[M].北京:人民出版社,2002.

23.中国共产党与中国先进文化编写组.中国共产党与中国先进文化[M].北京:中共中央党校出版社,2001.

24.衣俊卿.文化哲学:理论理性和实践理性交汇处的文化批判[M].昆明:云南人民出版社,2005.

25.尹继佐.当代文化论稿[M].上海:上海社会科学院出版社,2006.

26.徐浩然,雷琛烨.文化产业管理[M].北京:社会科学文献出版社,2006.

27.本书编写组.构建社会主义和谐社会干部读本[M].北京:人民出版社,2005.

28.李培林等.中国社会分层[M].北京:社会科学文献出版社,2004.

29.李君如.社会主义和谐社会论[M].北京:人民出版社,2005.

30.刘炳香.党的执政能力建设与测评[M].北京:中央党校出版社,2004.

31.求是杂志社总编室.加强党的执政能力建设大参考[M].北京:红旗出版社,2004.

32.邓伟志.我的社会观[M].北京:人民出版社,2003.

33.高新民,农华西.论党的领导方式和执政方式[M].南宁:广西人民出版社,2003.

34.童星.社会改革控制论[M].南京:南京大学出版社,1990.

35.青连斌.分配制度改革与共同富裕[M].南京:江苏人民出版社,2004.

36. 卢先福,端木婕. 中国执政党建设研究[M]. 上海:上海人民出版社,2002.

37. 王长江,姜跃. 现代政党执政方式比较研究[M]. 上海:上海人民出版社,2002.

38. 宋福范. 论执政条件下党的先进性[M]. 南宁:广西人民出版社,2003.

39. 桑玉成. 利益分化的政治时代[M]. 上海:学林出版社,2002.

40. 柳新元. 利益冲突与制度变迁[M]. 武汉:武汉大学出版社,2002.

41. 孙立平. 博弈——断裂社会的利益冲突与和谐[M]. 北京:社会科学文献出版社,2006.

42. 高鸿业. 西方经济学(第 2 版)[M]. 北京:中国人民大学出版社,2000.

43. 赵维田. 世贸组织(WTO)的法律制度[M]. 长春:吉林人民出版社,2002.

44. 古小松. 中国—东盟知识读本[M]. 桂林:广西师范大学出版社,2004.

45. 漆多俊. 国有企业股份公司改组法律问题研究[M]. 北京:中国方正出版社,2003.

46. 黄达. 宏观调控与货币供给[M]. 北京:中国人民大学出版社,1997.

47. 曹均伟,李南山. 探索国资监管的创新之路——宝钢派出董事会的国有资产监督模式[M]. 上海:上海财经大学出版社,2005.

48. 蒋自强等. 当代西方经济学流派(第 2 版)[M]. 上海:复旦大学出版社,2004.

49. 顾功耘等. 国有经济法论[M]. 北京:北京大学出版社,2006.

50. 史际春. 国有企业法论[M]. 北京:中国法制出版社,1997.

51. 广西年鉴社. 2003 广西年鉴[M]. 南宁:广西年鉴社,2003.

52. 广西壮族自治区统计局. 2003 年广西统计年鉴[M]. 北京:中国统计出版社,2003.

53. 广西壮族自治区统计局. 2004 年广西统计年鉴[M]. 北京：中国统计出版社,2004.

54. 广西壮族自治区统计局. 2005 年广西统计年鉴[M]. 北京：中国统计出版社,2005.

55. 广西壮族自治区统计局. 2006 年广西统计年鉴[M]. 北京：中国统计出版社,2006.

56. 广西壮族自治区统计局. 2007 年广西统计年鉴[M]. 北京：中国统计出版社,2007.

57. [英]亚当·斯密著,唐日松等译. 国富论[M]. 北京：华夏出版社,2005.

58. [英]约翰·梅纳德·凯恩斯著,宋韵声译. 就业、利息、货币通论[M]. 北京：华夏出版社,2005.

59. [德]汉斯·萨科塞著,文韬、佩云译. 生态哲学[M]. 北京：东方出版社,1991.

60. [日]岩佐茂著,韩立新等译. 环境的思想[M]. 北京：中央编译出版社,1997.

61. [英]克莱夫·庞廷著,王毅、张学广译. 绿色世界史[M]. 上海：上海人民出版社,2002.

62. [美]约瑟夫·熊彼特著,何畏、易家详等译. 经济发展理论[M]. 北京：商务印书馆,1990.

63. [美]保罗·萨缪尔森,威廉·诺德豪斯著,萧琛等译. 经济学(第 17 版)[M]. 北京：人民邮电出版社,2004.

64. [美]斯蒂格利茨著,梁小民等译. 经济学(第 2 版)[M]. 北京：中国人民大学出版社,1997.

65. [美]斯蒂格利茨著,郑秉文译. 政府为什么干预经济[M]. 北京：中国物资出版社,1998.

66. 焕光. 广西海洋资源及其发展海洋经济的构想[J]. 南方国土资源,2006(4).

67. 乾麟. 关于广西生态环境建设与保护的几个问题[J]. 林业经济,

2001(5).

68. 吴玉鸣,张燕. 西南岩溶区广西生态安全及资源利用效率[J]. 生态学报,2007(1).

69. 叶汝坤. 论生态广西建设亟待解决的环境问题[J]. 广西社会科学,2006(12).

70. 曹伯纯. 大力推进富裕广西文化广西生态广西平安广西建设,为实现构建和谐广西历史任务而努力奋斗[J]. 广西党史,2006(6).

71. 周兴. 广西土地合理利用与生态环境建设探讨[J]. 热带地理,2001(2).

72. 凌常荣. 论广西旅游资源的静态性、动态性和生态性[J]. 经济与社会发展,2003(5).

73. 秦文凯. 落实科学发展观,推进生态广西建设[J]. 广西党史,2006(2).

74. 刘纯彬,胡媛媛. 中国—东盟自由贸易区与广西经济的发展机遇[J]. 广西民族研究,2005(2).

75. 汪玲. 中国东盟自由贸易区的建立及广西经济发展战略应对[J]. 沿海企业与科技,2005 (11).

76. 刘善洁,莫小峰. 广西社会发展现状、问题及对策探讨[J]. 桂海论丛,2006(1).

77. 宋佰谦. 当前广西经济运行的主要特点和突出问题[J]. 经济与社会发展,2003(2).

78. 段宾. 1949—1999 年广西经济发展状况的历史分析[J]. 广西经济管理干部学院学报,2001(2).

79. 韦文孟. 论中国—东盟自由贸易区的建立对广西城市化发展进程的推动作用[J]. 大众科技,2004(2).

80. 曹仁祥,萨茹拉. 经济全球化与我国民族地区社会经济发展[J]. 中央民族大学学报,2005(3).

81. 王丽霞. 全球化背景下中国经济社会发展战略与政策选择的思考[J]. 哈尔滨商业大学学报(社会科学版),2005(3).

82. 吴怀友. 国内全球化理论研究概述[J]. 上海行政学院学报,2005(7).

83. 王俊籽. 试论经济全球化对我国经济的影响及对策[J]. 前沿,2001(7).

84. 邓群. 在区域经济合作中加快广西旅游业的发展[J]. 桂海论丛,2005(8).

85. 颜芳. 中国—东盟自由贸易区与广西旅游业的发展[J]. 改革与战略,2005(增刊).

86. 樊端成. 加入 WTO 与广西农业和农村经济发展[J]. 桂海论丛,2001(6).

87. 郭绪全. 发展广西农业和农村经济的主要制约因素与解决办法[J]. 广西农学报,1999(2).

88. 唐爱斌."十五"广西经济发展回顾及"十一五"展望[J]. 当代广西,2005(12).

89. 胡锦涛. 在省部级主要领导干部提高构建社会主义和谐社会能力专题研讨班上的讲话[R]. 北京:人民出版社,2005.

90. 马飚. 2008 年广西壮族自治区政府工作报告[R]. 广西日报,2008,1(20).

91. 中华人民共和国国家统计局. 2005 中国发展报告[R]. 北京:中国统计出版社,2005.

92. 中国科学院可持续发展战略研究组. 2006 中国可持续发展战略报告[R]. 北京:科学出版社,2006.

93. 吴俊杰等. 中国构建和谐社会问题报告[R]. 北京:中国发展出版社,2005.

94. 陆学艺. 当代中国社会阶层研究报告[R]. 北京:社会科学文献出版社,2002.

95. 广西社会科学院. 广西社会发展报告[R]. 南宁:广西人民出版社,2005.

96. 广西社会科学院. 2006 年广西蓝皮书——广西文化发展报告

[R]. 南宁：广西人民出版社，2006.

97. 江泽民论有中国特色社会主义（专题摘编）[G]. 北京：中央文献出版社，2002.

98. 中共中央关于加强和改进党的作风建设的决定[G]. 北京：人民出版社，2001.

99. 国家统计局国民经济综合统计司. 新中国五十五年统计资料汇编[G]. 北京：中国统计出版社，2005.

100. 全区建设文化广西工作会议秘书处. 建设文化广西政策性文件汇编（征求意见稿）[G]. 南宁：广西壮族自治区人民政府，2006.

101. 王丽华. 全球化与我国社会全面发展[D]. 石家庄：河北师范大学，2003.

102. 谭学秋. 全球化：进程、趋势及其多维影响[D]. 济南：山东大学，2003.

后 记

本书是联合攻关的结果。谭培文教授、博士生导师负责全书主题思想策划、基本框架设计,全书统筹、修改和最后定稿。李文华教授、博士生导师负责写作了本书第一章:全球化给我国经济社会发展带来的机遇与挑战;尹鑫教授负责写作了本书第二章:以马克思主义理论为指导,繁荣发展广西文化;苏平富教授、苏晓云副教授负责写作了本书第三章:以马克思主义生态理论为指导,加强广西生态文明建设;漆思剑博士、谭培文负责写作了本书第四章:以马克思主义为指导,努力实施富裕广西战略;汤志华博士、尹红英博士负责写作了本书第五章:以马克思主义为指导,努力实施和谐广西战略;肖祥教授、谭培文负责写作了本书第六章:坚持科学发展观,谱写广西腾飞新篇章。本书虽然经过了从"人文强桂工程"的立项开始到最后完稿,前后历经三年有余,几易其稿。但由于综合研究的难度较大,对有关学理和实证的研究难免仍有许多不足,亟望有关专家、学者与读者批评赐教。

本书是广西"人文强桂工程"项目的研究成果。因此,本研究项目成果首先不能忘记广西壮族自治区政府吴恒副主席的创意和支持,是他代表区政府首次在广西师范大学设立"人文强桂工程"项目,以全力支持广西师范大学人文社会科学的建设和发展。在此,谨致以诚挚的感谢！其次,要感谢广西师范大学学术委员会和广西师范大学出版社集团作为优秀学术著作推荐出版！最后,对责任编辑肖绍清同志为本书的编辑所付出的辛勤劳动表示感谢！

谭培文

谨识

2009 年 5 月 15 日